Andreas Kollender · Das endlose Leben

W0086250

Andreas Kollender

Das
endlose
Leben

PENDRAGON

Für Lily und Ben

Inhalt

Prolog

‚Die Palme lebt noch', schrieb Theo Mannlicher. ‚Auch wenn sie aussieht, als müsse sie bald kippen, als sei sie verfault oder vertrocknet – sie lebt.'

Er legte den Bleistift auf den Bambustisch und blickte über den Garten vor dem Bungalow hinaus auf die Bucht. Das Meer trieb eine weiße, rauschende Linie vor sich her, eroberte Sand, zog sich zurück, ließ den Sand geputzt glänzen und eroberte wieder. Der Sandstreifen ging über in eine Wiese, von der sich dicht bewaldete Dschungelfelsen auftürmten. In der Mitte des Strandes stieß eine steile, etwa zehn Meter hohe Landzunge ins Meer. Auf ihrem Rücken bog sich die Palme. Ihre Wurzeln griffen teils in die Luft, fingerten um Felsen und bohrten sich nur an der dem Meer zugewandten Seite in den Boden. Die Blätter der Palme waren dünn und braungefleckt. Theo Mannlicher beobachtete die Palme, seit er vor einigen Tagen in der Bungalowsiedlung im Norden Balis angekommen war. Die Palme wehrte sich. Wenn es stark windete, hielt sie sich kaum noch, und wenn eine Bö sie packte, bog sie sich weit um, und ihr Wipfel griff nach dem Boden. Sie richtete sich immer wieder auf.

Mannlicher setzte sich den chinesischen Strohhut auf, nahm den Gehstock und spazierte zum Strand. Die Spitze des Gehstocks hatte er durch einen Stapel Bierdeckel gestoßen und die Deckel oben und unten mit einer Kordel justiert, sodass der Stock nicht in den Sand sinken konnte. Die Morgensonne war heiß. Das junge Paar aus dem Nachbarbungalow saß im Sand und winkte ihm. Er verneigte sich, ging weiter und umrundete die Felsen am Fuß der Landzunge. Wasser umspülte seine Waden, und er sah hinauf zu der Palme. Von hier aus war nur ihr Wipfel zu sehen, der im Wind pendelte. Ein Blatt löste sich und segelte ins Landesinnere. Mannlicher ging weiter bis zu den Fischerbooten, die schräg auf ihren Auslegern ruhten. Er setzte sich und lehnte den Rücken an das hellblaue Boot. Aus der Umhängetasche nahm er eine Kokosnuss, schlug sie mit dem Messer auf und trank aus der Frucht. Er verschränkte die Beine, legte die Hände im Schoß ineinander und blieb eine halbe Stunde bewegungslos sitzen und atmete tief und regelmäßig. Seit den namenlosen Ereignissen in China vor über 50 Jahren konnte er stundenlang so sitzen.

Kritiker hatten behauptet, Mannlichers Verhältnis zum Tod sei durch einen Zufall bestimmt worden, dadurch, dass er weder von einer Kugel noch von einem Bombensplitter getroffen worden war an jenem Tag nahe Kwei Lin. Es sei eines Intellektuellen jedoch unwürdig, aus einem Zufall Schlüsse zu ziehen, vor allem, wenn diese Schlüsse so weit gingen, wie Mannlicher sie getrieben hatte. Er glaubte nicht an das Schicksal, er glaubte daran, dass Zufall, Wille und Natur die Welt bewegten. Sein ganz persönlicher und bestimmender Zufall war der Tag gewesen, an dem er auf der Wegkreuzung in der Mitte des Dong Dorfes erstarrt war. Ein Zu-Fall, zufällig nicht gefallen, sondern unversehrt. Dem Zufall haftete stets etwas Oberflächliches an. Aber war das wichtig? Jedes Menschenleben war ein Zufall, der Zufall eines Spermiums und einer Eizelle zu einem ganz bestimmten, zufälligen Tag zwischen zwei ganz bestimmten, zufälligen Menschen. *Nein,* dachte Mannlicher, *dass der Auslöser zur zweiten Hälfte seines Lebens ein Zufall gewesen war, tat der Tragweite der Ereignisse keinen Abbruch.*

Mannlicher kehrte zum Strand der Bungalowsiedlung zurück. Die junge Frau kam aus dem Meer, neigte den Kopf und bohrte mit dem kleinen Finger in den Ohren. Mannlicher erinnerte sich, wie Charlotte hier aus dem Wasser gekommen war, wie unter ihrem Gesicht ein Hals wuchs, Schultern, Brüste, und dass er dann stets alle Schreibarbeit hatte sinken lassen, um sie anzusehen. Sie hatten geplant, noch einmal hierher nach Kalibukbuk zu reisen. Aber Theo Mannlicher hatte sie alle überlebt: seine Frau Mary und seine Frau Charlotte, seine Schwester Silvia und seine Freunde William und Bob und alle Bekannten. Sogar eines seiner Kinder, seinen Sohn Paul, hatte er überlebt. Vor über zehn Jahren hatte Charlotte gesagt, sie müsse ihn jetzt verlassen und er sein Versprechen einlösen, so nah bei ihr zu sein, dass sie es gar nicht kommen fühle. „Wirst du jemals zu mir kommen?"

Er hatte mit Zeige- und Mittelfinger ihr Schlüsselbein gestrichelt und kaum merklich den Kopf geschüttelt.

Er setzte sich in den Schatten der Bungalowterrasse. Auf dem Tisch und am Boden stapelten sich Tagebücher, Fotoalben und Skizzenblöcke. Als Papierbeschwerer benutzte Mannlicher Muscheln, Steine, vertrocknete sandgefüllte Krebse und einen kleinen Bleiklumpen, den er seit seiner Kindheit bei sich trug.

Der alte Chinese kam mit einem Tablett und stellte es auf die Balustrade. Tee, Gebäck, Obst und eine Flasche Bintang-Bier. Der alte Chinese führte die Bungalowsiedlung, und seit der Ankunft Mannlichers hatte er sich persönlich um dessen Wohlergehen gekümmert. Kein Angestellter betrat Mannlichers Bungalow, der Alte brachte ihm das Frühstück, bezog das Bett, wechselte die Blumen und schimpfte mit dem Gecko, wenn der von der Zimmerdecke auf Theos Bett gemacht hatte. Er reinigte Dusche und Toilette, die hinter dem Häuschen unter freiem Himmel installiert waren. Mannlicher begann seine Tage damit, sich unter die Dusche zu stellen und die Morgensonne durch den Wasserstrahl hindurch auf seine Haut scheinen zu lassen. Genauso würde er in drei Tagen seinen 100. Geburtstag beginnen, Hitze und Wasser und ein Lächeln zur Sonne hinauf.

Mannlicher fragte den Alten nicht nach den Gründen für seine Fürsorglichkeit. Er fühlte sich dem Alten seelenverwandt und dachte, dass es dem genauso erging und er sich deshalb persönlich um ihn kümmerte.

„Was ist das alles, Theo?" Der Chinese wies auf die Papierstöße.

„99 Jahre Theo Mannlicher."

„So alt werdet ihr Europäer selten." Der Alte goss Tee ein. Sie tranken und sahen sich an.

„Wofür all die Bücher?"

„Ihr weisen Chinesen", sagte Theo. „Vielleicht befriedigt es dich, dass mein Aufenthalt in China der Wendepunkt meines Lebens war."

Der Alte ähnelte jenem Narren von Kwei Lin, wie die Dorfbewohner ihn genannt hatten. Der Alte hatte ein ebenso kleines Gesicht. Der Narr allerdings hatte viele Mienen aufsetzen können, der Alte hier war immerzu ruhig und freundlich.

„Wie lange steht die Palme schon so?"

„Die auf dem Felsen? Sie stand schon so, als ich vor 20 Jahren hier eintraf. „

Mannlicher sah dem Alten hinterher, wie er über die Pfade zwischen den Bungalows ging, mal hinter Farnen und Sträuchern verschwand, mal über Gräser strich oder mit weitem Schritt über eine Heuschrecke oder einen Käfer hinwegstieg.

Mannlicher schnitt die Paketschnur auf, die das älteste Fotoalbum zusammenhielt. Das erste Bild war am Tag der Beerdigung seines Vaters aufgenommen worden. Mannlicher sah seine Mutter an, seine Schwester Silvia, Tante Agnes und Großmutter in ihrem Ohrensessel. Er sah sich selbst: Ein schmaler, langer, blonder Junge, der die Brauen zusammenzog und der einzige war, der nicht in die Kamera schaute. Sie saßen auf einer schrägen Ebene, Onkel Paul, betrunken, musste die Kamera trotz des Dreibeins schräg gehalten haben. Mit weißer Farbe stand „Sommer 1910" auf dem Foto. Wenn Mannlicher zurückdachte, dann fing sein Leben mit dem Tod des Vaters an. Alles, was davor war, blieb verschwommen und bruchstückhaft, Ballspiele, hölzerne Schiffchen, Angeln, Kirschblüte im Alten Land, Mutter mit einem Arm voll Blumen und vollgekritzelten Servietten. Und dann war da statt der morgendlichen Wärme im Bett der Eltern alles rot und nass.

I

„Gewöhne dich auch an den Gedanken, dass der Tod kein Problem für uns ist. (...) solange wir leben, ist er noch nicht da, wenn er aber gekommen ist, sind wir nicht mehr da.“

Epikur

1

Der Tod des Vaters

„Dein Großvater hat sich umgebracht, Theo. Das kommt bei Geisteswissenschaftlern häufig vor. Und jetzt hat sich dein Vater umgebracht. Wie sind deine Pläne?", fragte Onkel Paul. Theo saß auf seinem Schoß. Er war elf Jahre alt und zu schlaksig, um noch bequem auf dem Schoß des Onkels sitzen zu können, aber es war ihm gleich, und die Wärme der Lehne aus Oberkörper und Armen beruhigte ihn.

„Sei nicht so zynisch mit dem Kind, Paul", sagte Tante Agnes leise. „Der Junge hat viel mitgemacht. Er versteht das nicht."

„Er soll Selbstmörder nicht verstehen", sagte Onkel Paul. Er wippte mit den Füßen, sodass Theo auf seinem Schoß hopste. Onkel Paul schloss die Arme um Theo, und Theo hörte das Herz des Onkels und war in den Armen und der Wärme. Sie saßen im Wohnzimmer, Onkel Paul und Tante Agnes, Mutter, Theos Schwester Silvia, Kollegen des Toten, Freunde der Familie, Großmutter in einer Ecke des Ohrensessels. Auf dem Tisch standen Kaffeekannen, Porzellanschalen mit Gebäck und vorgewärmte Teller mit Gemüsetörtchen. Im Lichtschein vor den vier Fenstern schwebten Rauchteilchen, die aus den Mündern der Zigarrenraucher quollen. Die Wanduhr tickte über das Gemurmel der Anwesenden hinweg ihren Takt in den Raum. Onkel Paul sah zur Uhr hinauf. Unten von der Straße hörte man eine Straßenbahn rattern.

„Wir müssen bald los", sagte Onkel Paul, „den alten Heinrich unter die Erde bringen."

„Himmel, Paul", sagte Tante Agnes, „wie redest du über die Beerdigung deines Bruders? Denk an die Kinder. Und denk an Elsa."

Theo sah, wie Onkel Paul die Lippen unter dem Schnurrbart verzog, als habe er eine bittere Medizin schlucken müssen. Es war das erste Mal, dass Theo den Onkel böse sah.

„Ich hasse diese ganze Scheiße", sagte Onkel Paul, und Theo roch seinen bitteren Atem.

„Herrgott, ich weiß es, Paul, aber wir sind hier nicht allein. Reiß dich zusammen. Und hör mit der Sauferei auf."

„Was hasst du, Onkel?"

„Den Tod."

Onkel Paul zog den Glaspfropfen aus einer Karaffe und goss eine braune Flüssigkeit in seine Kaffeetasse. Er trank mit großen Schlucken, und Theo sah seinen Adamsapfel auf und ab springen.

„Weißt du übrigens, wie dein Großvater sich umgebracht hat? Er hat sich den Bauch aufgeschnitten. Mit einem Küchenmesser. Das ist eine eher seltene Art, sich umzubringen. Außer bei Japanern."

„Japaner bringen sich nicht mit Küchenmessern um", sagte Tante Agnes. „Paul, denk an den Jungen."

„Der Junge ist Theo Mannlicher. Sein Vater mag ja ein Ass als Mediziner gewesen sein, der Junge soll ein Ass als Mensch werden."

Theo sah zu seiner Mutter auf der anderen Seite der Tafel hinüber. Sie hatte den Kopf gesenkt, die Stirn auf ihre Hand gestützt, und aus ihrer Frisur strähnte es dick und schwarz. Ihre Schultern zuckten, und Tränen tropften von ihrem Kinn auf die polierte Tischplatte. Jeder Tropfen fiel in die Lache, die sein Vorgänger gemacht hatte, hüpfte einmal auf und vergrößerte den silbernen See. Wenn sie für einige Sekunden aufsah, kritzelte sie mit einem Bleistift auf die Serviette neben ihrem Kuchenteller. Theo hatte seine Mutter nie weinen sehen. Wenn er jetzt in ihre Augen blickte, war es, als sehe er durch ein Aquarium. Silvia hockte neben ihr am Boden, umarmte die Beine der Mutter und weinte. Theo schmiegte sich an Onkel Pauls Brustmuskeln. Er spürte Pauls Hand auf seinem Haar und hörte ihn murmeln: „Der ganze Scheiß."

Als sie zum Ohlsdorfer Friedhof fuhren, sah Theo aus dem Horch auf die breiten Straßen und die Häuserfronten hinter den Bäumen und Vorgärten, und die Kanäle, die in der Sonne lagen, waren golden, und die, die im Schatten lagen, waren grün oder grau. Manchmal streckte Theo den Kopf aus dem Fenster, um die Sonne zu sehen. Die Wärme im Gesicht tröstete ihn und ließ ihn für kurze Zeit vergessen, wie nass und rot er im Bett neben Vater aufgewacht war. Er hatte sich den Pyjama vom Leib gerissen und gegen die Wand geschleudert. Der Stoff blieb einen Moment lang haften, bevor er hinabrutschte, die Textiltapete verschmierte und sich als nasses Bündel auf den Dielen ausbreitete.

Auf den Hügeln des Waldfriedhofs standen Bäume und Sträucher windstill in voller Pracht, aber Theo sah auf Wiesen und Wegen auch erste welke Blätter liegen. Grabmale versteckten sich hinter Eichen und Buchen, lagen unter weiten Ästen oder im Dunkel des dichten Schattens von Rhododendren.

„Friedhof, Theo, Friedhof", sagte Onkel Paul im Vorbeigehen. „Als ob der Tod etwas mit Frieden zu tun hätte." Tante Agnes zog Paul am Ärmel weiter, und Paul schlitzte die Augen, ballte eine Faust und lächelte Theo an.

Theo ging allein. Die Mutter hatte nach ihm gerufen, aber er fürchtete sich vor ihr. Immer wieder zerschnitten Schreie ihr Gesicht, es waren Laute mit tiefen Ms und Rs, keine erkennbaren Wörter, Rufe von außerhalb der Sprache, und jedes Mal zuckte Theo zusammen. Er hatte beide Hände in den Hosentaschen und sah in die Bäume, und ein alter Mann sagte ihm, das mit den Händen in den Taschen gehöre sich nicht und außerdem solle seine Mutter sich zusammenreißen. Theo streckte ihm die Zunge raus. Ihm war schlecht, und er wollte alles ausspeien, das Blut und die Tränen und die Gesichter der Trauergäste.

In der Kapelle hielt der Pfarrer eine Rede. Auf Onkel Pauls Geheiß hin legte Theo sich die Hände vor die Ohren. Er sah, dass Onkel Paul den Pfarrer angrinste und ein Wort mit den Lippen formte. Die Augen des Pfarrers wurden kleiner und der Mund schmaler. Tränen liefen Theo über die Wangen, und so fest Onkel Pauls Hand auch seine Schulter drückte, es war Onkel Pauls Hand und nicht die des Vaters.

Auf dem Weg zur Grabstätte starrte Theo den Sarg an. Schwarzes Edelholz, eigentlich viel zu teuer für den Tod, hatte Onkel Paul gesagt. Theo versuchte sich vorzustellen, dass sein Vater auf dem Rücken darin lag. Der Vater war ein großer Mann gewesen und Theo befürchtete, dass er sich Kopf und Füße an den Enden des Sarges stieß und vielleicht gekrümmt liegen musste, um es halbwegs bequem zu haben. Er fragte sich, warum jetzt nicht genug sei mit dieser Quälerei. Konnte sein Papa jetzt nicht aufstehen und aus dem Sarg klettern und endlich alles wieder gut sein?

Neben einem rechteckigen, bitter riechenden Loch auf einem kleinen Hügel war ein Erdhaufen, in dem ein Schippchen steckte. Der Sarg wurde neben dem Loch abgestellt, und der Pfarrer sagte wieder etwas. Mutter weinte laut, sie atmete stoßweise, und ihr Körper wurde so stark geschüttelt, dass sich Strähnen aus dem Dutt lösten. Theo hielt sich die Ohren zu. Er sah seine Mutter an, die verzweifelt gegen etwas anschrie. Sie wurde von Tante Agnes und einem Freund des Vaters gestützt, an ihren Beinen lehnte

Silvia. Viele Frauen weinten, die meisten Männer guckten, als trügen sie Pistolen unter der Achseln, einige schüttelten den Kopf, einer spuckte aus, und das weißliche Geschoss verfehlte knapp eine Wade in schwarzer Strumpfhose. Theos Herz raste. Er ballte die Fäuste in den Taschen, er hielt die Luft an, hielt sie an, bis ihm die Ohren dröhnten, und dann war ihm, als sei er gar nicht da, Augen zu, Mund auf, als sei er weg in dimensionsloser Schwärze, und dann öffnete er die Augen und schrie. Er schrie, riss sich von Onkel Paul los und trat gegen den Sarg, trat immer wieder, bis der Pfarrer ihn wegriss. Theo begann nach dem Pfarrer zu treten und zu schlagen. Seine Finger wurden feucht, als er ein Auge traf. Der Pfarrer stöhnte, warf den Kopf zurück und schlug die Hände vor das Auge.

Die Beerdigung endete in einem Tumult. Irgendwer gab Theo eine Ohrfeige, die Mutter schrie und ohrfeigte ihrerseits mit voller Wucht den Mann, der Theo geschlagen hatte. Onkel Paul, die Fäuste geballt, machte Schattenboxen, schlug imaginäre Gegner nieder und rief: „Erstklassig. So geht's, was, Agnes?"

„Das darfst du nicht tun, Theo", sagte der Pfarrer. Theo beobachtete, wie sich Krümel von Streuselkuchen auf den Lippen des Mannes bewegten. Einer speichelweich auf der Oberlippe und drei auf der fleischigen Unterlippe. Sie waren wieder in der Wohnung, das Hausmädchen hatte Kaffee gekocht, die

Dielen knarrten, und der Mann in Schwarz hatte auf die Mutter eingeredet und Silvia die Hand auf den Kopf gelegt. Theos Vater stand rot mit verschränkten Armen in der Ecke bei der Stehlampe und lächelte.

„Ich verstehe, wie traurig du bist", sagte der Pfarrer. Er tupfte sich das Auge mit einem Taschentuch ab.

„Das alles hier macht dich ganz verwirrt. Aber du darfst deinem Vater nicht böse sein. Er hat etwas sehr Schlimmes getan. Er hat sich aufgegeben. Wir alle müssen jetzt inständig für ihn beten, damit Gott ihm verzeiht und er in den Himmel kommt. Ich verüble dir nicht, dass du versucht hast, mich zu hauen, kleiner Mann."

Theo starrte erst seine Schuhe an und dann in die Augen des Pfarrers.

„Wir müssen alle sterben, Theo", sagte der Pfarrer und lehnte sich zurück. Er öffnete die Hände, lächelte und atmete tief durch die Nase. „Erst der Tod gibt unserem Dasein auf dieser Welt einen Sinn. Der Tod ist der einzige wirkliche Sinnstifter. Du könntest dir den Sonnenschein auch nicht vorstellen, wenn du die Nacht nicht kenntest, nicht wahr?"

„Doch", sagte Theo.

„Kleiner Mann, kleiner Mann", sagte der Pfarrer und wollte Theos Haar zerzausen. Theo zog den Kopf zurück. Onkel Paul setzte sich neben ihn. Er hatte ein bauchiges Glas mit einer braunen Flüssigkeit in der Hand und blickte undeutlich, als könne er keinen Gegenstand mehr klar fixieren, seine

Hand nicht, die Tassen und Gläser und Theos Gesicht nicht.

„Auf Seelenfang, Herr Pfarrer?"

Der Mann in Schwarz zog die Brauen zusammen.

„Verschonen Sie den Jungen mit Ihrer heidnischen Einstellung, Herr Mannlicher."

„Verschonen Sie ihn. Im-po-ten-ter Kleingeist."

Theo sah die Augen des Pfarrers erst weit und dann zu Schlitzen werden. Das rechte Auge tränte jetzt. Onkel Paul hingegen grinste und füllte das Glas auf.

„Was ist im-po-tent, Onkel?"

Der Mann in Schwarz ging hinüber zu Mutter. Vater ging hinter Mutter vorbei und streifte ihren Rücken mit der Hand. Onkel Paul kratzte sich die Bartstoppeln und sah Theo an. Er schielte und wackelte mit dem Glas.

„Das liegt daran", sagte er.

„Im-po-tent?"

„Nein, Junge, das Schielen. Alkohol ist eine gute Sache, weißt du? Wenn die Deutschen mehr trinken würden, wären sie nicht so verliebt in Tragödien. Wenn du älter bist, gehen wir mal einen saufen. Du wirst mir schon ein Früchtchen werden."

Er beugte sich zu Theo und flüsterte: „Ganz im Vertrauen: Ich fand deinen Auftritt heute großartig."

Theo setzte sich auf Onkel Pauls Schoß. Silvia saß auf Großmutters Schoß im Ohrensessel, und Großmutter stöhnte und ein Speichelfaden verband ihre Unterlippe mit der Strickjacke.

Onkel Paul drückte den nach Schnaps riechenden Mund dicht an Theos Ohr, die Lippen machten das Ohrläppchen feucht. „Niemals sterben, Theo. Niemals, niemals, niemals." Theo wollte sich über das Ohr wischen, aber Onkel Paul schob seine Hand beiseite und sprach weiter, und das Ohr wurde immer feuchter.

„Der Tod ist ein Haufen Mist. Der Unterschied zwischen deinem Vater und mir war, dass er den Tod achtete. Er war Mediziner, um den Tod zu erforschen und um Leiden zu mildern. Ich bin Mediziner, um den Tod zu töten. Verstehst du, Theo? Um den Tod zu töten."

Der Onkel schloss Theo fest in die Arme und fuhr fort in seiner Beschwörung.

„Niemals, Theo, niemals. Es gibt keinen Grund zu sterben. Nimm diese Position an, und du wirst gewinnen. Viele Leute werden dich für verrückt halten, aber das macht nichts. Die meisten außergewöhnlichen Leute werden für verrückt gehalten. Das Leben ist das Beste, Theo, das Allerbeste. Es gibt nichts, was das Leben überragen könnte. Präg dir das ein mein kleiner Freund. Präg dir das gut ein. Niemals, niemals, niemals."

Der Mund entfernte sich, Theo rieb sich mit dem Hemdsärmel über das Ohr und sah dem Onkel ins Gesicht. Es war ein fleischiges Gesicht mit hartem Schnurrbart. Die wässrigen Augen waren in Falten gebettet.

„Wir beide haben bisher zu wenig Zeit miteinander verbracht", sagte Onkel Paul. „Du bist ein prima Kerl, Theo, das wollte ich dir schon immer gesagt haben."

Tante Agnes setzte sich zu Theo und Onkel Paul.

„Auf Pfaffenjagd, Paul?"

„'türlich."

„Gut", sagte sie und küsste ihrem Gatten die Wange.

„Willst du dem Jungen erklären, was impotent bedeutet?", fragte Onkel Paul.

„Wieso ich? Wir Frauen haben damit schließlich keine Probleme. Wie kommt ihr darauf?"

Onkel Paul wies mit dem Kinn auf den Pfarrer.

„Der hat euch erzählt, dass er impotent ist?"

Paul lachte. Er verschüttete sein Getränk auf Theos Beine und goss nach. Der Kerl, sagte er, habe jedenfalls seine geistige Impotenz eindrucksvoll unter Beweis gestellt.

Theo ging ins Schlafzimmer seiner Eltern. Das Bett war mit einer blauen Tagesdecke und Zierkissen belegt. Alles Rote war fort. Vater stand auf und verließ den Raum. Wenn Theo jetzt morgens in das Bett krabbeln würde, wäre nur noch Mutters Wärme da, die andere Seite würde kühl bleiben. Seine Eltern hatten nie protestiert, dass er trotz seines Alters in den frühen Morgenstunden noch so oft zu ihnen ins Bett krabbelte. Er roch auf Vaters Seite an der Decke. Frisch gewaschen. Das Bett war zu groß für Mutter allein. Theo legte sich auf Vaters Seite und sah an die Zimmerdecke, wo Stuck um die Halterung des Leuchters rankte. Die zugezogenen blauen Vorhänge machten das Zimmer winterlich.

Er rollte sich zusammen und weinte, als er an das Leben mit Vater dachte. Sie hatten am Alsterlauf geangelt, sie hatten sich jeden Sonntag die Schiffe im Hamburger Hafen angesehen, und Vater hatte von der Größe der Welt erzählt, in der der Einzelne so winzig und unwichtig sei. Eines seiner Lieblingsthemen in den letzten Monaten war die Choleraepidemie von 1892 gewesen, bei der 8 000 Menschen in weniger als zehn Wochen gestorben waren.

„Das hättest du sehen müssen, Theo", hatte er gesagt, kurz nachgedacht und den Kopf geschüttelt. „Unsinn, Junge, natürlich hättest du das nicht sehen sollen. Aber die Röntgenabteilung, die ich in St. Georg gegründet habe, die musst du dir angucken. Wir durchleuchten menschliche Körper. Manchmal, Theo, können wir den Tod sehen, bevor er da ist."

„Sagt ihr das den Leuten?"

„Dabei kommt es auf die Leute an. Manchen sagen wir es, anderen nicht."

„Wie sieht der Tod aus?"

„Oh, Theo, das ist schwer zu beschreiben. Als erstes würde ich sagen, dass er klein ist. Der Tod ist sehr klein."

An den Wochenenden hatte der Vater gekocht, und

Theo hatte ihm dabei geholfen. Wenn es Fleisch gab, sagte Vater, wer das essen wolle, der müsse auch töten können. Und dann sah er das Messer an, schien eine Zeit angestrengt nachzudenken, lächelte zu Theo hinunter und schnitt in die Fasern.

Theo spürte, wie sich die Matratze bewegte. Silvia setzte sich aufs Bett.

„Vater kommt in den Himmel, wenn wir alle beten", sagte sie. Sie reichte Theo ein Taschentuch. Theo stand auf, zog die Vorhänge zurück und sah aus dem Fenster. Der Himmel war blau und wolkenlos. Die Häuser auf der anderen Straßenseite strahlten in der Sonne. Viele Fenster standen offen. Aus einem schaute eine junge Frau, sie redete mit einem Mann auf den Straßenbahnschienen und griff sich jedes Mal an die Nase, wenn sie lachte.

„Der Tod ist ganz wichtig, Theo", sagte Silvia.

„Ohne den Tod wäre Mama aber nicht so furchtbar traurig", sagte Theo. „Und Papa wäre hier."

Er ging ins Esszimmer zurück. Großmutter sagte: „Kaffee, Schnaps", und Onkel Paul taumelte auf sie zu. „Schnaps, Schnaps", sagte Großmutter. Freunde und Bekannte waren fort, auch der Pfarrer. Mutter hatte ihr Haar gelöst und redete mit Tante Agnes. Es schien ihr besser zu gehen, sie weinte nicht, und ihr Gesicht war wieder schmaler. Sie musste im Bad gewesen sein und sich frisch gemacht haben. Sie hatte einen Bleistift hinterm Ohr. Theo legte ihr die Arme um den Hals.

„Mama, warum?"

„Ich weiß es nicht, Theochen." So hatte sie ihn schon lange nicht mehr genannt. „Dein Papa muss sehr unglücklich gewesen sein. Aber er hat nie darüber geredet. Das war sein Fehler. Er wollte uns seinen Kummer ersparen. Dabei hätten wir ihm gerne zugehört, was, mein Junge?"

„Mama, was ist im ..."

„Lass mal, Theo", unterbrach Tante Agnes und zupfte Theo am Arm. „Lass mal."

Bevor er sich getötet hatte, hatte Theos Vater alles für die Auswanderung vorbereitet. Mutter und Onkel Paul staunten über den Papphefter mit den unterzeichneten Formularen der Auswandererbehörde und der Hamburg-Amerika-Linie. In dem Hefter befanden sich Fotos von Schiffen, die von den Landungsbrücken in St. Pauli ablegten, ebenso ein Zeitungsartikel über die unsäglichen hygienischen Zustände in den Auswandererbaracken in Veddel und ein Artikel von Theos Vater, der abstritt, dass die Choleraepidemie von den Auswandererbaracken ausgegangen sei. Onkel Paul zeigte Theo ein Plakat der HAPAG, auf dem ein Ozeandampfer vor der Kulisse Manhattans mit spitzem Bug auf den Betrachter zufuhr. ‚Mein Feld ist die Welt' stand als Motto der HAPAG darunter. „Mein Feld ist die Welt", sprach Theo nach, und Onkel Paul gab ihm einen zeitlupenartigen Kinnhaken.

„Er hat das wirklich ernst gemeint", sagte er. Er trank Bier aus Vaters Humpen, rauchte eine von Vaters Zigarren und zwinkerte Theo hin und wieder zu.

„Amerika, Theo. Dein Vater hat immer behauptet, dass für uns Sozialisten hier in Deutschland kein Platz sei. Von den Erfolgen der 48er-Revolution sei nichts geblieben. Wir Deutsche seien Herdenvieh. Außerdem wettete dein Vater darauf, dass es innerhalb der nächsten Jahre zum Krieg kommt."

Was Krieg war, wusste Theo. Freunde von ihm spielten mit Bleisoldaten, die in Reih und Glied aufgestellt wurden – mit Trommlern, Fahnenträgern und säbelschwingenden Offizieren vornweg, und am Ende des Spiels lagen die Soldaten alle, bis auf einen oder zwei, die jubelten und von Soldaten aus einer neuen Kiste Orden bekamen. Einen dieser Überlebenden hatte Theo sich vor Wochen heimlich in die Hosentasche gesteckt. Er trug ihn stets bei sich. Sein Soldat hatte als einziger noch gestanden, während etwa 50 andere auf dem Teppich bei Beringers gelegen hatten und Mutter Beringer im langen blauen Kleid eine Schale mit Gebäck hereinbrachte und fragte, ob die Jungs schön spielten.

Onkel Paul lehnte sich zurück und sah Theos Mutter an.

„Bis ins Detail. In drei Monaten, Elsa, fährt die ganze Familie nach New York. Die Stelle bei dem Kollegen, die Heinrich antreten wollte, kann ich als sein Assistent übernehmen. Bruderherz hatte das als

Eventualität vorweg geklärt. Er hat uns als Team an-
gemeldet, was offensichtlich bei seiner Reputation
kein Problem war. Ich bin zwar nicht so ein Ass wie
er, aber immerhin. Und die Röntgenabteilung ist
nicht nur sein Werk. Der verdammte Saukerl."

„Amerika", sagte die Mutter. Sie lächelte und
klopfte mit dem Bleistift auf den Tisch.

„Whiskey, Whiskey", sagte die Großmutter.

„Ja, Mutter, Whiskey, allerdings", sagte Onkel Paul.

Theo suchte aus dem Bücherregal den Atlas,
schlug ihn auf dem Boden des Kinderzimmers auf
und betrachtete die Weltkarten. Silvia hockte sich zu
ihm und pochte mit dem Zeigefinger auf Amerika.

„Mensch, Thee, wir werden ganz allein sein."

„Da gibt's Indianer. Und riesige Seen zum Angeln."

„Und Städte und Kirchen aus Holz."

Theo machte mit dem Zeigefinger Kreise auf der
Weltkarte. Wenn er die Hand ganz ausbreitete, umfasste sie fast die ganze Welt, der kleine Finger lag auf
der Westküste Amerikas, der Daumen im Zentrum
Chinas.

„Onkel Paul und Tante Agnes kommen auch mit.
Und Großmutter Schnapsschnaps. Wir werden Aus-
wanderer sein."

Silvia lachte.

„Hoffentlich können wir alle Bücher mitnehmen",
sagte Theo.

„Papas 1753 Bücher. Er hat sie jedes Jahr einmal
gezählt", sagte Silvia.

„Wir werden Amerikanisch lernen", sagte Theo.

„Tante Agnes bringt es uns bei. Sie spricht viele Sprachen. Ich möchte Lehrerin werden, Thee, das kann man in Amerika, sagt Tante Agnes. Ich möchte den Kindern was beibringen."

Sie gingen in die Wohnstube zurück. Onkel Paul hielt Mutters Hände und ließ sie los, als die Kinder hereinkamen. Er kratzte sich das Kinn und strich sich den Schnurrbart.

„Wir werden es tun, Kinder", sagte Mutter. „Wir lassen Deutschland hinter uns."

„Das kann man nicht so einfach", sagte Onkel Paul.

In der Nacht kletterte Theo aus dem Bett und schlich barfuß durch die Wohnung. Es war warm. Er setzte sich in den Lesesessel des Vaters, roch an seiner Tabakspfeife und fuhr mit dem Finger über die Buchrücken in der Regalwand. Vater war der einzige, der von Theos Nachtwanderungen gewusst hatte. Manchmal hatten sie sich zufällig vor dem Bücherregal getroffen, sich umarmt, sich angelächelt und schweigend geblättert. „Wo bist du?", flüsterte Theo. „Komm zurück, Papa." Er dachte an Onkel Pauls Worte.

Glaub diesen Pfaffen nichts, Theo, gar nichts. Pfaffen sind die einzigen Menschen, die man hassen sollte.

„Man sollte niemanden hassen, Theo", hatte die Mutter erwidert. „Und hasse niemals einen Menschen wegen seiner Religion."

Theo schob die Vorhänge auseinander und sah auf die Straße hinaus. Eine Laterne brannte unter dem Fenster, sonst war nirgends ein Licht zu sehen. Theo sehnte sich nach einem Spaziergänger, hätte jetzt gerne jemanden die Straße hinabgehen sehen, aber die Straße war leer wie eine Theaterbühne nach Ende der Vorstellung, und in keinem anderen Fenster sah er jemanden die Vorhänge auseinanderschieben und hinaussehen.

Die nächsten Tage waren lang. Der Vater beobachtete Theo ununterbrochen. Silvia weinte oft. Die Mutter atmete tief und schnell, und Theo wusste, dass sie damit ihre Tränen unterdrückte. Im Wilhelm-Gymnasium an der Moorweide wichen seine Kameraden ihm aus, hielten im Gespräch inne, wenn er vorbeikam. Alles war anders, selbst das Atmen erschien ihm anders als sonst, er hatte sich nie so deutlich atmen hören. Die Leichtigkeit der Tage war dahin, Vater hatte Lücken hinterlassen, Löcher im Kopfstein, und manchmal war Theo, als taumele er und finde keinen Halt. Die Angst vor dem schlagfreudigen Griechischlehrer wurde ihm daheim nicht mehr durch einen Kuss oder einen Klaps auf die Schulter genommen, Streit mit einem Schulkollegen verpuffte nicht mehr nach wenigen Stunden, sondern ärgerte ihn tagelang.

70, 71, Theo, sagte der Griechischlehrer, seien viele Väter für Deutschland gestorben. Ein deutscher Junge müsse das durchstehen und ein Beispiel geben.

Wenn seine Mutter in der Nähe war, versuchte Theo die Tränen zu unterdrücken, und das gelang ihm. Er hielt sie so lange hinter den Augen, bis er allein war, aber manchmal waren sie dann auch verschwunden, und Theo sah in den Badezimmerspiegel, wandte den Kopf nach links und rechts und sah nichts als Trotz unter zusammengezogenen Brauen. Er krabbelte nur in Mutters Bett, wenn er sicher war, dass sie fest schlief.

Eines Nachts fand Theo die Tür zum Elternschlafzimmer einen Spalt weit offen, Licht flimmerte senkrecht. Theo spähte hinein. Onkel Paul kniete vor der Mutter, die mit offenem Haar und gesenktem Kopf auf der Bettkante saß.

„Der Saukerl", flüsterte Mutter. Sie hatte einen Stapel Briefe in den Händen. „Der Saukerl hatte mindestens zwei Geliebte."

„Komm, Elsa, wie sollen ausgerechnet wir darüber urteilen?" sagte Onkel Paul. Theo sah die Hände des Onkels in Mutters Nachthemd verschwinden, da wo die Brüste waren. Der Onkel schien mit den Händen zu arbeiten, jedenfalls bewegten sie sich heftig und zogen mit spitzen Fingern an etwas in der Mitte der Brüste, und Mutter begann schneller durch die Nase zu atmen.

„Er hat dich geliebt, Elsa. So wie du ihn liebst, und so wie du mich liebst, und so wie ich Agnes liebe und dich. Wir Mannlichers sind doch alle Erotomanen.

Eros und Tod, das ist doch alles, Elsa. Das ist doch immer dasselbe."

Was der Tod war, wusste Theo, was Eros war, wusste er nicht, trotzdem prägte er sich diese Formulierung ein. Eros und Tod. Bevor er ins Bett zurückstieg, schrieb er die beiden Wörter in sein Tagebuch. Die Mutter hatte ihm und Silvia Monate vor der Einschulung das Schreiben beigebracht.

„Eros und Tod." Und was hatte Onkel Paul noch gesagt? Die Mannlichers seien Ottomanen? Theo notierte auch das. Ottomanen.

2

Sie fuhren nach Amerika

„Ob wir Papas Grab jemals wiedersehen?", fragte Silvia. Sie saß auf ihrer Koje und ließ die Beine in den weißen Strümpfen baumeln. Die Kabine der Kinder grenzte an die Dreibettkabine von Mutter, Onkel Paul und Tante Agnes. Die Großmutter hatte eine Kabine nebenan, weil sie so furchtbar schnarche, hatte Onkel Paul gesagt. Theo saß am Tisch und blätterte im Atlas.

„Ich weiß nicht", sagte er. Er dachte an den Grabstein. Heinrich Mannlicher, 1859-1910. Ein schwerer, grauer Stein, der Moos und Regen einlud und aussah, als wolle er bis ans Ende aller Tage stehenbleiben.

„Armer Papa", sagte er. Er sah aus dem Fenster auf die Wasserwüste. Noch vor Monaten hätte ihn der Gedanke begeistert, auf einem Schiff nach Amerika zu fahren. Jetzt gab es nur das Dröhnen der Motoren und das Gedränge an Deck, und manchmal war ihm, als stünde er außer sich, als sehe er sich durch Zwischendecks und Speisesäle irren. Ab und zu zwängte er sich durch das Gedränge auf den Promenadendecks und hielt die Handinnenflächen nach außen und spürte den Stoff der Jacken und Kleider, aber nicht die Menschen darin.

Wenn die Familie früher an der Ostsee gewesen

war, in Travemünde oder Timmendorf, versprach das Meer fremde Welten, und oft hatte Vaters Hand auf seiner Schulter gelegen, während die andere auf den Horizont zeigte und Vater sagte „Da ist Schweden" oder „Dort müsste Russland liegen". Heute war das Meer bleigraues Wasser, das den Himmel abschnitt und rauschte. Und hätte Theo die Fäuste geballt und geschrien, bis er rot war, niemand hätte ihn gehört. Gelindert wurde die Schwere dadurch, dass sich das Schiff ständig bewegte und dass das Meer ununterbrochen rauschte und in den Salons der Ersten Klasse von morgens bis abends verschiedene Bands spielten.

Theo ging hinüber in die andere Kabine. Onkel Paul saß mit geöffnetem Hemd und Binder und weit von sich gestreckten Beinen im Sessel und trank wieder den braunen Schnaps, den er nach Vaters Beerdigung getrunken hatte. Mutter und Tante Agnes saßen sich am Tisch gegenüber, Tante Agnes klopfte mit den Fingerspitzen auf das Holz, Mutter starrte sie an.

„Tod raubt Kindheit", sagte Onkel Paul. „Kinder sollten nicht damit in Berührung kommen."

„Es gibt noch andere Themen, mit denen Kinder nicht in Berührung kommen sollten, mein lieber Gatte."

„Ach komm, Agnes, als wenn du so etwas noch nie gedacht hättest."

„Gedacht schon. Aber nicht getan. Elsa ist die Frau deines Bruders."

Theo setzte sich auf den Schoß der Mutter. Die saß steif und aufrecht und atmete durch die große gerade Nase.

„Man muss es nicht tragisch nehmen", sagte Onkel Paul.

„Und wenn die Geschichte andersherum gelaufen wäre?", fragte Tante Agnes.

„Dann auch nicht", sagte Onkel Paul und goss nach. Er schob das Glas seiner Frau hinüber, sie kippte es, schob es zurück, Onkel Paul goss nach und schob es ihr hin. Tante Agnes' Hand zitterte. Eine ganze Zeit lang sagte niemand etwas. Theo merkte, dass ein Schnapsglas vor der Kabinentür auf und ab über den hölzernen Boden rollte. Theo fühlte sich wie ein Fremder. Die Mutter drückte ihn an ihre Brust. Sie stand auf und trug ihn durch die Kabine. „Du bist viel zu schwer und groß für mich." Sie setzte ihn vor dem Bullauge ab und sah mit Theo gemeinsam auf das Meer.

„Heinrich ist tot", sagte sie. „Das ist schrecklich. Aber wir wollen leben. Alle. Und wir wollen glücklich leben."

Sie nahm Tante Agnes' Gesicht in beide Hände und küsste sie auf die Stirn. Tante Agnes stand abrupt auf und verließ die Kabine. Onkel Paul ging hinterher, und Sekunden später hörte Theo die beiden auf dem Flur schreien.

„In ein paar Jahren werde ich dir das erklären, Theo", sagte die Mutter. Tante Agnes kam nach einer halben Stunde zurück. Sie hatte einen roten Kopf. Paul sei einen heben gegangen, seine Art, Probleme zu bewältigen.

„Lasst uns einen Kaffee trinken", schlug Mutter vor. „Einfach nur gemeinsam einen Kaffee trinken. Das wär doch schön."

Theo ging in Großmutters Kabine. Die alte Frau schnarchte, und er rüttelte an ihrer Schulter. Sie öffnete die Augen und blickte sich in der Kabine um, als sehe sie die zum ersten Mal. Die Haare standen ihr zu Berge, und Theo lachte.

„Kaffee", sagte er.

„Kuchen?"

„Ja, Großmutter, auch Kuchen." Er half ihr aus dem Bett. Großmutter wackelte mit dem Kopf, als sei ihr Hals eine ausgeleierte Feder und nicht ein Strang von Knochen und Muskeln. Sie gähnte und grinste und wollte Theos Wange tätscheln, verfehlte sie aber und liebkoste mit ihren Gichtfingern die Luft neben Theos rechtem Ohr. Dann erstarrte sie und krauste einige Sekunden lang die Stirn.

„Kinder sterben vor ihren Eltern. Wie blöd", sagte sie. Das war das erste Mal seit Monaten, dass Theo einen vollständigen Satz von ihr gehört hatte. Sie stützte sich auf die beiden Gehstöcke und folgte Theo auf den Flur, wo die anderen warteten. Mutter und Tante Agnes hatten rote Wangen.

Nachmittags stellten sie an Deck ein paar Liegestühle

im Kreis auf, und Tante Agnes begann, sie die Feinheiten des Englischen zu lehren, Vergangenheits- und Zukunftsformen, Floskeln und Idiome. Mutter, Silvia und Theo hatten begonnen, ihre „neue Heimatsprache" zu lernen, als Mutter sich zur Auswanderung entschlossen hatte. Drei Monate lang hatten sie jeden Abend zwei Stunden gelernt. Tante Agnes erwies sich hier an Deck mit windverbogener Frisur als wandelndes Lexikon.

„Was heißt Tod auf Englisch, Tante, und Grabstein und Beerdigung?", fragte Silvia.

„*Death, gravestone, funeral,* du machst mir ein bisschen Sorgen, mein Kind."

„Geschlechtsverkehr?", fragte Onkel Paul.

Tante Agnes sah ihn an und wandte den Blick Theos Mutter zu.

„Freude?", fragte Mutter.

„*Happiness.*"

„Leben?", fragte Theo.

„*Life*", sagte Tante Agnes, aber das seien alles Vokabeln, die längst geklärt seien.

Theo schrieb alles mit und lieh sich vor dem Zubettgehen Tante Agnes' Lehrbuch aus. Anderthalb Stunden pro Abend prägte er sich Vokabeln und Grammatik ein. Die Verbkonjugation in If-Sätzen begriff er nicht, und er weckte Tante Agnes, die ihn lange verstört ansah, sich die Augen rieb, aufstand und sich mitten in der Nacht mit Theo an den Tisch setzte und ihm seine Fragen beantwortete.

Theo schlief nicht mehr als fünf Stunden, dann zog er sich an, verließ still die Kabine und ging in der Morgendämmerung an Deck spazieren. Um diese kühle Zeit gehörte das Schiff ihm und dem Meer und den Sternen, die auch durch den Rauch der zwei Schornsteine hindurchschienen.

Nach 14 Tagen auf See war es so weit. Ein dicker Mann auf dem Vorschiff schrie „Woschinktonn, Woschinktonn", und schmiss seine Mütze über Bord.

„Der weiß auch nicht, wohin es geht", sagte Onkel Paul zu Theo und grunzte.

New York verkantete den Himmel.

„Eine junge Stadt", sagte Onkel Paul, „und doch die Mutter aller Städte, die älteste von allen. Ein urzeitliches Monstrum, ein Dinosaurier." Er nickte und presste die Lippen zusammen.

Theo, seine Mutter, Silvia und Tante Agnes sahen Paul an. Onkel Paul räusperte sich.

Er solle bloß nicht zum Lyriker werden, sagte Tante Agnes.

„Unsere neue Stadt", sagte Theos Mutter und legte Theo und Silvia die Arme um die Schulter. Theo blies die Wangen auf.

Die Häuser waren so hoch und standen so dicht an dicht, dass Theo sich fragte, warum nicht ganz Manhattan im Meer versank. Die Häuser überwanden sich, eins ragte höher als das andere, nur um vom nächsten überwunden zu werden, kleine duckten sich trotzig zwischen große, und die Straßen durchschnitten sie schnurgerade. Unzählige Schlepper kreuzten vor den Piers und schaukelten im Kielwasser der großen Schiffe.

Manhattan wurde größer und bewuchs bald grau und sandfarben und fensterspiegelnd den Horizont, während das Schiff seine Fahrt verlangsamte und der Fahrtwind wärmer wurde.

„Die Hochhäuser nennt man *Skyscraper*, Wolkenkratzer", sagte Theos Mutter. Das Wort gefiel Theo gut, weil es durch ein Bild Sprache machte. So etwas nenne man Metapher, sagte seine Mutter.

Theo kannte sich nach den 14 Tagen gut aus auf den Decks. Er trennte sich von den anderen und stieg Deck um Deck höher, um viel zu sehen von der Stadt, die größer war als alles, das er sich hatte vorstellen können. Die Morgensonne ließ eine Seite der Wolkenkratzer glänzen, zur anderen Seite warfen die Häuser Schatten auf Häuser, die Schatten warfen. Theo klemmte die Hände um die Reling und stemmte die Arme nach oben durch, dass seine Füße den Kontakt zum Boden verloren.

„Mensch, Papa", sagte er.

„Verlier bloß nicht das Gleichgewicht", sagte ein Mann neben Theo.

„Mir passiert schon nichts, Sir."

„Wo ist denn dein Papa?"

„Tot. Hat sich umgebracht."

„Oh", sagte der Mann.

„Blöd von ihm, sagt meine Oma."

Der Mann hob die Brauen und hustete. „Er war bestimmt sehr verzweifelt."

„Verzweiflung ist besser als der Tod, sagt meine Mutter."

„Gott, Junge, du hast eine interessante Familie."

„Papa ist jetzt nicht hier, Sir. Das ist wirklich dumm von ihm. Er hat uns alle furchtbar traurig gemacht."

„Der Tod macht euch Kinder schnell erwachsen."

„Sagt mein Onkel auch." Der Mann lachte und klopfte Theo auf die Schulter.

Theo fand den Rest der Familie auf dem Hauptdeck im Gedränge und in der prallen Sonne. Großmutter schlief im Liegestuhl, obwohl der pausenlos von den Umstehenden angestoßen wurde. Onkel Paul ließ den Flachmann kreisen. „Wir legen gleich an", sagte er. Das Schiffshorn presste seinen hohen und dann immer tiefer werdenden Ruf aus, und je näher der Leib an die Piers drängte, desto höher und feingezeichneter wurde Manhattan.

Theo saß mit den anderen auf langen spiegelnden Holzbänken in der großen Halle auf Ellis Island. Die Einwanderer waren in Raddampfern hierhergebracht worden, hatten Manhattan wieder verloren und mussten das Wasser zwischen ihnen und der Stadt wachsen sehen. In der Halle hingen amerikanische Flaggen von der Zwischenetage herab. Obwohl sich Tausende von Menschen drängten, war die Luft in dem Gebäude mit den vier Ecktürmen und den hohen Fenstern gut, und Theo sah, wie draußen Abertausende Reisekisten in ein anderes Gebäude transportiert wurden. In einigen dieser Kisten waren die Bücher seines Vaters. Ständig kamen Fährschiffe in den rechteckigen Inselhafen, und Hunderte Männer, Frauen und Kinder strömten auf die Insel und folgten dem richtungsweisenden Schlagstock der Uniformierten.

Onkel Paul lief mit Zetteln und Formularen zwischen Menschen und Sprachen an Schalter, in Büros, kam mit neuen Papieren wieder, wurde aufgerufen, kam mit rotem Kopf zurück, murmelte, ging wieder. Großmutter klopfte hier und da prüfend mit einem ihrer Stöcke auf die Bänke und gegen manch ein osteuropäisches Schienbein. Einmal versuchte ein Mann mit Mütze und Uniform sie davon abzuhalten. Oma pikte ihn mit der Stockspitze vor die Kniescheibe. Mutter skizzierte das auf der Rückseite eines Formulars.

Onkel Pauls Mundwinkel wurden härter. Als dann auch noch der Flachmann leer war, sagte Onkel Paul Pissekackepissekacke. Sie schliefen in dieser Nacht auf den Bänken in der Halle.

„Die dachten, ich sei Heinrich Mannlicher. Die begreifen nicht, dass der Kerl tot ist. Wäre ich Heinrich, dann wäre alles bestens und wir längst an Land. Aber ich bin ja nur sein Bruder, nicht der Röntgenspezialist, der zehn Jahre nach der Entdeckung der Strahlen eine Abteilung in einem Großkrankenhaus aufgebaut hat. Wir sind die einzigen aus der Luxusklasse, die auf Ellis Island rumhocken."

„Tja", sagte Tante Agnes und legte die Fingerspitzen aneinander.

Theo lief zwischen den Bankreihen herum und lauschte den fremden Sprachen. Im Kreise einer zwölfköpfigen Familie wurde eine Salami in weißer Außenhaut herumgereicht, und ein kleiner Junge lud Theo ein, ein Stück Wurst mitzuessen. Ein Mann sagte in gebrochenem Deutsch, das sei tschechische Salami, er solle zugreifen.

Theo bedankte sich und ließ sich von einer alten Frau eine dicke Scheibe abschneiden.

„Du bist der Junge, der wenig Schlaf braucht", sagte der Mann. „Deine Familie hat einen Toten zurückgelassen."

„Woher wissen Sie das?"

„Gute Augen sind das Markenzeichen meiner Familie. Meinem kleinen Sohn Oskar hier", der Mann wies auf den Jungen, der Theo angedeutet hatte, ein Stück Wurst mitzuessen, „meinem kleinen Oskar entgeht nichts. Er ist ein großer Beobachter. Vielleicht kann man hier in Amerika Beobachter von Beruf werden. Wenn das so ist, dann steht meinem Oskar eine große Zukunft bevor."

„Beobachter wäre ein toller Beruf, Sir." Der Mann streckte Theo die Hand hin.

„Ich bin Vlad Kostolany.“

„Theo Mannlicher.“

„Ich bin Oskar Kostolany“, sagte der Junge und reichte Theo ebenfalls die Hand. „Ich spreche Deutsch und Amerikanisch, und ich kann den *Faust* auswendig.“

„Wen?“

„Den *Faust*.“

„Ach so. Ja. Schiller“, sagte Theo.

„Nein“, sagte der Junge.

Als es dunkel war, stellte Theo auf der Galerie der Zwischenetage einige Stühle übereinander, baute ein festes Stuhlfundament, auf das er weitere Stühle türmte, um aus den Oberlichtern der Halle auf die Stadt gucken zu können. Die Wolkenkratzer waren schwarz, und Tausende Lichter glühten in ihnen. Die Lichter waren rund, obwohl die Fenster, aus denen sie kamen, eckig sein mussten. Der Mond war an die Spitze eines Hauses montiert und ließ Stein und Glas leuchten. Dunkelgraue Wolken zogen und verdichteten sich und umfassten die Häuser und den Mond. Theo brannte darauf, durch die Straßen zwischen den Skyscrapern zu laufen. Viele Häuser waren höher als in Hamburg die Straßen lang.

Dann stürzte Theos Stuhlturm zusammen. Die Stühle polterten unter Theo weg, und Schreckensschreie mischten sich in den Krach. Theo hing am Geländer nahe einer amerikanischen Flagge und fuchtelte mit den Beinen. Er blickte sich über die

Schulter nach unten um. Ein Mann stellte sich unter ihn und sagte, er solle sich ein wenig abstoßen und dann loslassen. Theo riss die Augen weit auf, atmete tief ein, als lauerte der Ozean unter ihm, stieß sich ab und flog mit weit ausgebreiteten Armen durchs Dunkel. Er landete in den Armen des Mannes, der in den Knien abfederte. „Neugierig, hm?", sagte der Mann, stöhnte und griff sich ins Kreuz. Er ließ Theo langsam zu Boden gleiten und verharrte in gebeugter Haltung. Er fluchte und griff sich auch mit der zweiten Hand ins Kreuz. Ohne sich wieder aufzurichten, humpelte er zwischen die Bankreihen, stöhnte und verschwand aus Theos Blickfeld.

Theo ging zu seiner Familie zurück. Die Mutter war wach und fragte mit zusammengekniffenen Augen, wo er gewesen sei.

„Ich hab da oben am Geländer gehangen."

Mutter setzte sich auf und folgte mit einem Blick unter hohen Brauen Theos ausgestrecktem Zeigefinger. Sie drückte Theo an ihre Brust und kraulte seinen Nacken.

„Tu du dir nicht auch noch etwas an, mein Junge. Bleib du bei mir."

„Mir passiert nichts", sagte er. Er erinnerte sich, dass er das heute schon einmal gesagt hatte. Er suchte sein Tagebuch aus der Reisetasche, zündete eine Kerze an und schrieb den Satz „Mir passiert nichts" unter „Eros und Tod". Er hatte eine Doppelseite in der Mitte des Tagebuches für solche Sinnsprüche freigehalten. Er klappte das Tagebuch zu und strich über den Einband. Er war aus Hartpappe, und Mutter hatte ihn auf Theos Wunsch bemalt. Ein Strand, das Meer und die Sonne. Er drückte Mutter einen Kuss auf die Lippen. Er sah nach Onkel Paul, der schlief und die Hände auf dem Bauch gekreuzt hatte.

„Ich werde niemals sterben", sagte Theo.

„Gut, mein Junge, tu das, stirb niemals. Bleib immer bei deiner Mutter. Und jetzt schlaf." Er legte sich hin, schob sich den Pullover unter dem Kopf zurecht und wollte schlafen. Aber er war hellwach, schlug immer wieder die Augen auf und sah die gewölbte Hallendecke. Er setzte sich auf und notierte den Satz. Als das erledigt war, als die Worte dort standen ‚Ich werde nimals sterben (stehrben?)', schlief er ein, während er sich fragte, ob sterben mit oder ohne h geschrieben wurde.

Sie lebten alle zusammen in einem weißen Holzhaus mit umlaufender Sonnenterrasse und Fliegengittern in den Türen.

Ein bisschen nostalgisch, sagte Mutter, aber mit ein paar Eimern Farbe lasse sich das irgendwann ändern. Sie sah Theo und Silvia an und breitete die Arme aus.

„Kinder, euer Vater hat uns Geld mitgegeben in die neue Welt. Wir können uns dieses Haus kaufen, wir können eine Zeit lang davon leben. Ich kann versuchen, mit Heinrichs medizinischem Nachlass ein paar

Dollar zu verdienen. Es wird für uns einfacher als für all die Armen, die mit uns auf dem Schiff waren."

Der Ort hieß New Riverside und bestand aus etwa 60 Häusern, die eine Hauptstraße und einige sandige Nebenstraßen säumten. An der Hauptstraße gab es Lebensmittelläden, einen Eisenwarenhandel und einen Gunstore, in dessen Fenster Revolver und Winchestergewehre lagen. Die Kirche stand auf einem grünen Hügel direkt neben dem umzäunten Friedhof. Hinter dem Haus der Mannlichers, an der Nordseite des Ortes, waldete es, vor dem Haus war eine Wiese, die sich zum Hudson River senkte. Von dort aus konnte man über den breiten Strom hinweg die Häuser New Yorks sehen, geometrische Felsen, die nachts schwarz waren in einer dünnen Kuppel von Licht, das die Stadt immerzu abstrahlte. Bei Sonnenuntergang, wenn der Hudson orangerot war, stand Theo oft unten auf der Wiese und sah die Stadt an.

Manchmal fuhren Theo und Silvia mit nach Manhattan, und Onkel Paul zeigte ihnen eine der langen geraden Straßen, die sie auf der einen Seite hinabund auf der anderen wieder hinaufgehen sollten, so könnten sie sich nicht verlaufen und würden zur verabredeten Zeit wieder auf den Onkel treffen.

Das hier zum Beispiel sei die 42., sagte Onkel Paul, beugte sich zu ihnen und zeigte die Straße entlang, links und rechts Hochhäuser, Gehwege, dampfende Gullys, Pferdewagen, Autos, Werbeschilder, eine Straße, gerade und hochgesäumt wie ein dachloser Flur. Wenn sie sie hinuntergingen, sagte der Onkel, kämen sie zu den Piers, dort sollten sie sich ein bisschen ans Wasser setzen und dann wieder hinaufgehen. Wenn sie sich einmal verliefen, bräuchten sie sich nur an den Nummern der Straßen zu orientieren. Fakt sei, dass man sich in New York nicht verlaufen könne. „Hier habt ihr ein paar Dollar, esst was."

In Manhattan zu essen war für Theo und Silvia das größte Erlebnis. Bei Colombo konnte man italienisch essen, bei Mansour syrisch, bei Quong Wo Chong chinesisch, es gab Garküchen auf Eisenrädern, wo sie Fleischspieße in exotischen Tunken kaufen konnten. Trotz der vielen Autos war die Luft in den Straßen so gut wie in Hamburg, weil ein ständiger Wind durch die Häuserschluchten ging und das Meer nah war.

Viel öfter als durch die Stadt aber lief Theo allein in die Wälder oder den Flusslauf hinauf oder in den Ort, wo er zur Schule ging und alles nach Laub und Gesundheit roch.

Im Gegensatz zu der Wohnung in Hamburg hatte Theo jetzt ein eigenes kleines Zimmer mit einem Fenster zum Wald. Er stellte den Tisch ans Fenster und schrieb allabendlich Tagebuch und machte Skizzen von New Riverside und dem Blick auf New York. Bevor er schlafen ging, öffnete er das Fenster. Dann zog er sich aus, legte die Kleider auf den Stuhl und betastete den Stoff des Pyjamas. *Es war tatsächlich der Pyjama*, dachte er, *das war der Pyjama, den er getragen hatte, als Vater starb.* Mutter hatte den Pyjama gewaschen, und wie intensiv Theo auch den Stoff über die Daumen spannte und gegen das Kerzenlicht betrachtete, da war kein Fleck mehr, kein Rand.

Es dauerte nicht lange, und Mutter hatte durch ihre Gastfreundschaft und ihre Schönheit zahlreiche Bekannte und Freunde gewonnen, die oft ins Haus der Mannlichers kamen.

„Man muss nur die Türen offenlassen, man muss vertrauen, dann wird einem auch vertraut", sagte Mutter.

Der Nachlass von Theos Vater erwies sich als Goldgrube. Onkel Paul hatte einige der Aufsätze von Heinrich Mannlicher mit ins Krankenhaus genommen, und bald traf sich ein Kreis von Ärzten, die zu Theos Erstaunen allesamt Bärte trugen, wöchentlich im Hause der Mannlichers, um das Material auszuwerten und die Schriften in Geräte und Anwendungen umzusetzen. Theos Mutter achtete darauf, dass der Name ihres Mannes in allen Briefköpfen und Impressen auftauchte.

Onkel Paul eröffnete eine Praxis, in der er neben seiner Tätigkeit im Krankenhaus für die Bewohner New Riversides arbeitete. Er sagte, der Name Mannlicher helfe selbst hier an der Grenze der Wildnis. Tante Agnes erteilte Privatunterricht in Französisch, Spanisch und Deutsch.

In den ersten ruhigen Jahren in dem Ort am Hudson begann Theo zu begreifen, was zwischen Mutter, Tante Agnes und Onkel Paul vorging. Da war dieser Eros im Spiel, der nur mit einem r geschrieben wurde. Theo bewunderte seine Mutter dafür, mit wie viel Freude und Mut sie versuchte, die Verstrickungen zu meistern. Die große Frau mit dem dicken schwarzen Haar und der schönen Nase lachte viel, und wie angespannt die Situation zwischen den Erwachsenen ihm auch erschien, es war stets die Mutter, die ein Gespräch mit einem Witz beendete, die ihnen am Samstagabend ein gutes Essen kochte und sagte, man solle das mit der Ernsthaftigkeit nicht übertreiben. Onkel Paul wollte von den „angeblichen Problemen" nichts wissen, er wollte weder mit seiner Frau noch mit Theos Mutter diskutieren, sondern weiterleben wie bisher, es sei doch alles völlig in Ordnung, und er machte den beiden Frauen Komplimente, welch fortschrittliche Personen sie seien.

Die Wälder wechselten die Farben, sie rochen im Sommer trocken, und wenn die Baumfäller unterwegs waren, nach wassersattem Holz, das seine Jahresringe der Sonne darbot, im Herbst rochen sie modrig, im Winter waren die Bäume schwarz und warteten mit Theo darauf, dass der Frühling kam und die Knospen und die Blüten.

New York wuchs, und Theo wuchs aus dem Pyjama heraus. Er sagte seiner Mutter, dass er den nun wegwerfe. Abends in seinem Zimmer, wenn der Vater auf dem Stuhl saß und aus dem Fenster in den Wald sah, sagte Theo ihm, dass er ihm immer böse sein werde wegen des Sterbens und dass er ihn sehr geliebt habe und immer noch liebe.

3

Onkel Owen, China-Mann

Theo betrachtete die Bleistiftskizze, die seine Mutter ihm ins Tagebuch gezeichnet hatte: Der Mann hatte langes graues Haar, buschige Augenbrauen, eine kräftige Nase und tiefe Falten in den Wangen. Der Mund war eine lippenlose Gerade, es war ein schweigender Mund. Neben das Porträt hatte Mutter senkrecht eine glimmende Zigarre gezeichnet.

Der Mann war Prediger gewesen, bis ihn ein Windstoß von Intelligenz erwischt hatte, wie er es ausdrückte, und er kein Prediger mehr sein konnte. Dieser Windstoß hatte ihn in China ereilt. In China. Theo sah auf die Bucht hinaus und lauschte der Brandung, die kräftiger geworden war als heute Morgen. Die Luft kräuselte sich in der Mittagshitze.

Der Himmel über China, dachte er, *der Himmel über China. Der gebeugte Büffel.*

Ihn schauderte.

Er sah wieder auf die Skizze hinab. Seine Mutter war eine treffsichere Malerin gewesen. Es fiel leicht, sich vorzustellen, dass die Skizze gleich zu ihm sprechen würde, über China und Kwei Lin.

Owen war es, der Theo einen kleinen Chinesen ins Ohr gesetzt hatte.

Mutter erzählte Theo und Silvia beim Frühstück von Owen. Sie nahm einen Mundvoll Rührei mit Speck, nuschelte, dass sie etwas zu sagen habe, und legte die Hände ineinander. Sie schluckte und sagte, sie glaube, verliebt zu sein und geliebt zu werden. Mit allem Drum und Dran.

„Ich war in Manhattan, Bücher kaufen", sagte sie. „Er hat mich angestarrt wie vom Donner gerührt, und dann ist er mir auf Schritt und Tritt gefolgt. Das war schön."

Theo und Silvia schmunzelten. Mittags fuhr ein Russel Knight vor dem Haus vor, und ein Mann in hellem Anzug stieg aus, sah Theo und Silvia vor der Tür und verneigte sich. Er sagte, eine Familie zu haben sei etwas sehr Wichtiges und Schönes, und wenn es in der Familie stimme, dann könne es auf der ganzen Welt stimmen. „Fragt die Chinesen." Der Mann kam die Stufen herauf und reichte ihnen die Hand. Mutter kam heraus und nahm den Mann in die Arme. Theo und Silvia sahen die beiden an, die Rücken mit den Armen darauf. „Ist doch gut, oder?", fragte Theo seine Schwester leise. „Ja", sagte Silvia, „ist gut".

Als Onkel Paul Elsa Mannlicher abends mit dem grauhaarigen Mann sah, verhärtete sich sein Gesicht. Er blieb mit hölzernen Lippen in der Tür zum Wohnzimmer stehen und starrte Elsa an. Tante Agnes sah erst den Zigarre rauchenden Mann im hellen

Anzug an und dann ihren Gatten. Als sie dessen Miene erkannt hatte, schlug sie ihm mit flacher Hand auf die Wangen.

Theo saß auf der tiefen Fensterbank und griff nach seinem Notizblock. Onkel Paul zerschmetterte Stühle und warf Gläser gegen Wände. Theo erinnerte sich, dass Mutter nach dem Tod des Vaters gesagt hatte, Vater habe zu wenig mit ihnen geredet. Bei Paul das Gleiche. Theo sah auf die Bruchstücke des Stuhls und wusste, dass nicht nur dieser Stuhl zerbrochen war. Mutter, Silvia und Theo bezogen wenige Tage später ein kleineres Holzhaus mit grünen Fensterläden auf einem Hügel oberhalb der Hauptstraße von Riverside. Onkel Owen kam täglich vorbei und blieb oft über Nacht. Silvia kicherte immer, wenn Mutter ihnen winkte und die Schlafzimmertür hinter sich schloss.

Theo lauschte nachts an der Tür zum Schlafzimmer. Es klang anders, als es bei Mutter und Vater geklungen hatte, und es klang anders als bei Mutter und Onkel Paul. Mit Vater hatte Mutter lange, gleichbleibende Töne von sich gegeben, mit Onkel Paul hatte sie eine Art Kichern ausgestoßen, bei Owen waren es staccatoartige Laute, die von Sekunde zu Sekunde an Stärke gewannen. Mutter sagte Worte zu Owen, die Theo nicht kannte und nachts in deutschen und amerikanischen Wörterbüchern nachschlug. Aber Theo konnte sich nicht erklären, warum da voneinander verlangt wurde, zu lutschen oder zu blasen, ganz gleich in welcher Sprache. Er blies sich auf den

Unterarm und unter vorgeschobener Oberlippe auf den Hals. Das war angenehm.

„Ich hab zwei Brüder", sagte Onkel Owen. „Einer ist Industrieller, der mir monatlich Geld schickt, einer ist beim Militär, ein ganz hohes Tier, und ich war Priester. So unterschiedlich sind die Zweige eines Baumes." Er grinste Theo an und flüsterte: „Ich mach's mir halt ein bisschen gemütlich." Dann ordnete er sein Gesicht zu einer strengen Miene zurück und sagte: „Die abendländische Philosophie hat Abertausende von Seiten gefüllt, aber erst China hat mich gelehrt, dass die Welt und das Leben kein Abstraktum sind."

An der Riviera, im Haus seines industriellen Bruders, lernte er seine spätere Gattin kennen, eine französische Verlegerin, klug, kultiviert und reich. Sie lebten dahin, bis die Frau wegen ihrer ständigen Raucherei an Lungenkrebs starb. Was für Onkel Owen nicht bedeutete, selbst mit dem Rauchen aufzuhören. Die Zigarre war mit seinen Lippen verwachsen, und er putzte sich fünfmal täglich die Zähne, damit die nicht vollends braun wurden. Seit acht Jahren war er Witwer und lebte vom Geld des Bruders. Er widmete sich ausschließlich seinen Leidenschaften: der Literatur, der chinesischen Philosophie und neuerdings Theos Mutter.

„Es war fürchterlich, meine Liebe zu verlieren. Sie zerfiel mir unter den Händen, wurde immer grauer und futterte tütenweise Schmerzmittel, weil sie Schmerzen verabscheute und sich weigerte, in ein Sanatorium zu gehen. An ihrem letzten Abend trank sie zwei Flaschen Champagner mit mir. Sie fiel rücklings vom Stuhl und war tot. Ihre Geschwister haben dafür gesorgt, dass ich nicht einen Dollar geerbt habe."

Onkel Owen zündete sich eine Zigarre an.

„Das war's dann", sagte er. „*Tod* ist ein Wort mit zwei Kreuzen, wenn man es deutsch und als Adjektiv nimmt."

Theo begann, Geschichten zu schreiben.

Seit sich sein Vater ermordet hatte und sie nach Amerika gefahren waren, hatte er einen Druck in sich wachsen gespürt, den er nicht zu benennen wusste. Er trug sein Tagebuch oder einen Notizblock jetzt ständig bei sich, und er hatte Momente erlebt, während derer er versank, irgendwohin, tief in eine lichte, stille Theokammer, wenn er mit spitzer Feder die Seiten gefüllt hatte.

Theos Amerikanisch war perfekt, sein Deutsch gab er nicht auf. Er schrieb in beiden Sprachen. Onkel Owens Berichte aus China, dem Land, das man nie richtig kennenlernen könne, waren Theos Übungsfeld. Durch das Schreiben schuf er sich sein eigenes China, abgerundet durch seine Vorstellungskraft, die mit jedem Monat des Schreibens größer und präziser wurde. Die Geschichten machten die Welt um einen Kontinent größer. Mutter schenkte ihm zum

Geburtstag einen Stapel linierte Hefte. Sie halte es für großartig, dass er schreibe.

„Ich bin ja keine Schriftstellerin, Theo, aber wenn ich dir trotzdem einen einzigen das Schreiben betreffenden Rat geben darf, nur einen einzigen: Werde niemals geschwätzig."

Beim Schreiben wurde ein Vater beerdigt, ein Junge auf dem Friedhof geohrfeigt, ein Pfarrer trug eine Augenklappe. In jeder Geschichte formulierte Theo eine Variante des Satzes, dass sein Protagonist Hein Paulsen niemals sterben werde. Hein Paulsen entschloss sich, nicht zu sterben. Punkt. Hein Paulsen dachte, dass nichts so grässliches Unglück bringe wie der Tod. (*Grässlich* streichen, Unglück ist immer grässlich.) Als Hein die Leiche seines Vaters ansah, begann er mit Vater zu schimpfen. Ich werde so etwas nicht tun, Vater, sagte Hein.

Hatte Theo keine Geschichte zu schreiben, setzte er sich an einen Bach und beschrieb, dass das Wasser gurgelte und rauschte und die Kraft hatte, Steine spiegelglatt zu waschen. Er beschrieb, dass Wasser golden sein konnte, blau, oder so transparent, dass die Farben des Bachbettes durchschienen, er beschrieb, wie dunkel das Wasser wurde, wenn Wolken vor die Sonne zogen.

In der Schule ließen seine Leistungen nach. Während des Chemieunterrichts pflegte er seine Kurzgeschichten vom Vortag zu korrigieren. Die Mathematik war ihm so langweilig, dass er begann, an ihrem

Sinn zu zweifeln. Die Naturkunde war interessant, nur verstand Theo nicht, warum der Unterricht nicht draußen im Wald oder am Fluss stattfand. Und Schreibstoff lieferte ihm die Schule nicht, so verkam sie zur Pflichtübung. Dank der Hilfe seiner Freunde, der Zwillingsbrüder Bob und William Riverside, bestand Theo die Prüfungen.

„Konfuzius liebte fleißige Schüler", sagte Onkel Owen. „Dich hätte er sicher nicht geliebt, aber das kann dir auch herzlich egal sein, Theo. Wir können ungeheuer viel von den chinesischen Philosophen lernen, aber als Mensch war Konfuzius ein ziemlich mieser Spießer, ein Langweiler und Besserwisser ohne Humor."

Großmutters Herz blieb am 14. April 1912 stehen, während der Stahl des großen Schiffes zerriss.

Vom Gartentor aus sah Theo sie die Straße heraufkommen, sie stützte sich wie immer auf ihre beiden Stöcke und hatte dieses eingefressene Grinsen im Gesicht. Sie blieb kurz stehen, wackelte mit dem Kopf und ging weiter, setzte ihre Stöcke aber immer breiter auseinander, kam einem Vierbeiner gleich voran und fiel schließlich aufs Gesicht. Lachend lief Theo zu ihr hin. Er nahm sie in die Arme. „Kuchen", sagte sie. Sie schloss die Augen, und Theo wusste, dass sie tot war. Er sah in den Himmel und in einige sich bewegende Baumkronen. „Ach Großmutter", sagte er. Einige Tage später wurde sie beerdigt.

„Die erste Mannlicher, die Amerika sich einverleibt", sagte Onkel Paul. „Wir werden hier kein
Glück haben." Er starrte Owen an, der groß und gerade neben Theos Mutter auf der Wiese stand. Onkel
Paul betrank sich später am Kaffeetisch, erbrach sich
seitlich vom Stuhl hinabgebeugt und schlief ein.

Theo beobachtete Tante Agnes, die mit Mutter
und Owen redete und immer wieder heftig den Kopf
schüttelte. Zwei Wochen später verließ Tante Agnes
New Riverside und ging nach Chicago. Sie mache
Schluss mit Deutschland, sie wandere jetzt wirklich
aus. Sie alle sollten ihr nicht böse sein, aber sie ver-
schwinde jetzt endgültig.

Onkel Paul war jeden Tag betrunken und verlor
seine Zulassung als Arzt. Mutter und Owen boten
ihm an, bei ihnen zu wohnen, statt allein in dem
Haus zu bleiben, aber er lehnte ab, und Owen wurde
nachts verständigt, er solle Onkel Paul aus der Kneipe neben der Kirche holen, wo Paul besinnungslos
liege. Am nächsten Tag ruderte Onkel Paul einen
Seitenarm des Hudson hinauf in die Wälder. Das
Boot wurde zwei Tage später im Schilf gefunden.
Onkel Paul blieb verschwunden.

„Jetzt ist der arme Onkel Paul auch tot", sagte Silvia.

„Oder er lebt als Einsiedler irgendwo in den Wäldern und ernährt sich von Beeren und Wild", sagte
Theo.

„Du Phantast. Er hatte überhaupt keinen Halt

mehr. Nein, Theo, Onkel Paul ist tot. Er hat sich aufgegeben."

Theo befürchtete, dass Silvia recht hatte. Aber er hatte die Möglichkeit, anders zu denken. Es gab keinen Beweis für den Tod, weder einen Abschiedsbrief noch eine Leiche, aber es gab Tausende Hektar Wildnis und Tausende Hektar Möglichkeiten gegen den Tod. Und wenn Onkel Paul sich hätte töten wollen, dann hätte er vorher mit Theo darüber geredet, da war Theo sich sicher.

„Er hasste den Tod", sagte Theo.

„Das sagen alle, die nicht bei Gott sind. Es gibt keinen Grund, den Tod zu hassen. Die Seele ist unsterblich", sagte Silvia.

„Ich wette mit dir um alles, was du willst, dass Onkel Paul nicht tot ist."

Owen sah Theo an. Das sei eine gute Wette, sagte er. „Wenn man noch nicht das Leben kennt, wie sollte man dann den Tod kennen? Elf, elf."

„Was elf, elf?", fragte Theo.

„Konfuzius, elftes Buch, elftes Kapitel."

Owen begleitete Theo jetzt ab und zu bei den Waldspaziergängen. Theo möge die Natur, sagte Onkel Owen.

„Ja, sehr", sagte Theo, aber er kenne sich nicht gut aus in ihr. Sein Freund Bob Riverside wisse jeden Baum und jeden Halm zu benennen.

Owen habe den Eindruck, dass Theo sich viel allein beschäftige, sich gut konzentrieren könne.

„Ja. Ich schreibe. Ohne Konzentration und eine Leidenschaft fürs Alleinsein ist das unmöglich."

„In dir schlummert ein kleiner Chinese, Theo. Du musst eines Tages mal nach China. Kwei Lin, Theo, Kwei Lin ist der schönste Ort der Welt. Es lag mal unter dem Meer. Es gibt kein Volk auf der Welt, das so verblüffend praktisch ist wie die Chinesen. Wir können da viel lernen." Owen steckte die Hände in die Hosentaschen, senkte das Kinn und lachte. „Junge, ich habe Sachen erlebt in China. Und wie wir zeitweise gehaust haben."

Owen legte Theo eine Hand auf die Schulter und ging neben ihm her. Theo dachte an seinen Vater. Links und rechts des Weges waldete es dicht, senkrechte Sonnenbalken standen zwischen den Bäumen, und Theo schlug vor, den Weg zu verlassen und einige Zeit durch das Unterholz zu steigen. Nachdem sie sich mehrere 100 Meter vom Weg entfernt hatten, fragte Owen, ob sie sich nicht verlaufen würden.

„Keine Sorge", sagte Theo, „ich kenn mich hier aus. Ich verlauf mich nicht." Owen bestand trotzdem auf einer Pause, all die Zigarren, sagte er, das sei nicht gut, aber, na ja. Was Theo davon halte, mal mit ihm in Chinatown essen zu gehen?

„Wäre toll", sagte Theo und sah, dass Owens weißes Hemd einen tiefbraunen Rand am Kragen hatte.

Einige Tage später in Chinatown wunderte Theo sich mit vorgeschobenen Lippen über die Speisen der

Chinesen. In den Auslagen vor den engen Läden gab es getrocknete Austern, die aussahen wie angebrannte faustgroße Gummistücke, eingelegte Krebse und säckeweise winzige weiße Fische mit schwarzen Augen. Onkel Owen wusste jede dieser Delikatessen zu benennen, ohne dass Theo sich auch nur eines der chinesischen Wörter einprägen konnte. Das gebe es nur in New York, sagte Onkel Owen, eine Reise nach China, ohne dass man Schiff oder Zug fahre. Theo notierte sich das. Hatte man die Canal Street nach Süden überquert, war man als Weißer allein, urplötzlich hörte man nur noch Chinesisch und sah nur noch Chinesen. Wenn man durch Gassen ging, die den Blick auf die Hochhäuser des Financial Districts verstellten, musste man sich immer wieder sagen, *ich bin in New York, ich bin in New York.*

Theo baute ein Schloss in die Tür zu seinem Zimmer. Er wolle das jetzt ganz für sich und seine Geschichten haben, erklärte er der Mutter. Aber es ging ihm nicht nur um die Geschichten. Da waren auch diese anatomischen Verformungen im Zentrum seines Körpers, die zu allen Tages- und Nachtzeiten für Unruhe sorgten und Theo immer klarer verstehen ließen, was den toten Vater getrieben hatte, was Onkel Paul und was Onkel Owen trieb. Ohne dass ihm jemand erklärt hätte, was Eros war, wuchs das Fleischwort in ihm heran.

Bob und William Riverside kamen oft in das Haus der Mannlichers. Sie waren beide so groß wie Theo, fülliger, großknochig, dunkelblond und mit vernarbten Wangen. Wurden sie gefragt, woher die Narben stammten, sagte Bob „Kindheit" und winkte ab, und William sagte „Akne" und betastete rehäugig seine Wangen. Die Ähnlichkeit zwischen den beiden war so groß, dass Theos Mutter sich angewöhnte, „Hallo Bowi" zu sagen, wenn die beiden vor der Tür standen oder auch nur einer von ihnen.

Sie machten gemeinsam Schulaufgaben, sie angelten an den Seitenarmen des Hudson, zogen in die Wälder und machten Lagerfeuer auf Lichtungen, lasen sich aus Romanen vor und begannen über Frauen zu reden. Bob und William fanden Theos Schwester Silvia zum Umfallen schön.

„Ganz, ganz tolles Mädchen", sagte Bob.

„Ein himmlisches Geschöpf", sagte William.

„Ich befürchte, die hat's nicht so mit Jungs", sagte Theo. „Eher mit Gott." Sie saßen in seinem Zimmer auf dem Boden und studierten Karten von Fluss- und Bachläufen in der Umgebung, weil sie bald eine mehrtägige Angeltour unternehmen wollten.

„Eine Schande", sagte Bob. „So ein Mädchen. Hat von euch schon mal einer ...?", fragte er. Die drei sahen sich an.

„Ich mein, es gibt hier Frauen, zu denen man gehen kann", sagte Bob. „Ich mein, also, man kann da hingehen."

„Lass den Scheiß", sagte William.

Eros und Tod, dachte Theo. Onkel Pauls Worte. *Ein bisschen wenig,* dachte er, *oder vielleicht zu viel? Eher zu viel. Niemals, niemals, niemals.*

Silvia ging in Riverside allsonntäglich zur Kirche. Sie war die einzige Kirchgängerin in der Familie der Mannlichers.

„Es ist nur ein Ausflug, Theo", sagte Onkel Owen, der bei Theo im Zimmer saß und in Theos Geschichten blätterte. „Wenn ich mir so anhöre, was deine Mutter über euch, über euren Vater und sich selbst erzählt, bin ich mir ziemlich sicher, dass Silvia nur einen Ausflug in die Gläubigkeit macht. Sie kommt zurück, keine Sorge. Die Chinesen haben übrigens nicht gerade einen ausgeprägten Religionssinn – meiner Ansicht nach."

Onkel Owen nerve manchmal ein bisschen, sagte Theo. Owen legte die Blätter auf den Tisch zurück. „Ordnen", sagte Theo, und Owen sah ihn belustigt an, ordnete aber die Zettel.

Das Weiterleben nach dem Tod, dachte Theo, während er Owens Rücken in dem hellen Anzug betrachtete. *Der Mensch aus Geist und Körper.* Es war der Geheimbund der Pythagoreer, der diese Lehre begründet hatte. Das war ein durchsichtiger Versuch, dem Tod den Schrecken zu nehmen.

Als Owen gegangen war, stellte Theo sich nackt

vor den Spiegel. Er betastete sein Gesicht, kratzte die Bartstoppeln, die seit einigen Wochen drängten, griff sich an den Hintern und umfasste mit der einen Hand sein Genital, mit der anderen die Hoden. Er sah sich an: groß, dünn, unfertig. Da machte er jeden Tag Liegestütze und war doch so dürr, Sauerei. Wie umwerfend musste der Körper einer Frau sein? Brüste seien nur Fettgewebe, sagte William. Aber was bedeutete das schon, wenn dieses Gewebe so auffällig verpackt war? Der Körper als Gefängnis und Last?

Er holte sein Messer aus der Kommode und fuhr sich mit der Schneide über die Pulsadern am linken Handgelenk. Wie schrecklich Vaters Tod gewesen sein musste. Der Mann im Bett, neben ihm sein Sohn, der in die Wärme gekrabbelt war, daneben die Frau, die er liebte. Wie sehr sich das angebliche Körpergefängnis dagegen gewehrt haben musste. Was um alles in der Welt hatte den Mann so weit getrieben? Wie schwarz mussten seine Tage gewesen sein, wieder und wieder. War es ihm wenigstens ein Trost gewesen, neben seinen Lieben zu sterben, obwohl er wissen musste, was er ihnen damit antat? War Silvia vom atheistischen MannlicherWeg abgewichen, weil sie nicht dabei gewesen war? Fühlte sie sich insgeheim hintergangen, weil der Vater sie nicht ins Bett geholt hatte? Theo schmiss das Messer aufs Bett. Während er sich die Pulsader angeschabt hatte, war sein Genital hart geblieben. Er zielte auf den Spiegel. Am nächsten Morgen machte er eine Umhängetasche mit Broten, einem Apfel, Limonade, Bier und dem Angelzeug zurecht und brach vor Sonnenaufgang in den Wald auf. Am Eingang zum Waldweg traf er William. Er wolle ihn ein Stück begleiten. Er gehe oft von zu Hause weg, wegen Vater. Sie gingen ein Stück weit nebeneinander her, und Theo fühlte sich in seinem Alleinsein gestört, sagte aber nichts, da William bedrückt war. Die Brüder hatten oft davon erzählt, dass ihr Vater mit dem Eisenwarenladen in Riverside ein Schreihals und Berserker sei.

„Früher", sagte William, „lebten hier die Indianer. Die Wall Street unten in New York war mal eine Mauer gegen die Indianer. Weißt du, wie die Apachen in Texas Siedler getötet haben? Sie haben sie auf kleinen Flammen verbrannt, oder sie haben auf dem Bauch eines Gefesselten ein Feuer entfacht. Auf seinem Bauch … Kannst du dir das vorstellen, Theo?"

Theo sah William an. „Kann schon", sagte er, „will aber nicht. Was nützt das denn?"

„So ist die Welt, Theo."

Theo atmete tief ein und aus und dachte, dass man immer auch Geruch atme, und hier roch der Wald, und er sah sich um und verabschiedete sich von William, der ihm hinterher sah. Der Waldweg endete und ging in einen Pfad über. Theo folgte einige Kilometer weit dem Pfad. An einem moosverweichten Felsen verließ er ihn und schlug sich zum Bach durch. Er legte Angel und Tasche zwischen die Felsen, zog die Schuhe aus und frühstückte. Die Sonne begann durch den Wald zu flimmern, und bald tanzten erste Lichtpunkte auf dem Bach. Innerhalb von zehn Minuten fing Theo zwei Forellen und schlug ihnen umgehend und hart mit der stumpfen Seite des Messers auf den Kopf, bis die Augen hervorquollen und die letzten Zuckungen erstarben. Dann wanderte er zu Onkel Owens Holzhütte am See. Als Owen eine Stunde später aus seinem Russel Knight stieg, duftete es in der Hütte nach heißem Fett und Forellen, die Theo nach einem Rezept seines Vaters mit Dill gefüllt hatte.

Owen schüttelte Theo kräftig die Hand. Er stellte eine Holzkiste mit Bierflaschen neben den Steg ins Wasser. Sie aßen auf der überdachten Terrasse. Owen bot Theo eine Zigarre an. Es war das erste Mal, dass Theo rauchte, und das Würzige auf der Zunge gefiel ihm.

„Gerollt auf den schweißfeuchten Schenkeln einer Brasilianerin", sagte Owen.

„Alte Sau", sagte Theo. Er holte zwei Bierflaschen aus dem Wasser und stellte sie neben die Teller mit den Fischgräten. Das ablaufende Wasser machte Ringe auf den Tisch.

„Deine Mutter erzählte mir, dass du in der Schule nachlässig bist. Ich mochte die Schule auch nicht, aber ich habe mir immer wieder klargemacht, dass Bildung von unglaublicher Wichtigkeit ist. Ich habe Lateinisch, Griechisch, Hebräisch, Französisch, Deutsch und später dann Chinesisch gelernt. Ich kenn die Geschichte der Welt. Nenn mir eine beliebige Jahreszahl, und ich sage dir, was in jenem Jahr geschehen ist."

„1450."

„Schlacht bei Formigny."

„1588."

„Drake versenkt die spanische Armada."

„1683."

„Schlacht am Kahlenberg."

„1863."

„Schlacht bei Gettysburg."

„Gab es auch mal Frieden?"

„Selten, Theo. Sehr selten. Aber geh du mal weiter zur Schule. Ganz gleich, was du später vorhast. Nimm's leicht, aber geh hin. Und was dein Schreiben betrifft: Es gibt keine langweiligeren Texte als die von ungebildeten Autoren."

Owen sah ihn an und lächelte, die tiefen Kerben in seinem Gesicht schnitten in die Haut und ließen Owens Kopf metallen erscheinen, und die langen grauen Locken waren wie Draht.

„Weißt du, warum sich dein Vater aufgeschlitzt hat?"

„Nein."

„Selbstmörder sind nie zu durchschauen. Er soll Geliebte gehabt haben."

Theo zuckte die Achseln. „Ich denke, das ist nicht so schlimm. Vor allem denke ich, dass Mutter damit klargekommen wäre."

„Weil sie ebenfalls einen Geliebten hatte?"

„Den Bruder ihres Mannes, ja."

„Woher weißt du das?"

Theo holte neue Bierflaschen. Owens Lächeln wurde tiefer.

„Ich bin gespannt auf deine Geschichten", sagte er.

„Früher hab ich deine aufgeschrieben."

„Meine?" Owen sah über den See. „Meine jetzige Geschichte ist deine Mutter. Eine fantastische Frau. Lässt sich durch nichts unterkriegen. Mir geht's gut. Geraldine hat mich aus purer Extravaganz geheiratet. Sie war klasse. Sie wollte schockieren und heiratete einen an der Riviera gestrandeten Ex-Missionar. Das Beste ist, dass sie sich einige Monate nach der Hochzeit in mich verliebte. Eine unglaublich dünne Frau. Auf ihren Schultern war kein Fleisch. Nur hautüberzogene Knochen."

Theo packte die Bierkiste ins Boot und ruderte Owen auf den See hinaus. Owen trank ununterbrochen, er wetterte gegen die Kirche, und aus *ora et labora* wurde *ora et deflora*.

„Mit Geraldine war ich noch einmal für einige Wochen in China." Owen nahm einen Schluck Bier. „Wir waren auch in Kwei Lin." Er breitete die Arme aus. Theo ließ die Ruder sinken, kühlte sich die Hände im Wasser und blinzelte Owen gegen die Sonne an. Der See blendete, und Owens weiße Kleider strahlten. Owen stand auf, legte den Kopf in den Nacken und riss den Mund auf.

„In Kwei Lin ist alles gut."

„Du bist blau, Onkel Owen."

„Blau?" Owen sah an seinen Kleidern hinab.

„Besoffen."

Owen setzte sich, ließ den Kopf hängen und begann augenblicklich zu schnarchen. Theo ruderte. Er sah sich nach links und rechts um, die Sonne blendete vom stillen Wasser, und Owen hörte auf zu schnarchen, und der Kopf sank ihm auf die Brust. Theo beugte sich zu ihm. Da ging kein Atem. Charon auf dem Flusse Styx. Er stupste Owen mit dem Fuß ans Knie. Owen brummte.

„Lass uns noch ein Bier trinken, Onkel Owen, oder erzähl mir was über China, aber sitz nicht so da."

Zurück am Ufer flüchteten sie vor der Mittagshitze in den Schatten der Hütte, Owen putzte sich die Zähne, streute Salz auf Käfer und Ameisen, die durch die Ritzen zu Dutzenden in die Hütte kamen, und dann schliefen sie einige Stunden. Abends auf der Terrasse aßen sie die Maiskuchen, die Owen mitgebracht hatte, und rauchten Zigarren.

„Wir erzählten den Menschen in China die Geschichte unseres Herrn Jesu. Die Menschen mochten unsere Geschichten. Und dann fragten sie, warum wir nicht so handelten wie die Figuren unserer Geschichten und warum der arme Jesus ans Kreuz genagelt worden sei. Und zum Teufel, wie haben wir Christen uns benommen?" Er winkte ab. „Denk bloß nicht, die heutigen Unternehmungen der Kirche seien besser. Wir drücken den Menschen keine

Brandeisen mehr auf, wir ..." Er winkte wieder ab, diesmal beidhändig. „Der Starrsinn ist derselbe." Owen blies Rauchwolken in die Nacht und vertrieb damit die Mücken.

„China hat mich kuriert. Es hätte sicher auch an jedem anderen Ort geschehen können, aber bei mir war es China. Vergiss die abendländische Philosophie. Sie beruht auf einem platonischen Irrtum. Lies Konfuzius. Nicht Laotse, der war auch nur ein vernebelter Spinner, falls es ihn überhaupt gegeben hat. Ein Baum ist ein Baum. Es gibt keine Idee dahinter. Frag die Chinesen. Chinesen sind näher am Boden als wir. Sie sind wirklicher."

„Klingt ein bisschen simpel."

„Ja, klingt simpel. Ist es aber nicht. Vieles, was richtig und gut ist, ist schlicht und einfach von verblüffender Simplizität."

4

Eros und Tod

Theo befolgte Onkel Owens Worte. Er ging zur Schule, schlug sich allmorgendlich in die Büsche links des Schulgebäudes und pinkelte an die Wand unter dem Zimmer von Direktor Verhust. Er nahm sich vor, täglich zwei Stunden Hausaufgaben zu machen, reduzierte dieses Vorhaben auf anderthalb Stunden und stellte fest, dass Vertiefung selbst ein langweiliges Thema interessant machen konnte. Der Unterricht über amerikanische Geschichte lieferte Schreibstoff. Waldläufer wie Daniel Boone und George Croghan und Männer wie George Washington oder Abraham Lincoln entstanden vor Theos Augen, wurden lebendig, bewegten sich und atmeten, je länger er an sie dachte und über sie schrieb, Lincoln *da steht doch jemand hinter mir und atmet, wieso steht denn da jemand hinter mir, hier in der Präsidentenloge?*

Theo lernte mit Bob und William und machte einen befriedigenden Schulabschluss. William verließ New Riverside, um ein Theologieseminar zu besuchen. Er träumte davon, in New York in der *Cathedral of Saint John the Divine* zu predigen, wenn die einst fertiggebaut wäre.

„Ich werde Theologie studieren."

„Die Geschichte von Leid und Tod."

„Auferstehung und ewiges Leben, Theo."

„Auferstehen kann nur, wer gestorben ist."

„Sophismen."

„Auf eurer Seite. Religionen sind Ersatz für Denk-lücken."

Bob begann im Eisenwarenhandel seines Vaters zu arbeiten. Mit einem Studium der Natur, so meinte er, könne man kein Geld verdienen, könne nicht da-von leben. Nachts stieg er bei Silvia ins Fenster. Theo saß mit Kerze und Buch am Fenster und sah den Freund gebückt durch die Büsche kommen. Theo belauschte die Entjungferung seiner Schwester, die heidnische Laute ausstieß, wie er in sein Tagebuch schrieb. Schon in der zweiten Nacht wollte Silvia viel von Bob, mehr, als der geben konnte. Das schien ein Problem zwischen den Geschlechtern zu sein.

‚Ich bin ein Erotomane der Passivität', schrieb er ins Tagebuch. Er masturbiere dreimal am Tag, habe aber noch nie seine Hand auf die Brust einer Frau gelegt, schrieb er.

Er mache Dinge, die man nicht tue, er habe Ge-heimnisse, sagte Theo seiner Mutter. Die fragte weder nach diesen Dingen noch nach den Geheimnissen, sondern sagte nur, dass sich das für einen Schriftstel-ler so gehöre. „Für andere Menschen übrigens auch."

Theo machte Gelegenheitsjobs, um Zeit zum Schreiben zu haben. Er arbeitete fluchend stunden-weise bei Muller im Sägewerk am See, war der fluchende Beifahrer eines Milchlieferanten und hackte fluchend Holz für die Nachbarn. *Um nicht schlechtgelaunt und böse zu werden,* dachte Theo schon nach zehn Minuten Arbeit an den Feierabend und daran, allein am Tisch zu sitzen und zu schreiben.

Silvia erlernte den Beruf der Krankenschwester im Bellevue Hospital in Manhattan und legte in den ersten Monaten auch daheim die Uniform nicht ab. Nach ihrer Ausbildung wolle sie bei den Ambulanzen des EMS arbeiten, um direkt vor Ort den Kranken helfen zu können.

„Ich tue wenigstens etwas", sagte sie mit hochgezogener rechter Braue. *Ja,* dachte Theo, *was für ein sinnvoller Beruf.* Und doch konnte er so etwas nicht, mied Krankenhäuser, hatte auch seinen Vater nie an dessen Arbeitsstelle in Hamburg St. Georg besucht, hasste die großen, oft gläsernen Türen, immer hatten Krankenhäuser große Türen, immer offen, immer saugend.

Irgendwann fragte Bob, ob Theo von ihm und Silvia wisse. Theo sagte ja. Aber er werde das für sich behalten. Bob wurde rot. Es sei für ihn das erste Mal, und er frage sich, ob es normal sei, dass Frauen so viel mehr wollen, als Männer können, wenn Theo verstehe, was er meine. Theo verstand.

„Ich gewinne mehr und mehr den Eindruck", sagte er, „dass in unserer Familie sehr viel vom Eros bestimmt wird."

„Bei dir auch?", fragte Bob. „Ich mein, wie oft kannst du, ich mein, so am Tag, oder so. Ich mein, du hast doch gar kein Mädchen, oder? Egal. Also wie oft, Theo? Theo?"

„Ich weiß nicht. Wie du schon sagtest, ich hab ja kein Mädchen."

„Und sonst? So selbst?"

„Mann, du gehst mir auf die Nerven."

Silvia mache ihn ganz unsicher, sagte Bob. Theo solle doch einfach eine Zahl sagen, nur eine Ziffer, damit er wisse, ob bei ihm alles in Ordnung sei.

„Drei bis vier. Am Tag", sagte Theo. Er wandte sich ab und starrte die Holzwand an.

„Und direkt hintereinander?"

„Das weiß ich wirklich nicht, verdammt noch mal. Herrgott, Mann."

„Na, wie dem auch sei, dann liegt es an deiner Schwester. Danke, mein Freund, du hast mir wirklich geholfen."

Die Welt um und in Theo veränderte sich. Er schrieb viel, führte den Bleistift über das Papier und war glücklich, wenn er seine Hand mit dem Stift ansah und er allein war und niemand ihn sah oder hörte oder ansprach.

Aus Mutters Kritzeleien waren Gemälde geworden, die an den Wänden der Hausflure lehnten und mit Öl- und Terpentingeruch den Duft der Wälder und Wiesen niederdrückten. Seit Monaten hatte Theo beobachtet, dass seine Mutter nicht mehr nur bei Kaffee-kränzen ihren Freundinnen die Servietten wegnahm, um Gesichter und Hände zu skizzieren, sondern begonnen hatte, planvoller zu malen, und die Servietten als Vorlagen für großformatige Bilder benutzte. Sie hatte ihr Schlafzimmer zum Atelier umfunktioniert und schlief mit Owen auf einer Matratze im Wohnzimmer. Onkel Owen organisierte Ausstellungsräume in Greenwich, Manhattan. New York sei vielmehr eine Stadt der Kunst als Berlin oder Paris.

Mutter malte Frauen, denen Männer dienten. Meist rauchten die Frauen oder hatten Champagnergläser in der Hand, saßen in einem Sessel und hatten immer volles Haar, und die Männer knieten vor ihnen, reichten ihnen Schalen mit Früchten oder abgeschlagenen Köpfen. Die Figuren waren zu übermäßiger Länge abstrahiert, und Theo fragte sich, woher seine Mutter dieses Abstraktionsvermögen nahm. Sie war so bodenständig und umschrieb im Gespräch nie, was sie zu sagen hatte, sondern sagte es direkt und unmissverständlich.

Silvia fragte, wie es denn mal mit einer Landschaft stünde, oder mit New York oder auch einer Frau, die allein auf einem Bild sei. Silvia war mittlerweile ebenso schönnasig und attraktiv wie ihre Mutter, und sie hatte heftigen Sex mit seinem Freund Bob.

Erotik sei doch das Beste, sagte Theo.

Woher er das wissen wolle, sagte Silvia und lächelte, als er rote Wangen bekam.

„Eros und Tod", sagte Theo, „das ist doch immer dasselbe." Jetzt sah seine Mutter ihn an und schlitzte die Augen, und Theo wandte sich ab und verließ das Zimmer. In seinem Zimmer wartete Vater auf ihn. Er saß blutüberströmt auf dem Stuhl am Fenster und sagte, dass er gekommen sei, sich endgültig zu verabschieden. Vater stand auf, nahm ihn in die Arme, drückte ihn fest und verschwand.

Theo begann seine Hein-Paulsen-Geschichten an Zeitungen und Literaturgazetten zu schicken, an *Redbook*, an die *Saturday Evening Post* und andere. Der alte Mann im Postamt von New Riverside fragte, ob er nicht gleich Rückporto beilegen wolle, dann bekomme er seine Werke wenigstens zurück. Nein, sagte Theo. *Der Mann trat die Tür zum Postamt ein und wollte dem Beamten die Zähne einschlagen, aber richtig mit Wucht, aber als aus der Vorstellung ein Gesicht wurde ... Ich bin Schriftsteller, schrie der Mann, ich tue so etwas nicht, aber wenn ich ein anderer wäre, dann ...*

Keine der Geschichten wurde veröffentlicht. Lediglich ein Kleinverleger aus Chicago, der eine monatlich erscheinende Broschüre publizierte, schickte Theo einen Brief, dass er die Geschichten drucken wolle. Allesamt. Da rechne endlich mal einer ab, und zwar mit dem einzigen wirklichen Feind des Menschen. Das beeindrucke. Der Verleger sprang dann aber aus dem Fenster, überlebte den Selbstmordversuch, wurde in einen Ambulanzwagen gelegt, der gegen eine Laterne fuhr, wobei der Verleger herausgeschleudert wurde und unter den Rädern eines nachfolgenden Polizeiautos starb. Sein Nachfolger berichtete Theo brieflich davon und legte dem Brief eine Zeichnung bei: Ein Cowboy mit einem Pfeil durch den Kopf, auf der Spitze des Pfeils hing das tropfende Hirn, und auf dem Hirn stand: Theo. Theo schmiss den Brief ins Klo und pinkelte darauf.

„Ich versteh ja nichts vom Schreiben", schrieb William ihm aus dem Seminar, „aber Naivität ist bestimmt nicht von literarischem Wert. Dein Held fasst den Entschluss, nicht zu sterben? Das hat etwas Albernes, Theo. Ich akzeptiere, dass man verschiedene Meinungen zum Tod haben kann, obwohl ich mir von Tag zu Tag sicherer werde, dass die unsere, die christliche Lehre von der Auferstehung, die wahre ist, aber dem Tod mit Leugnung zu begegnen, das ist Unsinn, ganz gleich, wie man es nimmt. Als ich meinem Vater erzählte, dass ich einen Deutschen kennengelernt habe, damals als du bei uns in der Schule auftauchtest, sagte der schon, dass ihr zu Extremen neigt. So wie er selbst. Vater vermutet manchmal Deutsche in seiner Ahnenreihe. Werd du mal Amerikaner, das ist besser. Wir lernen hier viel über den Tod."

Theo drückte den Chinahut tiefer in die Stirn. Es war heiß, der Morgenspaziergang zu den Fischerbooten hinter der Landzunge würde anstrengend werden. Immerhin war die Nacht ungewöhnlich kühl gewesen, und Theo hatte gut und tief geschlafen. Er sah auf den Strand hinaus, wo das Wasser den Sand leckte und glänzend machte, bis er nach wenigen Sekunden wieder matt war und eine neue, weißaus-laufende Welle ihn tränkte. Ganz weit am Horizont hing ein schmaler Wolkenstreifen über dem Meer, und Theo schnupperte Salz und Sand.

Er blickte von der Terrasse aus in den Bungalow. Drei Koffer voller Tagebücher, Skizzenblöcke, Briefe und Fotoalben hatte er sich nach Bali schicken las-sen. Er wollte einige Monate bleiben, allein seinen 100. Geburtstag feiern und jeden Tag die Sonne, das Meer und das Essen genießen.

In den Ordnern und Alben herrschte Unord-nung. Die Jahre schossen hin und her, Ereignisse überschlugen sich, Jahreszahlen wirbelten, verhakten sich, standen kopf, tote Menschen überholten leben-de. Theo musste sein Leben ordnen, wenn er etwas anfangen wollte mit all dem Material. Warum, ande-rerseits, sollte er seine Lebenserinnerungen ordnen? Chronologien enden mit dem Tod. Chronologien suchen Deutungen, die es im Lebensverlauf nie gege-ben hat. Er war auch nicht hier, um zu schreiben, was zwangsläufig eine gewisse Ordnung gefordert hätte, er war hier, um den Wind mit seinen Erinnerungen würfeln zu lassen. Er sah in den Garten. Der Alte, der Gärtner und zwei Kellner aus dem Restaurant, allesamt in Sarongs gekleidet, blickten gemeinsam auf das Meer hinaus und unterhielten sich. Bali sei ein bisschen wie das Paradies, hatte Theo sie alle schon sagen hören.

Theo bückte sich nach einem beliebigen Album und schlug es auf: eine seiner Bleistiftskizzen, ein unleserliches Datum, dann: Nahe des spanischen Dorfes Sesena: Ein Panzer fährt über einen Mann und ein Pferd. Verschenktes Leben, wenn man sich das anzusehen zwang. Ein anderes Album, beliebige Seite: die Zeitungsnachricht vom Tode James Joyces in Zürich 1941. Mitten im Krieg starb Joyce an einem Ort, an dem keine Schüsse fielen. Mutters Beerdigung. Hemingways Selbstmord. Der Tod von William. Die Atombombe. Theo gönnte sich noch einen letzten Griff: ein Bild Heideggers mit einer Notiz darauf. Theo verabscheute Heidegger. Aber Heidegger hatte gesagt, jeder Denker denke nur einen einzigen Gedanken. Diesen Satz hatte Theo auf das Bild gekritzelt, es war ein guter Satz, aber er traf nicht auf Theo Mannlicher zu. *Zwei Gedanken,* dachte er, *zwei.* Entwicklung, das ist das Leben und das Denken. Und das Leben war eine Farce, eine Anhäufung schwarzer Tage, solange man eingedenk des Todes war. Ha!

Er legte den Ordner auf den Tisch zurück und beschwerte ihn mit einem Stein. Der alte Chinese trat an die Balustrade.

„Gefällt dir dein Leben nicht, Theo Mannlicher?"

„Die zweite Hälfte war toll. Was die erste betrifft, sind es die Erinnerungen, nicht das Leben."

„Du gießt deine Erinnerungen durch ein Teesieb.

Aber bei dir scheint das Gute in den Maschen hängenzubleiben. Du hast noch viel zu lernen."

„Mit 99 Jahren?"

„Welche Rolle spielt das Alter beim Lernen?"

Theo sah den Alten gegen die Sonne an. *Kwei Lin,* dachte er, *der Himmel über China, der Narr. Der zweibeinige Büffel. Krieg in Asien.*

„Bei ‚Platoon' bin ich mir nach wie vor nicht sicher", sagte Theo, „Stone ist ein undurchschaubarer Mann, ich betrachte ihn mit Vorsicht. Aber er ist sehr fleißig. Das spricht für einen Mann. ‚Platoon' ist nicht schlecht. Charlie Sheen allerdings ist fehlbesetzt."

„Berenger und Dafoe sind gut", sagte der Alte. Theo sah ihn erstaunt an.

„Du kennst ‚Platoon'?"

„Ja. Hast du gegen ‚Platoon' demonstriert?"

Wieder staunte Theo. Woher wusste der Alte, dass Theo mit selbstgemachten Plakaten vor den Kinos des Times Square demonstriert hatte?

„Nein, gegen ‚Platoon' habe ich nicht demonstriert."

Theo zündete sich eine Zigarre an und blies den Rauch in den Wind, der plötzlich vom Land her aufs Meer wehte und die Palme in die andere Richtung bog.

„Mein Onkel Owen würde mir nicht glauben, dass ich mit einem alten Chinesen über Kriegsfilme rede. Du bist gar kein richtiger Chinese."

„Ich entstamme keinem 2000 Jahre alten Buch, Theo Mannlicher. Ich bin 1910 in Kanton geboren, im tiefsten Winter. Ich bin ein Chinese mit Videorekorder und Bungalowsiedlung auf Bali."

„Und mit einem runzeligen Gesicht."

„Genau wie du. Und du bist wirklich sehr runzelig."

Sie lächelten sich an.

„Woher weißt du von meinen Demonstrationen?"

„Ich habe alles von dir und über dich gelesen. Deine Romane haben sich in China gut verkauft."

„Würdest du mir mein menschliches Wörterbuch auf Chinesisch zeigen? Das ist bestimmt lustig."

5

Rollstuhl und Titanic

Theo zog sich jetzt an allen arbeitsfreien Tagen in Owens Hütte am See zurück, um zu schreiben, Brot zu backen und Fische zu fangen. Einmal in der Woche kamen Owen, Mutter und Silvia mit Wein, Bier und gebratenen Truthähnen vorbei, und sie aßen und tranken die Nacht lang auf der Terrasse. Das Leben sei schön, sagte Theo.

Bob besuchte Theo häufig und erzählte ihm, in welcher Reihenfolge sich die Laubbäume im Herbst verfärben würden. Und er sagte, es gebe keine schöneren Brüste als die von Theos Schwester Silvia. Was für ihn, Theo, eine Frauenbrust besonders schön mache?

Theo räusperte sich und sagte, er gehe mal eben im Wald pinkeln, und als er wiederkam, nachdem er zwei Minuten lang seine nackten Füße betrachtet hatte, erzählte er Bob von seinen neuen Schreibplänen und wie wunderbar so ein Verb doch sei im Vergleich zum Substantiv.

Eines Tages sagte Bob, dass er den idealen Job für Theo habe. Weiter oben am See wohne ein Mann namens Butcher mit seinem körperbehinderten Sohn. Butcher sei Geschäftsmann, bekannt mit Bobs Vater, und müsse für einige Zeit nach Europa, um am Krieg zu verdienen. Er suche jemanden, der sich um den

Sohn kümmere, und habe über Bobs Vater von Theo gehört. Die hätten da 'ne Riesenhütte. Freie Kost und Logis und ein paar Dollar pro Tag. Wäre gut für Theo. Zeit zum Schreiben satt.

Theo sagte zu. Er springe von Gelegenheitsjob zu Gelegenheitsjob, das ärgere ihn einerseits, andererseits tue es ihm gut. Jeden Tag Lohnarbeit zu machen, könne unmöglich gesund sein, dem sogenannten normalen Arbeitsleben müsse man sich verweigern, sonst könne man kaum mal etwas werden.

„Blödmann", sagte Bob, „ich mein wirklich … Blödmann, doofer."

Bob fuhr Theo drei Tage später zum Haus der Butchers. Während der Fahrt, die sie erst über einen Waldweg und dann durch weite Felder führte, hielt Theo jedes Mal das Gesicht in die Sonne, wenn die hinter den hohen Wolken hervorschien. Er versuchte sich vorzustellen, er könnte nicht laufen, könnte nicht, so oft er wollte, durch den Wald oder in die Stadt, und wahrscheinlich konnte man mit gelähmten Beinen auch keine Liegestütze machen und würde nie eine Frau bekommen. Als sein Gesicht die Sonne erwischte, dachte er, *oh ja, man kann glücklich sein ohne Beine,* und die nächste Wolke machte das zu einer Theorie. *Aber besser unglücklich leben, besser verkrüppelt und krank als gar nicht. So einfach war das, dachte er, das Ende der Theorien war immer das Leben. Das Ende jeder Philosophie und jeder Religion war immer das Leben.*

Vater Butcher war ein Mann mit Bart und vollen Schultern, über die sich ein schwarzer Anzug spannte. Als er Theo die Hand drückte, zuckte Theo vor Schmerz zusammen. Er versuchte, den Druck zu erwidern, hatte aber den Zeitpunkt verpasst und strengte sich an, die Gesichtszüge entspannt zu halten. Er sah etwas in Butchers Augen leuchten.

„Bob erzählte mir, dass Sie schreiben, Mr. Mannlicher. Wenn Sie diesen Job hier hinter sich haben, können Sie die Geschichte meines Sohnes schreiben. Die Mutter zu diesem Jungen hat sich früh aus dem Staub gemacht. Meiner Ansicht nach sollte ein Mann nicht so leben wie mein Sohn. Ich jedenfalls würde es nicht tun." Butcher ließ Theos Hand los, Theo ballte sie kurz zur Faust und schlitzte die Augen.

„Wie würden Sie sich töten, Sir? Es gibt da viele Möglichkeiten."

Butcher sah Theo an, krauste die Stirn, sagte aber nichts.

Bob lächelte schüchtern, winkte Theo, verdrehte die Augen und fuhr davon. Butcher zeigte Theo das Haus. Es war aus hellem Holz, groß, zweistöckig mit einem umlaufenden Sonnendach. Neben den Stufen zur Haustür war eine Rampe, und es gab einen Aufzug in die erste Etage. Es gebe auch eine Bibliothek, sagte Butcher. Theo solle nicht denken, Typen wie er läsen keine Bücher.

„Was für ein Typ sind Sie denn?"

Butcher blieb stehen und rieb sich den Bart. „Gute

Gegenfrage, Mister. Ich hab meine Standpunkte. Und ich denk mir meinen Teil zu Männern, die Geschichtchen schreiben …"

„*Geschichten*, Sir. *Geschichten.*"

„Denk mir meinen Teil zu Männern, die Geschichtchen schreiben, statt zu arbeiten. Mein Sohn und ich lesen viel, deshalb hab ich Sie ausgesucht. Die Frau, die sich sonst um ihn gekümmert hat, hat vor einigen Wochen gekündigt. Ab heute hat mein Sohn Ferien. Das Heim schließt im Sommer für sechs Wochen, es ist so eine Art Internat für … für nicht Normale."

„Hat Ihr Sohn auch einen Namen?"

„Ja. Sehen Sie sich den Rest des Hauses selbst an, ich muss jetzt los. Hier sind die Schlüssel für das Haus und für den Wagen. Selbstbedienung. Zieren Sie sich nicht mit den Vorräten und dem Einkauf. Mein Sohn weiß, wo das Geld liegt. Zehn Dollar täglich für Sie, Mister-ich-schreibe-*Geschichten*-Mannlicher. Mein Sohn wird gegen Abend hier eintreffen. Bis dann, Mr. Mannlicher."

Butcher drückte Theo erneut die Hand. Diesmal drückte Theo sofort mit aller Kraft zurück, und Butcher lächelte.

„Ihr Vater hat sich umgebracht, hört man."

„Mein Großvater auch."

„Ist so etwas erblich?"

„Mit Sicherheit nicht, Sir."

Theo bediente sich aus Butchers Zigarrenkiste und ging in die Bibliothek, die weiße Regale hatte und eine Fensterfront zum See. Er öffnete die Flügeltüren, und warme, klare Luft kam herein. Theo atmete tief ein. *Genial,* dachte er.

Er drehte sich zur Bücherwand und sein Herz schlug schnell, er sah von Titel zu Titel wie immer, wenn Tausende Buchrücken sein Blickfeld ausfüllten. Sokrates, ledergebunden, Goldschrift. Mitten in der amerikanischen Wildnis. Der Schierlingsbecherfetischist, wie Theo ihn nannte, solle gesagt haben, man versäume nichts, wenn man das Leben nicht bis zur letzten Sekunde ausnütze. *Das,* dachte Theo, *konnte manch einen Schierlingsbecher in einen imaginären Weinkrug verwandeln.*

Theo suchte nach Epikur. Den gab es nicht, der wurde wahrscheinlich im Amerikanischen so wenig gedruckt wie im Deutschen und wäre nur in Universitätsbibliotheken zu finden. Theo wollte nicht studieren, wollte sich nicht jahrelang in Schriften über andere Autoren vergraben und den hundertsten Aufsatz über den und den schreiben, er wollte selber schreiben. Er musste lernen, sich in der 1911 eröffneten Public Library in New York zurechtzufinden. Er musste lesen, noch mehr als bisher. Lesen und rausgehen, Konzentration und Entfaltung.

Er stöberte weiter an der Bücherwand: Edgar Allen Poe, R.W. Emmerson, Henry James, Homer, Twain, Thoreau und ganz unten rechts etwa ein Dutzend

Bücher über Erkrankungen der Knochen und Muskeln und ein Rollstuhlkatalog aus Deutschland. Er holte sich einige Flaschen Bier aus dem Keller und setzte sich auf die Terrasse. Er zog die Schuhe aus. Das Gold des Sees überstrahlte die Ufer und zog sich in den Himmel. Irgendwo dort in den Wäldern war Onkel Paul. Alle sagten, er sei tot, blickten dabei zu Boden oder mit zusammengekniffenen Augen in die Augen des je anderen oder versonnen in den Himmel. Auf Tante Agnes' Wunsch hin gab es sogar ein Grab. Sie war aus Chicago angereist, als sie von Pauls Verschwinden gehört hatte.

„Du willst jemanden beerdigen, der vielleicht noch lebt", sagte Theo.

„Ach, Theo. Das ist doch Unsinn."

Theo sah den Grabstein an. „Zenotaph nennt man so etwas", sagte er.

„Griechisch. Kenos: Leer, taphos: Grab. Ein leeres Grab."

„Bei einem Grab, Thee, geht es nicht um den Inhalt. Sondern ums Gedenken. Um Ehrfurcht vor dem Toten", sagte Silvia.

„Hattest du Ehrfurcht vor dem lebenden Onkel Paul?", *der gerade den Sargdeckel aufstieß und „Niemals, niemals, niemals" schrie.*

„Guten Tag. Ich bin John."

Theo erschrak und drehte sich um. In der Tür zur Bibliothek saß ein Junge im Rollstuhl, er hatte den

Kopf zur Seite geneigt und lächelte. Theo vermutete, dass der Junge schon länger dort gesessen und ihn beobachtet hatte.

„Mein Vater behauptet, Lloyd Wright persönlich habe diese Terrasse entworfen. Aber wer auch immer es war, sie ist klasse."

„Ein Ort, die Welt zu lieben", sagte Theo.

Sie schüttelten sich die Hände. Johns Händedruck stand dem seines Vaters kaum nach. Wie die Zigarren schmeckten?

Theo wurde rot. John klopfte ihm auf den Unterarm und deutete durch ein Nicken seinerseits Lust auf eine Zigarre an.

Theo schob John im Rollstuhl durch die langen Flure des Hauses, Hirschgeweihe ästelten von den Wänden, und auf dem Teppich lagen Felle mit Spuren des dreirädrigen Rollstuhls.

Erstklassige Straßenlage, sagte John. Sei ein deutsches Modell, Fanok.

Sie nahmen die Zigarrenkiste und eine Flasche Bourbon aus Butchers Arbeitszimmer mit auf die Terrasse. Theo erzählte auf Johns Wunsch aus seinem Leben, vom Tod des Vaters, von der Fahrt nach Amerika und dem Verschwinden von Onkel Paul.

„Und du schreibst Geschichten über Leute, die nicht sterben?" sagte John. „Bob hat es mir erzählt. Der findet die Storys ganz gut. Ich übrigens auch. Er hat sie mir zu lesen gegeben."

„So ein hinterlistiges Aas."

Theo goss Whiskey ein. Sie hielten die Gläser gegen das Licht der sinkenden Sonne, und der Whiskey wurde zu Gold. Johns Kopf mit dem glatten braunen Haar schien Theo ein wenig zu groß für den Körper, und wenn John fragend den Kopf zur Seite neigte, sah es aus, als wäre der Kopf zu schwer für den Hals.

Theo fragte nach dem Verbleib von Johns Mutter.

„Mutter ist tot. Sie ist gestorben, als ich zwölf war. Vater hat dir wahrscheinlich gesagt, sie habe ihn verlassen oder … sie hat sich aus dem Staub gemacht."

„Letzteres."

„Er hält sich für einen harten Kerl. Mit der Realität hat er's allerdings nicht so. Nein, nein, Mutter ist tot. Ich lebe – das hält mein alter Herr immer dann für falsch, wenn Fremde hier sind. Er ist gar nicht so. Der Mann liebt mich. Er kümmert sich sehr um mich. Er hat es immer abgelehnt, dass ständig eine Pflegerin hier ist. Er hilft mir beim Waschen, obwohl ich das allein kann, und an der Art und Weise, wie er das tut, merke ich, dass es ihm Freude bereitet. Er bringt mich ins Bett, er redet viel mit mir. Abends lesen wir uns manchmal gegenseitig vor. Und sobald ein Fremder auftaucht, sagt er, ich solle mich gefälligst umbringen, wenn ich ein ganzer Kerl sein wolle."

In Johns Zimmer hing eine Liste mit Zentimeterangaben an der Tür. Theo hob die Brauen und deutete darauf.

„Forellen", sagte John. Er angle und schieße. Und

90

er liebe frischgewaschene Bettwäsche. Das sei vielleicht etwas weichlich, aber er sei glücklich, wenn er den Kopf auf ein frisches, kühles Laken senke. Er lachte.

Theo sah die Liste an, die größte Forelle hatte 43 Zentimeter gehabt, ein beachtlicher Brocken. Als er sich umdrehte, lag John bereits im Bett und hielt ein Buch in den Händen. Er sorge morgen Mittag für ein gutes Willkommensessen.

Theo wollte das Zimmer verlassen, als die Tür vor ihm zuschlug, ihm einen Wind ins Gesicht warf und er erschrocken stehenblieb. John lächelte ihn aus dem Bett an, er hielt eine Schnur in der Hand.

„Wenn ich mal vergessen habe, die Tür zu schließen, und nicht wieder in den Rollstuhl will." Er hob die Schnur an.

„Eigenes Patent. Nochmals eine gute Nacht."

Theo setzte sich wieder auf die Terrasse, wartete, bis es dunkel war, und zündete in der Bibliothek einige Kerzen an. Er ging an den Bücherregalen vorbei, blätterte, strich über die Rücken und dachte an die Bücherwand in Hamburg. Wie viele Jahre und Kilometer das jetzt weg war. Woran Theo auch immer dachte, er verband neuerdings jeden Gedanken und jedes Bild mit dem Schreiben. Er schrieb immerzu, und ehe er einmal nichts zu Papier brachte, beschrieb er Johns dünne Knie oder die eigenen Füße oder die Spuren, die Sperma im Waschbecken hinterließ.

In seinem Zimmer begann er, eine Geschichte über

einen Mann mit einem behinderten Sohn zu schreiben. Gegen vier Uhr war der Streit zwischen den beiden in der Rohfassung beigelegt, und Theo war müde, da aber die Sonne zu steigen begann, entschloss er sich aufzubleiben. Er ging in die Küche und setzte einen Kessel mit Wasser auf und setzte sich an den Tisch und schlief augenblicklich ein. Erst das Brodeln des kochenden Wassers weckte ihn wieder, und er goss Kaffee auf und setzte sich mit einer dampfenden Tasse auf die Wiese vor dem Bootssteg.

Um sieben Uhr weckte er John, der ihm gesagt hatte, dass sieben Uhr eine gute Zeit sei, um viel vom Tage mitzubekommen. Sie frühstückten auf der Terrasse. Danach ruderte Theo John auf den See hinaus. Er zog die Riemen lang und kraftvoll durchs Wasser, und die Bewegung machte ihn munter und durstig.

Genau wie Onkel Owen es getan hatte, breitete John die Arme aus und sog die Luft tief ein. Er hielt die Hände ins Wasser, schöpfte aus dem See, roch daran und nickte.

„Es ist immer irgendwie blöde, wenn man sagt, das Leben sei herrlich."

Theo ließ die Ruder sinken und nahm das Tagebuch aus der hinteren Hosentasche.

„Ich find das nicht blöde."

„Heute Mittag um zwölf kommt die Haushälterin. Die ist was für dich. Sie war auf der Titanic. Ich glaub, das wird ein gewinnbringender Aufenthalt für dich."

Theo klopfte John auf die Schulter. „Es ist ein Gewinn, dich kennenzulernen."

Zur Antwort zeigte John mit dem Zeigefinger auf Theo.

„Hast du mal mit der Haushälterin über die Toten geredet?"

„Ich hab's versucht. Aber die sagt nicht viel dazu. Dafür friert sie ziemlich oft."

Sie ließen das Boot treiben und schwiegen. Manchmal sahen sie sich an und lächelten. Johns linker Mundwinkel zuckte in unregelmäßigen Zeitabständen, als verkürze sich der Wangenmuskel krampfartig. Sei irgendwas mit den Nerven, sagte John, als er Theos Blick bemerkte. Er sei nicht gerade ein Bündel an Gesundheit.

Vom Haus der Butchers aus verschickte Theo erneut Kurzgeschichten an Zeitungen und Magazine in New York und Chicago. Sie kamen allesamt zurück, und die Haushälterin trug trotz der Hitze eine Strickjacke.

„Du schreibst wirklich sehr viel", sagte John. „Benutzt du viel Fantasie?"

„Nur auf der Basis des Lebens."

John hob die Kaffeetasse, sog an der Zigarre, zeigte auf den See und wies zwischen seine Beine. „Diese Basis?"

„Genau", sagte Theo. „Nehmen wir folgendes:

Wir haben drei Männer auf der Titanic. Der eine

setzt sich eine Perücke auf, um wie eine Frau auszuse-
hen, und wird in ein Rettungsboot gesetzt. *Der Mann
tat, als sei ihm der Kopf angeschlagen worden, und hielt
sich mit beiden Händen die Perücke. Einmal keuchte in
dem Gedränge auf dem Boot jemand, ob er helfen könne,
und fingerte eisig zitternd nach dem Kopf des Mannes,
und der Mann zischte, die alte Schachtel solle gefälligst
ihre Finger bei sich behalten. Die größte Angst des Mannes war, dass ihm jemand die Perücke vom Kopf reißen
könnte. Eisberge, Wasser, reißenden Stahl, das hatte er
hinter sich, aber eine unerwartete Berührung am Kopf,
zart vielleicht nur, das war seine Angst.* Auf den können wir schimpfen, welch ein Feigling er ist und wie
unehrenhaft, aber: Wir können nur effektiv auf ihn
schimpfen, weil er noch lebt. Er lebt, und damit ist er
den meisten anderen, die da ersoffen sind, verdammt
weit voraus. Aber lassen wir den Langhaarigen mal
weg. Wir haben weiterhin zwei Gentlemen: Beide
helfen den Frauen und Kindern in die Boote, beide
benehmen sich gut, sind freundlich und ruhig, und
nachdem sie ihre Arbeit getan haben, geht der eine in
die Bar und trinkt Cognac, er lässt sich das Glas bis
obenhin vollschenken und dachte, dass die Situation
das erlaube. Er hielt sich an einer Säule fest, um nicht
über den sich mehr und mehr neigenden Boden
wegzurutschen. Er trug immer noch den Smoking,
hatte die Fliege nachgezogen und achtete darauf, sich
nicht zu bekleckern, denn das hätte auch diese Situation nicht erlaubt. Der andere springt über Bord,

springt in dieses beschissen kalte Wasser, weil dort die Möglichkeit existiert, gerettet zu werden. *Er tauchte wieder auf und schnappte schreiend nach Luft. Ihm war, als sei er in einen Eisberg eingezwängt, und schon nach Sekunden wurden seine Arme schwer und bewegungsunfähig, und er musste alle Kraft aufbringen, um nach einem Boot zu schreien. Sein Schrei aber war nicht mehr als ein Keuchen, das Keuchen eines kerngesunden, kraftstrotzenden Mannes von 90 Kilo und 1 Meter und 92.* Jetzt frag ich dich, warum um alles in der Welt geht der eine freiwillig in die Bar zurück, während der andere springt. Natürlich wird unser Springer mit allerhöchster Wahrscheinlichkeit sterben. Er wird erfrieren oder von Trümmern erschlagen oder vom Strudel hinabgerissen. Aber ein paar wenige, die im Wasser trieben, sind von den zurückkehrenden Rettungsbooten rausgefischt worden. Warum also geht Gentleman eins in die Bar?"

Jetzt hob Theo die Kaffeetasse und schlürfte einen Schluck, er blies Zigarrenrauch aus und zeigte auf den See und die Ufer. „Mangelbasis. Unser Gentleman geht dorthin, weil er sterben will. Er will sterben, er hat keine wirkliche Lust auf das Leben, er hat viele Dinge getan, die er eigentlich nie hatte tun wollen, die falsche Partnerin, den falschen Beruf, und jetzt findet er endlich eine gute und bestens getarnte Möglichkeit zu sterben. Der springende Gentleman ist dem trinkenden weit voraus.

Und stell dir diesen Widersinn vor, diesen monströsen Zufall. Es war ein Zufall, dass die Titanic versunken ist. Das Zusammenfallen zweier unabhängiger Ereignisse. Natürlich hätte Kapitän Smith einen anderen Kurs steuern lassen können und die Eisbergwarnungen ernster nehmen, aber letztlich war es ein Zufall, dass die Titanic zum exakt selben Moment am exakt selben Ort wie dieser Eisberg war. Bei der größten Annäherung von Schiff und Eisberg hätte ein einziger Zentimeter Abstand genügt, und nichts wäre geschehen. Ein einziger Zentimeter." Theo hielt Zeigefinger und Daumen gegeneinander und ließ ein wenig Luft dazwischen. Er hielt den Abstand gegen den Himmel, hellblau, grünblau gegen den See, braun gegen Johns Haar, und löste ihn auf und ließ die Hand hängen.

Sie aßen zweimal täglich warm, sie tranken Vater Butchers Weinkeller leer und lasen sich Theos Kurzgeschichten vor. Sie gingen jeden Tag mehrere Stunden spazieren. John war gerne draußen und sagte, er beneide Bob um dessen Naturkenntnisse. Meistens bewegte John den Rollstuhl selbst, und Theo musste mit Neid feststellen, dass Johns Oberarme muskulöser waren als seine, obwohl Theo täglich Liegestütze machte. Manchmal schliefen sie mittags nackt auf der Terrasse.

„John, ich soll nicht so viel über das Nicht-Sterben schreiben. Aber was, mein Freund, was ist hier so weit entfernt wie der Tod?"

„Es gibt eine Menge Leute, die sagen, der Tod sei immer da."

„Das ist Ansichtssache, aber keine Tatsache."

„Er könne immer und überall zuschlagen."

„Jetzt und hier? Völliger Unsinn."

Die Haushälterin hatte alle Teppiche aus dem langen Flur genommen, auf die Wiese gelegt und geschrubbt und ließ sie nun dort trocknen, während sie die Dielen des Flurs seifte. Theo ging von der einen Seite des Flurs auf sie zu, er hatte einen Schreibblock und einen Stift in den Händen. Er grüßte die Frau, ein Lächeln zuckte über ihr kleines Gesicht, dann starrte sie wieder die Dielen an, und über allem lag der schwere Geruch von Seife.

„Wie war es auf der Titanic?", fragte Theo.

Die Frau schüttelte einmal kurz den Kopf und schrubbte. Sie bückte sich, kratzte mit dem Fingernagel auf einer Diele und schrubbte wieder.

„Wie war es auf der Titanic?"

„Mein Gott, Junge", sagte die Frau und blickte Theo eine Sekunde lang an. Er hob den Block und den Stift.

„Es war kalt", sagte sie.

„Kalt? Sonst nichts?"

„Mein Gott, Junge. Was bist du? Ich hab so viele Menschen sterben sehen in dieser Nacht."

„Und überleben", sagte Theo. „Erzählen Sie mir vom Überleben."

Die Frau sah ihn an, sie hatte Tränen in den Augen und hielt den Schrubber mit beiden Händen.

„Was bist du für ein Ungeheuer?" Sie drehte sich um, und wollte den Flur hinabgehen, doch mittlerweile hatte sich John von der anderen Seite im Rollstuhl genähert und versperrte ihr den Weg. Er hielt den Kopf schief und lächelte böse. Die Putzfrau drehte sich wieder um. Theo wedelte mit dem Block.

„Gott, ich habe Säuglinge im Wasser treiben sehen, ganz blau und klein."

„Ja. Und die Säuglinge in den Booten, wie ist es denen ergangen?"

„Du bist verrückt, du bist ja völlig verrückt. Mein Gott, all die kleinen Kinder …" Die Frau drängte an Theo vorbei und lief hinaus zu den Teppichen, die in der Sonne lagen.

„Wir besorgen ihr Blumen, was meinst du?", fragte John.

„Mindestens Blumen", sagte Theo. Er setzte sich auf die Stufen zur Wiese und sah die Frau an, die jetzt klein und dünn auf den Teppichen stand. Wir kennen das Gesicht der Toten, notierte er, aber was ist mit dem der Lebenden?

Am Nachmittag desselben Tages saßen sie im Ruderboot, aßen Forellenfilets und lachten über Bibelverse. Die Apokalypse hatte ihrer Ansicht nach den höchsten Unterhaltungswert, aber auch der biblische Blick auf die Frauen versprach tragende Konflikte, wie Theo es ausdrückte. Unter Schmerzen solle sie gebären, und sie sei dem Manne untertan – da frage man sich doch, warum Frauen in die Kirche gingen, sagte Theo. John rieb sich die Beine, blinzelte in die Sonne und sah Theo an.

„Ich war noch nie mit einer Frau zusammen. Wir sind hier allein. Kannst du mir eine Prostituierte besorgen, Theo?"

Theo spuckte eine Gräte über das Dollbord, zog männlich die Mundwinkel nach hinten und krauste die Stirn. Bob hatte gesagt, er wisse, wo dieses Haus sei, mit den Frauen, zu denen man gehen könne.

„Du warst doch bestimmt schon mit vielen Mädchen zusammen, so wie du aussiehst?"

Theo lächelte verkrampft.

„Ich bin nicht gelähmt", sagte John. „Es ist eine Knochenkrankheit. Ich konnte laufen, irgendwann brach ich mir das Bein, und kaum war es geheilt, brach es wieder. Die Ärzte konnten diesen Knochenschwund stoppen, auch wenn sie nicht genau wissen, was ich habe." John sah auf den See hinaus. „Ich möchte so gern mal mit einer Frau zusammen sein."

Theo war, als sei John innerhalb von Sekunden um Jahre jünger geworden, klein, empfindlich, sehnsüchtig. John Butcher, seit seiner Kindheit im Rollstuhl, Halbwaise, Besitzer von langen Greifzangen, mit denen er in der Küche Tassen und Teller aus den Schränken holte, ein Junge ohne Freunde, ein Junge, mit dem Theo hier einen Sommer verbrachte. Und Vater tot und Paul verschwunden.

Im Ford der Butchers fuhr Theo Bob besuchen, der im Eisenwarenladen am Tresen Kunden bediente. Theo lehnte sich seitlich an den Tresen und sah nach den Abertausenden Schrauben, Nägeln, Hämmern, Sägen und Äxten, die an den Holzwänden hingen und in Regalen lagen. An einer Wand hing das Foto eines amerikanischen Schlachtschiffes und direkt daneben eine einzelne Schraube, von der aus ein weißer Pfeil auf das Schiff zeigte.

Theo sagte Bob, was er wolle. Bob solle nicht fragen.

Sei ziemlich klar.

Im Gegenteil.

Er fuhr mit Bob zu dem Holzhaus am Waldrand. Bob rauchte ununterbrochen, und mehrmals schien es Theo, dass Bob ansetzte, etwas zu sagen, es sich aber im letzten Moment anders überlegte und aus dem Seitenfenster sah.

Nervosität sei eine reizende Sache, sagte Theo. Die größte Überwindung werde es sein, die Stufen zu dem Haus hinaufzugehen. Selbst wenn man kein Moralist sei, gebe es doch zum Glück diese unausrottbare Moral des Herzens und des Geschlechts.

Zwei Frauen in roten Kleidern saßen breitbeinig auf den Stufen. Sie hatten Augenränder und tiefe Mundwinkel, und ihre Gesichter erzählten Theo

Geschichten über Männer. Theo notierte flüchtig. Eine der beiden Frauen sah ihn an und zog das Dekolleté ihres Kleides auseinander. Ihre vielbenutzten Brüste mit den blassen Brustwarzen tropften hervor, und Theo schluckte und wurde rot, als die Frau die rechte Braue hob. Sein Herz schlug heftig, als er die Stufen hinaufging. Er dachte an Eisberge und treibende Leichen.

Er wollte ein hübsches Mädchen für John und ging in den Salon, dessen Fenster mit ausgefransten gelben Vorhängen verhangen waren. Er sah Männer aus New Riverside, die sich abwandten. Er vergrub die Hände in den Hosentaschen und fragte nach der Chefin.

Die Chefin war eine zierliche Frau in einem schlichten schwarzen Kleid. Sie sagte ihm eine Zimmernummer, und Theo ging eine hölzerne Treppe hinauf auf einen Flur, von dem links und rechts Türen abgingen, und er hörte die ihm so vertrauten Geräusche.

Lucy in Zimmer acht war dünn, hübsch und spitznasig. Als Theo ihr sagte, warum er hier sei und dass der Freund, zu dem er sie bringen wolle, im Rollstuhl sitze, sagte sie „Oh" und suchte flink eine Jacke und ein Täschchen und wies mit dem Kinn auf die Tür. Theo hielt ihr die Tür auf. „Selten", sagte Lucy. Bob stand unten an der Theke, massierte sich mit der einen Hand den Nacken und hielt in der anderen ein Glas.

Während der Rückfahrt überlegte Theo, wie er ein Gespräch mit dem Mädchen anfangen konnte. Lucy sah auf ihrer Seite aus dem Fenster, hatte die Hände im Schoß und saß aufrecht. Nach einer Viertelstunde unangenehmen Schweigens fragte sie, ob der Freund so ein richtiger Krüppel sei.

„Er kann nicht laufen. Er hat sich beim Untergang der Titanic die Beine zertrümmert. Er ist ein feiner Kerl."

„Er war auf der Titanic?"

„Bis zum 14. April 1912."

„Ich wär lieber tot."

„Wenn das stimmte, würdest du nicht hier sitzen."

Lucy sah ihn zum ersten Mal an, verzog die Lippen und sagte: „Blöder Klugscheißer."

Abends war Theo wieder bei John und führte das Mädchen in dessen Zimmer. Er sah John nicht an, während er die Tür aufhielt, Lucy hereinließ und die Tür wieder schloss. Er trank einen Whiskey, las in einem Buch über Abraham Lincoln, ging auf und ab, trank wieder, rauchte, schmiss die Zigarre in den Kamin und tat schließlich, was er tun musste und in solchen Situationen immer getan hatte. Danach ruderte er auf den dunklen See hinaus und kehrte erst zum Ufer zurück, als er Lucy auf der erleuchteten Terrasse winken sah. Sie kam ihm entgegen, während er das Boot vertäute. Sie lächelte, und ihre Lippen waren frisch geschminkt. Theo fuhr sie zu dem Haus zurück. Bob saß dort unter einer Laterne auf den Stufen, rauchte eine Zigarette und zuckte die Achseln.

„Ich denk, meine Schwester will schon mehr von dir, als du kannst. Und dann schießt du hier noch?"

„Ja, Theo, ich glaub, wenn man einmal damit angefangen hat ..."

Theo schwieg, kaufte eine Flasche Bier und trank sie während der Rückfahrt durch den Wald und über die Hauptstraße von New Riverside und endlich hinauf zum Haus der Butchers, wo sein Freund John wartete. Obwohl Theo nur etwas über zwei Stunden fort gewesen war, freute er sich, John in der Bibliothek zu treffen.

„Wovor ich mich fürchte, ist, dass sich wahrscheinlich nie eine Frau in mich verlieben wird", sagte John. „Wer soll sich in mich verlieben, Theo? Du bist ein gutaussehender Kerl. Denkst du, dass ich irgendwann eine Frau haben werde?"

„Nein."

„Könntest du dich in eine behinderte Frau verlieben?"

„Weiß nicht."

„Ich trau dir zu, dass du uns durchs Schlüsselloch beobachtet hast."

„Hab ich nicht", log Theo.

„Ein Schriftsteller, der anständig bleiben will. Sehr problematisch. Warst du mal in einem Freudenhaus?"

„Nein. Ich möchte eine Frau nicht mit Geld erobern. Ich hoffe, ich hab dich damit jetzt nicht verletzt."

„Hast du nicht. Ich lebe eine andere Form als du. Zwangsläufig."

Theo zog das Tagebuch aus der hinteren Hosentasche und notierte mit einem Bleistiftstummel Johns letzten Satz.

„Vielleicht hat mein Vater doch recht", sagte John. Theo schmunzelte. Kaum war John mit einer Frau zusammen gewesen, stellte er sein Leben in Frage.

Die kräftigen weißen Holztüren in Butchers Haus hatten große Schlüssellöcher, und John war genau in der Röhre von Theos Blickfeld in seinem Rollstuhl sitzen geblieben und hatte Lucy erstaunlich selbstbewusst aufgefordert, ihm ihre Brüste zu zeigen. Dann hatte er den Kopf zurückgelegt und sein Genital dargeboten. Was sie noch alles getan hatten, wusste Theo nicht. Lucy war mehrere Stunden bei John geblieben. Und jetzt war für John alles anders, jetzt gab es konkrete Erinnerungen an Lippen und Brüste und Hände, die ihn hielten.

Theo war viel zu oft allein in der Hütte oder zu Hause und schrieb. Die einzige Frau, die ihm Komplimente machte, war seine Mutter.

„Dein Vater hat unrecht", sagte Theo. „Du hast das doch gerade trefflich formuliert."

„Und die Frauen?"

„Du bist ein prima Kerl, John. Und wir beide verstehen nicht viel von Frauen. Es gibt behinderte und verkrüppelte Männer, die klasse Frauen haben. Und außerdem müssen andere Menschen auf viel mehr verzichten, auf Arme und Beine oder das Augenlicht. Oder auf das Leben. Das ist schlimmer, als keine Frau zu haben."

John schwieg eine Zeit lang, dann begann er zu grinsen und schließlich zu lachen. „Kommst du dir eigentlich manchmal blöd vor, wenn du so etwas sagst?"

„Ja", sagte Theo und grinste ebenfalls.

Am letzten Tag von Theos Aufenthalt überraschte John ihn zum Frühstück mit gebratenen Forellenfilets und geröstetem Brot. Sie hatten am Abend zuvor ein Abschiedstrinken veranstaltet, und Theo hatte den Wecker überhört. John weckte ihn um halb acht, und Theo wunderte sich, wie der Mann das alles gemacht hatte. John sagte, die Forellen seien frisch gefischt, außerdem war er gewaschen und rasiert, und das Boot lag ordentlich vertäut am Steg.

„Denkst du, dass der Mann mit der Perücke jemals darüber hinwegkommt?", fragte John.

„Ich weiß nicht. Denkst du, dass wir vieles falsch sehen und den, der sich rettet, ganz anders betrachten müssten, als wir es zu tun gewöhnt sind?"

„Was wäre beispielsweise, wenn unsere Perücke später Tausende guter Taten tut und der springende Gentleman ein Arschloch wird? Aber wie auch immer man es sieht, unser Perückenträger ist ein Arschloch."

„Ein lebendiges Arschloch, ja", sagte Theo.

Bob holte Theo bei den Butchers ab. Theo verabschiedete sich von John und versprach, von sich hören zu lassen. Das seien wirklich idyllische Wochen gewesen. Wieder daheim, fand Theo das Holzhaus rosafarben mit weißen Türen und Fensterläden. Mutter, Owen und Silvia saßen auf der Terrasse und winkten ihm mit Bierflaschen. Mutters erste Ausstellung in einer großen Galerie war ein Erfolg gewesen. Sie hatte fünf Bilder verkauft. Also hatte sie das Haus rosa angestrichen, das sei doch völlig logisch, erklärte sie. Theo nahm sie in die Arme.

6

Vorbereitungen

Theo saß allein in der Hütte. Es regnete, und der Wind trieb die Tropfen schräg durch die Luft. So wie im Sommer der Sonnenglanz den See mit dem Himmel verschwimmen ließ, verwuschen jetzt die rasenden Tropfen die Horizontlinie.

Theo hatte den Tisch ans Fenster gestellt, um beim Schreiben hinaussehen zu können und seine Schreibutensilien vor dem Wasser zu retten, das durch die Decke tropfte.

Theo verschickte seine Geschichten nicht mehr. Er wollte ein Jahr lang schreiben, bevor er erneut Texte verschicken würde. Er bewunderte den Fleiß eines Balzac und eines Tolstoi. Er wollte gut schreiben, wusste dieses „gut" aber nicht zu definieren. Er ging oft am Seeufer spazieren, sah lange auf das Wasser und in die Wälder und dachte, dass das gut sei.

Er war jetzt 18 Jahre alt, und keine Frau wusste, wie sein Penis aussah, und er wollte Schriftsteller werden. Er beneidete Bob und John Butcher, weil sie Frauenbrüste berührten, und er zeichnete Dutzende Brüste auf seinen Skizzenblock, und er dachte, dass es besonders schön war, wenn eine Frau dunkle Brustwarzen hatte.

„Papiertiger der Erotik", hatte Bob gesagt, „geh

doch verdammt noch mal ins Bordell, wenn es sonst schon nicht klappt."

William verzichtete aus Überzeugung auf Erotik, sagte er, aber Theo glaubte ihm nicht und fragte sich, ob William des Nachts schon an Stelle seines Zwillingsbruders bei Silvia gewesen sei.

Und er? Er schrieb. Er schrieb morgens, mittags, abends, nachts, statt mit Mädchen zu flirten. Es gab attraktive junge Frauen in New Riverside, und schon zur Schulzeit hatte er gemerkt, dass Mädchen ihn ansahen. Lydia Winthorpe, die Tochter des Geschichtslehrers, Siri Höffken, die Tochter des norwegischen Einwanderers und Tischlers Sven Höffken, und die viel zu lang geratene Charlotte Verhust, die Tochter des Direktors, ein Mädchen, das ebenso gut Pflanzen bestimmen konnte wie Bob.

Manchmal lud Theo die Zwillingsbrüder und die drei Mädchen in Owens Hütte ein und kochte für sie alle, und Bob flirtete dann mit allen drei Mädchen, William versuchte, ein Gespräch über Gott zu beginnen, und Theo saß schweigend da, roch das Holz und das Essen und starrte die jungen Frauen an, Charlottes gerade, energische Nase, und versuchte, hier und da einen Blick in einen Ausschnitt zu erhaschen.

In New York lebten viele schöne Frauen. Jedes Mal, wenn Theo vom Battery Park den Broadway Kilometer um Kilometer hinaufging bis zum Central Park, zählte er die Frauen, die ihm gefielen. Einmal war er auf 43 gekommen und hatte das Bob erzählt. Er solle sich vorher einen runterholen, riet der, dann reduziere sich die Zahl.

Wie überlegt und durchdacht Theo schriftlich zu formulieren wusste – in zwei Sprachen – so kamen ihm doch nur Belanglosigkeiten in den Sinn, wenn er sich vorstellte, mit einem Mädchen zu reden. Mein Gott, wie anders die waren.

Er stand auf und lehnte die Stirn gegen das kühle Fensterglas. *In Europa,* dachte er, *trommelte der Krieg durchs Land. Dort fegten Granaten die Seen leer. Ganz Flandern war eine graue Kraterlandschaft, in der nicht ein einziger Grashalm überleben konnte. Was hätte Onkel Paul dazu gesagt? Oder Vater? Onkel Paul gegen den Tod, Vater gegen das Leid?* Theo strich sich über Brust und Bauch. *Wie weich ein Körper war gegen Geschosse und Splitter. Überall wurde vom bevorstehenden Kriegseintritt der USA geredet. Die Zimmermannnndepesche war abgefangen worden, außerdem torpedierten deutsche U-Boote amerikanische Handelsschiffe, und in Russland war der Zar gestürzt worden. April 1917, seit drei Jahren vermengte der Krieg Fleisch, Metall und Boden. Es konnte nur noch Tage dauern, bis Wilson und der Kongress den Kriegszustand erklärten.*

Theo dachte an seine Kindheit in Hamburg, an den Teppich bei Beringers und an seine Schulkameraden. Er nahm den Bleisoldaten aus der Hosentasche. Das Gewehr war abgebrochen, und die Farbe hatte Risse. Es war ein preußischer Infanterist in blauer Uniform mit roten Aufschlägen, Regiment Prinz Moritz von Anhalt-Dessau. *Gut möglich, dass kein einziger von Theos früheren Freunden mehr lebte.* Theo setzte sich auf den Tisch. *Der Tod durfte in den Gedanken eines Menschen nicht vorkommen. Er musste ausgeschlossen werden, verbannt, verachtet. Getötet. Leib-Seele-Dualismus. Eier weggeschossen, Augen, beide Arme.*

Theo zog sich aus und lief hinaus. Er stellte sich mit ausgebreiteten Armen in den Regen, drehte sich um sich selbst, hüpfte, und der Regen wusch seine Haut und sein Haar und war kalt, und der Wind schnitt Theos Körper aus. Theo warf die Arme in die Luft, zog abwechselnd die Beine an den Körper, tanzte, und das Wasser lief an ihm herab, lief aus seinem Haar über sein Gesicht in die Mundwinkel, und Theo schlürfte es, und dann geschah etwas Ungeheuerliches: Theos Körper erstrahlte. Er funkelte silbern und golden, als würde er durch ein geheimnisvolles Licht beschienen. Theo stöhnte vor Lust. Er hörte das Aufpatschen seiner Füße und schmeckte den Regen und fühlte sein Glied und seine Brustwarzen in der Kühle klein werden, und das Licht umströmte seinen Körper.

Dann ertönte eine Hupe, quäkte bösartig in Theos Tanz, verstummte und krächzte dann noch einmal. Es waren die Scheinwerfer von Onkel Owens Russel Knight, die Theo erleuchtet hatten. Der Onkel kam den Weg zur Hütte heraufgefahren, stoppte den

Wagen, setzte sich einen Hut auf, schrie gegen Wind und Regen an, Theo solle ruhig weitermachen, und flüchtete in die Hütte.

„Verfluchte Scheiße", murmelte Theo. Er trat unter das Vordach der Hütte und ließ sich von Onkel Owen ein Handtuch herausgeben, ohne Owen dabei anzusehen. Er trocknete sich ab, rotzte Nasenschleim in den Regen, wickelte sich das Tuch um die Hüften und betrat die Hütte. Owen schraubte eine Whiskeyflasche auf und hatte eine Zigarre zwischen den Zähnen.

Tue ihm leid, dass er ihn gestört habe, sagte er.

„Aber der heutige Tag ist ein historisches Ereignis. Jedenfalls wirst du niemals den Tag vergessen, an dem die USA in den Krieg eintraten. Es ist so weit, Theo."

Theo zündete Kaminholz an, beobachtete die Flammen, die sich um die Scheite versammelten, sich vereinten und zu einem Feuer wuchsen, und hockte sich davor. Owen brachte ihm eine Tasse Tee und einen Whiskey.

„Wo Heere lagen, können nur Dornen und Disteln gedeihen", sagte er.

„Shakespeare?"

„Laotse."

Owen sah Theo an und runzelte die Stirn. „Silvia hat sich zum Roten Kreuz gemeldet und fährt schon nächste Woche rüber nach Europa. Deine Mutter hat Angst. Aber sie akzeptiert den Entschluss. Angst sei

ein schlechtes Argument, meint sie, und ein schlechter Beweggrund."

Silvia. Theo konnte sich die schöne, zarte Silvia
kaum vorstellen, wie sie einen Haufen Arme und
Beine aus einem Lazarettzelt trug, in ein Erdloch
warf und mit Kalk bedeckte. Aber wahrscheinlich
täuschte er sich in seiner Schwester, die zwar sehr
dünn war, deren Körper auf ihn aber immer wie
ein gespannter Bogen wirkte, hart und voller Kraft,
und es beruhigte ihn, dass Silvia schon seit Monaten nicht mehr zur Kirche ging und das Wort Gott
in ihrem Sprachgebrauch nicht mehr vorkam. *Die
Krankenschwester drückte sich die Hände ins Kreuz
und entfernte sich von der Erdkuhle, in der die Amputationen lagen und von einem einarmigen Soldaten
mit Kalk bestreut wurden. Hände und Unterarme der
Krankenschwester waren blutverschmiert, und sie bat
einen Soldaten, ihr eine Zigarette anzustecken und ihr
die Zigarette zwischen die Lippen zu stecken. Der Soldat sah sie großäugig an, als sie den Mund ein wenig
öffnete und die Zigarette aufnahm. Ein Fächer Sonnenstrahlen stieß durch die graue Wolkendecke und traf
das Gesicht der Frau, und die Frau blieb stehen und
hob ihr Gesicht dem Licht und der Wärme entgegen,
und sie hörte die Artillerie und den Arzt, der nach ihr
schrie, aber diese Strahlen waren jetzt alles, waren die
ganze Welt, und nie hatte sich die Frau so glücklich
gefühlt wie jetzt mit diesem warmen, hellen Gesicht.
Herrgott, ist das schön, wollte sie sagen, verschluckte*

sich aber am Rauch der Zigarette. Das Feuer machte seine Haut warm und die Muskeln wieder geschmeidig. Er legte sich auf die Seite, stützte sich auf einen Ellenbogen und prostete Owen zu.

Theo sah zum Tisch, auf dem die Papiere lagen. Er hatte trockene Äste, Borke und den Zinnsoldaten auf die einzelnen Papierhaufen gelegt. Acht oder neun Millionen Tote gab es bisher. Niemals, niemals, niemals. Er atmete tief und sah zu, wie sich seine nackte Brust wölbte, als die Luft in sie hineinfuhr. Entfernt hörte er Owen fragen, was mit ihm sei, aber Theo war weit weg, war ganz bei sich und den Tropfen, ein eingekugelter Mensch fern aller weltlichen Einflüsse, autark und schwebend. So fühlte er sich manchmal, wenn er tief ins Schreiben versunken war, wenn sein ganzes Ich in den Bleistift sank und Zeit und Raum und Ich zu einer Sphäre von Unberührbarkeit verschmolzen. Er hatte das in den letzten Monaten hin und wieder erlebt, und er glaubte, damit den Geheimnissen des Schreibens nähergekommen zu sein. Denn so sehr Schreiben ein Akt des Fleißes und der Disziplin war, barg es auch das Geheimnis, das Theos Abwesenheit erklärt hätte.

„Ich komme zu Fuß nach Hause", sagte er, „dann kann ich Silvia noch sehen."

„Ein ziemlich weiter Weg."

„Ich bin ihn schon mehr als einmal gelaufen."

„Nun, auf die Länge des Weges kommt es ohnehin nicht an. Er ist das Ziel", sagte Onkel Owen, nickte und presste die Lippen zusammen, als erstaune ihn die eigene Weisheit.

„Prost", sagte Theo.

Theo ging langsam. Er verließ immer wieder den Waldweg und zog durch die Wildnis, trank aus einem Bach, legte sich auf einer Lichtung in die Sonne, wenn die für einige Minuten durch die grauen Wolken fingerte, und dachte, dass solch ein Ort der richtige sei, um mit einer Frau zusammen zu sein. Kein Bett, keine Decke, die die Körper vor den Elementen schützte, sondern die Haut am Gras und an der Erde, und Flüssigkeiten könnten versickern.

Als er am nächsten Abend mit geschulterter Tasche heimkam, sah er den Wagen der New Yorker Stadtpolizei vor dem Haus stehen. Ein Polizist in blauer Uniform lehnte in der Tür und redete mit Mutter. Owen und Silvia saßen auf der Bank unter dem Vordach und hatten eine Wolldecke über den Beinen.

„Was ist los?", fragte Theo.

„Sie haben Paul gefunden."

„Tut mir leid, dass ich recht behalten habe, Thee", sagte Silvia.

„Wie lange ist er tot?"

„Etwa ein halbes Jahr."

„Dann hattest du nicht recht, Silvia. Er lebte noch, als ihr ihn beerdigt habt."

Der Polizist ließ sich einige Formulare unterschreiben und fragte nach der Adresse von Tante Agnes. Dann verabschiedete er sich und fuhr nach New York zurück. Theo stand immer noch vor der Treppe zur Haustür. Erst jetzt wurde ihm klar, dass ihm niemand gesagt hatte, woran Paul gestorben war. Wie ein Fluch lag dieses eine Wort über der Familie Mannlicher. Theo setzte die Tasche ab und zündete sich eine Zigarre an. Mutter setzte sich zu Silvia und Owen auf die Bank und hob ihre Kaffeetasse vom Boden auf. Sie sahen sich an. *Nein,* dachte Theo. *Nicht nach allem, was Paul gesagt hatte. Nicht Paul. Es durfte nicht sein, nicht auch Paul.* Es war Mutter, die es Theo sagte.

„Wie?", fragte er.

„Mit einem Strick."

Theo meldete sich in der Rote-Kreuz-Zentrale in New York und fand sich in einer Schlange murmelnder Männer wieder. Der Mann vor ihm flüsterte, dass er gerne Krankenschwester sei, und Theo achtete darauf, ihn im Gedränge nicht zu berühren. Ein anderer Mann sagte, er werde in den Armen einer Krankenschwester sterben und sie fragen, ob sie ihm ihre Titten zeige, schließlich habe man ja dann nichts mehr zu verlieren. Er lachte dabei und nickte und klopfte einem anderen Mann auf die Schulter. Theo notierte.

Während der Untersuchung wurde festgestellt, dass Theo eine Brille brauchte. Er verließ das Gebäude mit dem Wissen, dass er Hilfssanitäter im Rang eines Second Lieutenant an der italienischen Front sein würde.

Ein Meer von Fahnen weichte die Kanten der New Yorker Hochhäuser auf. Quer über die 5th Avenue waren Drahtseile gespannt, von denen riesige Rote-Kreuz-Banner wehten, als führen die Schiffe des Kolumbus durch die von Stein und Glas kanalisierten Lüfte. Auf den Straßen drängten sich Menschen, jubelten, zerdrückten Blumensträuße, gerieten Wange an Wange. Endlich gehe es los, hörte Theo Männer sagen, und: Denen werde man es schon zeigen. Theo versuchte, sich das zu notieren, aber er wurde angerempelt, wurde einmal von einer Frau mit schweißperlender Oberlippe geküsst, wischte sich die Feuchtigkeit von der Wange und brummte. Er sah auf den Notizzettel: *Jetzt geht es los, Denen zeigen wir es, Auf auf zum fröhlichen Schießen.* Er zerknüllte den Zettel und ließ ihn zu Boden fallen, wo er über Schuhspitzen tanzte und verschwand.

Er flüchtete in eine Bar. Außer dem Kellner und einem weiteren Mann an der Theke war niemand hier. Er bestellte einen Kaffee und einen Cognac.

Die Tür zu einer Kneipe war immer der Beginn einer Geschichte, *raus aus dem Gedränge auf den Straßen, betrat er die Kneipe, links auf den Tischen tobte eine Schlacht, rechts auf einem Sofa lag Botticellis Venus und trank ein Glas Rotwein, und der Kellner musste ein glücklicher Mann sein,* die endete, wenn man die

Kneipe wieder verließ. Oben in Riverside führte John Bolden die Dorfkneipe, und Theo ging einmal wöchentlich dorthin, um ein wenig außer sich zu sein, um in der Welt der Bar zu trinken und die Leute zu beobachten, die dort andere waren als auf der Straße.

„Der Jubel wird bald vorbei sein", sagte der Mann neben ihm. „Glauben Sie mir, der Jubel wird in den Gesichtern erstarren. Jetzt zieht das Rote Kreuz nach Europa, die Soldaten werden bald folgen. Haben Sie schon mal eine Leiche gesehen?"

„Ja", sagte Theo. Erst jetzt sah er, dass der Mann nur einen Arm hatte, der rechte Jackenärmel hing schlaff herunter. Mit dem einen Arm stützte sich der Mann auf die polierte Theke, in der sich die Gläser spiegelten.

„Ich hab ihn gesehen."

„Wen?"

„Ich hab ihn gesehen", wiederholte der Mann. „Ich war drüben." Der Mann stieß sich von der Theke ab und verschwand durch das gleißende Rechteck der Tür. Für Sekunden drang der Lärm von der Straße in die Bar. Theo sah den Kellner an.

„Ich glaub ihm", sagte der.

„Was glauben Sie ihm?"

„Dass er ihn gesehen hat. Ich bin seit zehn Jahren Kellner. Ich kenne die Menschen."

„Ihr Kellner seid gute Leute."

„Wir sind sehr gute Leute. Ich glaube diesem Mann."

Jetzt schien es Theo lohnender, den Notizblock aus der Jackentasche zu ziehen.

„Ich glaub, es ist ein Mann. Aber er trägt nicht Schwarz", sagte der Kellner.

„Sondern?"

„Gelb."

„Van Gogh. Das leuchtet ein."

Der Kellner wischte mit einem Tuch über die Theke. Theo schrieb das Gespräch Wort für Wort auf. Daran bräuchte er nichts zu korrigieren. Er zahlte und ging zur Tür.

„Es ist keineswegs eine Frau", rief der Kellner ihm hinterher. „Man hört das oft, aber ich bin sicher, es ist keinesfalls eine Frau."

Theo drängte durch die Stadt. Er konnte Massen schlecht schätzen, aber es mussten Hunderttausende sein, vielleicht Millionen, die sich durch die Straßen schoben. Nach dem Regen vom Vormittag war der Himmel über den Häusern blau. Am Madison Square Garden paradierten die freiwilligen Rote-Kreuz-Helfer vor einer hölzernen Tribüne, auf der angeblich Präsident Wilson applaudierte. Die Krankenschwestern, 35 000 laut einer Broschüre, die Theo in die Hand gedrückt bekam, gingen in Zwölferreihen und trugen lange weiße Gewänder mit einem roten Kreuz über der linken Brust und auf der Haube. Theo zündete sich eine Zigarre an. Er hoffte dadurch, etwas mehr Bewegungsfreiheit im Getümmel zu gewinnen, aber stattdessen schien ihm die

Gefahr größer, jemandem ein Loch in die Wange zu brennen, und er trat die Zigarre aus. Einmal glaubte er Silvia in den Reihen der Krankenschwestern zu erkennen, groß und schlank und mit einer Haarfülle, die ihr die Haube hoch auf den Kopf schob.

Schulter an Schulter mit Fremden, bewegt durch die Bewegung der Masse, fragte Theo sich, warum er nach Europa ging. Er hatte nicht darüber nachgedacht, er war sich unsicher. Diese Unsicherheit befriedigte ihn, denn Unsicherheit hieß, sich zu bewegen, statt zu erstarren. Niemals, niemals, niemals. Eine Schlacht überleben und zwischen Tausenden Gefallenen stehen. Der Überlebende als Sinnbild des Lebens, Theo Mannlicher, der nicht sterben würde. *Aber Überleben,* dachte er, *forderte den Tod der anderen. Tausende Gefallene ... Das waren Klischees aus den Geschichtsbüchern. Wie flott man sich derer zu bedienen wusste.* Theo schüttelte seinen inneren Kopf. All die edlen Motive, die vorgeschoben wurden, wenn man sich als freiwilliger Sanitätshelfer meldete, verblassten hinter einem Vorhang Theo Mannlicherscher Unvernunft. Er war der Junge aus seinen Kurzgeschichten, er war der am Geländer, der seiner Mutter erklärte, dass ihm nie etwas geschehen würde, er war der mit den Lippen im Ohr.

Haig oder Moltke waren Sklaven eines Herren, dessen Existenz zu erkennen sie zu dumm waren. Sie würden in die Geschichte eingehen, weil Geschichte von Leuten geschrieben wurde, die Größe mit

Massenmord verwechselten. Und was war größer als ein Feldmarschall, der Hunderttausende in den Tod geschickt hatte und später hartlippig und schnurr-bärtig mit dem Gedanken kokettierte, wie sehr das alles auf ihm laste. Jedoch war dem Feldmarschall das Überleben sicher, das Sprudeln des Champagners. Historiker waren Kriecher vor den großen Mördern der Weltgeschichte, und je mehr sie über die Mörder schrieben, desto berühmter wurden die und desto mehr Nachahmer wurden geboren.

Zurück in Riverside begann er zu packen. Kleider brauchte er nicht viele, zwei Unterhosen reichten, wenn er regelmäßig in Unterwäsche ein Bad nehmen und die Wäsche über Nacht zum Trocknen aufhän-gen würde. Papier brauchte er, Stifte und ein paar Bücher. Eine Kiste Zigarillos, einen Reiseaschen-becher, das Tagebuch. Das Taschenmesser mit dem Korkenzieher.

Bob kam vorbei, und sie spazierten in den Wald. Bob bückte sich nach einzelnen Gräsern.

„Gemeiner Lein", sagte er. „*Linum usitatissimum.*" Vielleicht sähen sie sich nicht wieder. Der Krieg sei keine von Theos Geschichten.

Er könne sich viel vorstellen, sagte Theo, nahezu alles, das funktioniere durch das Schreiben immer besser. Ob er an den Untergang der Titanic denke oder einfach nur durch eine Kneipentür gehe, stän-dig werde er von Einfällen gezwickt. Aber er könne sich nicht vorstellen, dass bei einem Angriff Tausende Männer in Stücke geschossen würden. Der Krieg sei ihm ein Foto, ein Wort.

„Ich soll dich von William grüßen", sagte Bob. „Er denkt, es sei gut für dich, nach Europa zu gehen."

Theo winkte ab. „Die Theologen unterliegen dem Aberglauben, der Tod sei ein Korrektiv. Vielleicht sollte William nach Europa gehen und sich den ganzen Scheiß ansehen."

„Bleib hier, Theo. Ich mein, du sollst schreiben."

Sie setzten sich auf eine umgefallene Eiche und aßen einen Apfel.

Eichhörnchen flitzten durch die Baumkronen, und der kalte Sonnenschein verfing sich im Geäst. Theo atmete tief und roch den noch regenfeuchten Boden.

„Wir sind nicht gerade klug", sagte Bob.

„Können wir aber werden."

„So optimistisch?"

„Nein, realistisch."

Theo fuhr nach Europa. In den letzten Nächten hatte er wieder in den Geschichtsbüchern seines Vaters geblättert, von Schlacht zu Schlacht und von Massaker zu Massaker, und die meisten Bilder zeigten aufeinander zustürmende Soldaten, Lanzenträger, Bogenschützen, säbelschwingende Reiter in prächtigen Uniformen.

Unter dem Gemälde „Die Schlacht bei Solferino" von Bossoli stand geschrieben, dass rund 30 000 Soldaten den Tod fanden. Sie stürmten da von links und rechts mit roten Mützen und roten Hosen auf ein zusammengeschossenes Stadttor zu, zwei säbelschwingende Offiziere zu Pferd zwischen all den Andrängenden, rechts fließt Rauch einen Hang hinab, und der Boden ist übersät mit Toten und Verwundeten, und Theo hörte die Schüsse und die Schreie und sah die Offiziere fallen und in den Boden getreten werden, und er dachte an die liegende Maja von Goya, an das schwarze Haar, den eindringlichen, aber freundlichen Blick und die Brüste. Er dachte an die andere Seite der Geschichte, an Botticelli, an Mozart, an Shakespeare und an die Gemälde seiner Mutter.

„Der Künstler macht die Schlacht oder die Frau", sagte Theo.

Der Truppentransporter war überfüllt. Als Theo an den Docks in New York gesehen hatte, wie Kompanie um Kompanie uniformierter Soldaten mit Karabinern und Sturmgepäck durch den Nieselregen marschierte und im Leib des Schiffes verschwand, war ihm übel geworden ob der drohenden Enge, und er hatte sich gefreut, dass genau in diesem Moment Onkel Owen ihm eine Flasche Brandy für die Fahrt in den Arm drückte und murmelte, er solle einstecken, einstecken und gut.

Der Rumpf der *S.S. Chicago* schlitzte tosend und hart den Ozean, aber das Wasser war zu weich und beweglich, als dass irgendetwas es hätte beschädigen können. Owen hatte von dem ostasiatischen Sprichwort erzählt, dass der harte Baum im Sturm falle, Bambus sich aber biege und wieder aufrichte. Vielleicht war Wasser ein noch besseres Sinnbild für Lebensführung. Ein gewaltiges, rauschendes Leben, das sich ständig überschlägt und doch immer bleibt, silbern, grau, schwarz und grün.

Wenn die Wolkendecke sich verzog, stachen Balken von Sonnenstrahlen auf das Meer und malten goldene Flecken, die tanzten und den Horizont verzerrten.

In den ersten Tagen stand Theo mit vielen anderen an der Reling und erbrach sich an der Bordwand hinab. Er war erschöpft, und das Hirn war ihm eine empfindliche Masse, die im Kopf hin- und her rutschte und jedes Mal schmerzte, wenn sie an die Schädelwand stieß.

Einmal sahen sie ein brennendes Schiff den Horizont stechen. ,Das Grauen ist weit entfernt', schrieb Theo, ,es sieht einladend aus. Dass der Untergang eigene ästhetische Gesetze hat, macht für die Fehlgeleiteten die Verführungskraft aus. Man muss den Schrei hören, den man nicht sieht.'

Das Feuer versank, für eine Zeit sah es aus, als brenne das Meer, und dann war das Schiff verschwunden und die Rauchwolke verzog sich.

Die Quartiere der Rote-Kreuz-Einheiten lagen weit unten im Leib des Schiffes. Die Maschinen dröhnten, die Wände vibrierten, es stank nach Tabak, Dieselöl, Schweiß und Latrinen, und es war unmöglich, einen klaren Gedanken zu fassen. Theo musste erkennen, dass er trotz allen Willens hier nicht schreiben konnte.

Obwohl es den meisten Männern in den ersten Tagen schlecht ging, wurde unter Deck ständig geraucht. Theo war seit seiner Jugend Raucher, aber das hier war ihm zu viel. Nebel füllte die Kabinen, die für sechs Leute konzipiert waren und in denen sie mit acht, manchmal mit neun Männern schliefen. Seine Mitreisenden gaben ihm recht, dass das mit dem Rauchen erbärmlich sei, aber er müsse das verstehen, die Langeweile einerseits und die Aufregung andererseits.

Wieso sie sich langweilten, wenn sie über das Meer führen? Sie sollten rausgehen und gucken.

Den ganzen Tag lang? Mannlicher sei ein Spinner.

„Lasst den Jungen mal", sagte Buck Henson. „Ich glaub, er hat recht."

Martha war Krankenschwester. Sie unterrichtete die Rote-KreuzHelfer, die sich in den Speisesälen, an Deck oder in den größeren Fluren um die Schwestern ballten und sie aufmerksam beobachteten.

„Das hier, meine Herren, ist eine Arterienklemme. Haben Sie jemanden mit weggesprengten Beinen vor sich, kommt dieses harmlose silberne Gerät zum Einsatz. Oder", sie klopfte auf die Tasche ihrer Jacke, und man hörte etwas rappeln, "Morphium, ein Opiat, wie es einige von Ihnen sicher aus dunklen Kneipen in New York kennen. I.m.- oder i.v.-injiziert führt es fast augenblicklich zu Schmerzfreiheit. Ein hervorragendes Antidepressivum übrigens auch, es wird einem ganz hell und leicht." Sie räusperte sich.

Martha war groß, hatte eine schwarze Kurzhaarfrisur, eine gerade Nase und stets gehobene Mundwinkel. Sie musste etwa zehn Jahre älter sein als Theo, und das reizte ihn umso mehr. *Erfahrung*, dachte er, *eine erfahrene Frau.* Er konnte nicht an ihr vorübergehen, ohne ihre Lippen, ihre Nase oder die Brüste anzugucken. Ging sie unter einer der schaukelnden Deckenleuchten her, schlugen ihre Wangenknochen geschwungene Schatten. Er bemühte sich, männlich zu bleiben und seine Verwirrung hinter einer gerunzelten Stirn und einem Zigarillo im Mundwinkel zu verstecken. Die Männer redeten viel über Martha und einige ältere Offiziere sprachen aufdringlich mit ihr. Aber Martha schien das nicht unangenehm, sie war ein geselliger Typ, der mit Männern umgehen konnte und wusste, welche Reize sie ausübte. Sie lachte viel. "Hallo, Mr. Mannlicher", sagte sie, wenn sie an ihm vorbeiging und zu ihm aufsah. Wie froh er war, größer als sie zu sein. So sehr Theo sich auch bemühte, sein Begehren blieb nicht unbemerkt. Seine Kameraden klopften ihm auf die Schulter und rieten ihm, sich nicht zu verlieben, es sei Krieg, und mit den Rettungsbooten stimme auch etwas nicht.

Martha begann, Theo anzulächeln, und aus dem üblichen *Hallo* wurde ein vielversprechendes *Hallo-o*. Theo hatte Angst. Nächte im Wald und die Geräusche kleiner Tiere und fallender Eicheln hatten ihn erfreut, aber nie geängstigt, Spaziergänge im dunklen New York hatten ihn begeistert und nicht geängstigt, Martha jedoch flößte ihm Furcht ein, wenn sie nur eine Augenbraue hob. *Aber diesmal,* dachte er, umklammerte die kalte Reling und atmete die Meerluft, diesmal wollte er nicht schüchtern bleiben, *diesmal wollte er aktiv werden und noch auf dem Atlantik sein erstes Erlebnis mit einer Frau haben,* und er dachte an Charlotte Verhust, die mit Bob und Siri Höffken am Hafen gewesen war, als Theo sich einschiffte.

Buck Henson, ein Kabinenkamerad von Theo, legte ihm eine Hand auf die Schulter und sagte, er solle sich nicht verarschen lassen. Er wisse doch, was los sei, oder? Buck sah Theo an und machte die Augen kleiner. Oh Mann, er wisse es nicht. Dann solle er nicht nachfragen, sondern sich ranmachen, bevor dieser Pott hier in Frankreich anlege.

In dieser Nacht traf er Martha an Deck.

Er hatte nicht schlafen können wegen der Kopfschmerzen, die die kalte Rauchwolke unter Deck verursacht hatte, und war aufgestanden, hatte darauf geachtet, die am Boden schlafenden Männer nicht zu treten, und war aufs Deck hinausgegangen. Es war kühl. Und dann stand Martha da. Silberner Glanz auf dem Nasenrücken, Augen und Lippen beinahe schwarz, ein paar kurze abstehende Haarsträhnen. *Wie kitschig*, dachte er, *bloß niemals so etwas schreiben.* Aber da war sie. Im Mondlicht vor den Lichtern der anderen Transporter und des Zerstörer-Geleitschutzes. Und Wind. Und Meer. *Oh Gott,* dachte er, der nicht an Gott glaubte. *Oh Gott.*

„Hallo-o.“

„Ha-Hallo.“

Sie nahm seine Hand. Aus dem Dunkel tauchten einige Soldaten auf und grüßten Martha.

„Komm“, sagte Martha.

Minuten später fand er sich unter der Wetterplane in einem Rettungsboot wieder, und Marthas Zunge kreiste einem Fisch gleich in seinem Mund. Er merkte, dass sich diesmal nichts mehr kontrollieren ließ. Er versuchte sich zu konzentrieren, aber der Druck in ihm war so stark, dass er zu platzen befürchtete. Er dachte an die Titanic. Er dachte daran, sein Genital in ein Glas eisiges Wasser zu halten, aber da war kein eisiges Wasser, da war warmer Honig und Beweglichkeit. Es war stockdunkel, und er konnte so rot werden, wie er wollte. Die Schübe seiner Spermien verschwanden in dem fremden Körper, und die ganze Zeit über hielt er die Daumen auf den Brustwarzen der Frau, und er spürte Hände seine Hoden drücken, als er in dieser Frau war und außer sich war und besinnungslos. Dann senkte Martha sich auf ihn und begann sofort zu schnarchen. Als sie tief eingeschlafen war, drehte er sie zur Seite und ließ das Feuerzeug aufspringen. Er näherte sein Gesicht den Brüsten, in denen sich der Atem bewegte. *Brustwarzen. So ein ausgemachter Sprachblödsinn*, dachte er. *Warzen waren etwas Hässliches, das spross, wo es nicht hingehörte, unter einer Nase oder auf einer Wange, oftmals gekrönt von einer Borste. Aber diese Gebilde dort, groß und rund, dunkel abgesetzt, vorpflaumend und genau am richtigen Platz. Um Himmels willen, das waren keine Warzen.* Er küsste sie vorsichtig, um Martha nicht zu wecken. *Mamelon, sagten die Franzosen, das klang etwas besser. Eine neue Wortschöpfung musste her.*

Er ließ das Feuerzeug wieder zuschnappen und legte sich zurück. *Oh ja, er hatte sich nicht getäuscht, Martha wollte ihn, er hatte ihre Blicke richtig gedeutet. Er war ein Mann. Er hatte eine Frau. Er zog in den Krieg. Und sterben würde er niemals, nicht einmal ankratzen konnte ihn die Welt.*

Theo stand an der Reling und sah ins Wasser hinab. Irgendwo dort unten fuhren U-Boote, und Theo stellte sich vor, sie hätten Fenster und große Scheinwerfer, um die Unterwasserwelt zu erkunden. Aber die Boote hatten keine Fenster, ihr Auge war das Sehrohr, das den Ozean durchschnitt, um am Horizont die graue Silhouette eines Schiffes zu sichten.

Im Frühling 1915 war die *Lusitania*, ein Passagierdampfer, von deutschen U-Booten versenkt worden. Fast 1200 Menschen waren dabei ertrunken, darunter über 100 Amerikaner. Theo erinnerte sich, dass Freunde und Bekannte, dass Bob und William raunten und drohten und sich ähnlich geworden waren, Amerikaner allesamt. So etwas könne man mit Amerika nicht machen, hatten sie gesagt.

Ertrinken, dachte Theo, *im Wasser sein und wissen, dass man nicht mehr herauskommt.*

Beim Untergang der Titanic waren die Menschen zu Hunderten im Wasser getrieben. Zum Glück, wurde später gesagt, hielt ein Mensch solch niedrige Wassertemperaturen höchstens zwei Minuten aus, vielleicht drei. Man quäle sich nicht allzu lang. Was wäre aber, fragte Theo sich, wenn ein Mensch 15 Minuten lang die Luft anhalten oder in solch eisigem Wasser ausharren könnte? Wären diese 15 Minuten Leben in einer überfluteten Kabine voller Luftblasen und schwebender Papiere besser als ein schneller Tod? 15 Minuten Leben – gleich, wie? Theo musste John Butcher über den Menschen in der überfluteten Kabine schreiben, über den, der dort lebte.

Buck Henson hatte Theo oft beim Schreiben beobachtet, und jetzt, da Theo versuchte, den Notizblock im Wind an der Reling zu bändigen, um etwas für einen Brief an John zu notieren, stellte er sich zu ihm und fragte, ob Theo Schriftsteller von Beruf sei.

„Nun, ich schreibe. Das ist es, was ich tue. Aber

als Beruf kann ich es erst bezeichnen, wenn ich Geld dafür bekomme."

„Hier läuft noch so ein Typ rum. Ernie Henningsen, der schreibt auch. Ich find so was ja interessant. Und, Theo, war mittlerweile was mit Martha?"

Theo lächelte Henson an und dachte an Martha. Er wäre nur einer in einer langen Reihe gewesen. „Alle Mann in die Boote", „Ab ins Boot", all diese Redewendungen hatten nur eins bedeutet: Martha. Sie verdiente sich hier ein stattliches Zubrot. Henson hatte ihm gesagt, solch ein Verhalten nenne man *nymphoman,* das gebe es und das sei auch in Ordnung. Diese Frau begehe kein Verbrechen, wenn sie viel Sex wolle und das hiesige Angebot ausnutze. „Eine richtige Ottomane", hatte Theo gesagt und sich trotz seiner Enttäuschung vor Lachen gebogen.

„War was?", fragte Buck erneut. Theo lächelte. Er sei sich über die Eigentlichkeit des Vorfalls nicht klar. Buck sah ihn großäugig an, kniff dann die Augen zusammen und kratzte sich am Bauch. Die Eigentlichkeit des Vorfalls, das sei nun wirklich allerhand.

Theo kratzte sich am Kopf. Er sei ihr zu jung, er sei zu lang und zu dünn – das hatte Martha in jener Nacht zu ihm gesagt. Er würde sicher mal ein richtig guter Mann, aber heute sei er ein unfertiger Junge, mit dem sie ihre Zeit nicht verschwenden wolle. Sie meine das nicht böse. Im Gegenteil, es sei eine Freude, ihn anzusehen. Sie hatte ihn auf die Wange geküsst.

7

Schokolade und Krieg

Sie erreichten die französische Küste bei Bordeaux. Die Elemente überlappten sich.

Die freiwilligen Rote-Kreuz-Helfer blieben zwei Tage in Paris. Theo zog mit Buck Henson durch die Stadt. Sie liefen an der Seine entlang zur Stadtinsel, spazierten durch den Jardin du Luxembourg, wo Flaubert spitzbärtig und grün einer Taube das Haupt darbot. Auf einer Bank unter dem Standbild saß ein Mann, dem das linke Bein fehlte und das rechte unterhalb des Knies amputiert war. Ein Rollstuhl war nirgends zu sehen, und Theo fragte Buck, wie der Mann dorthin auf die Bank gekommen sei, und Buck fragte, wie er von dort wieder wegkommen wolle und wohin. Sie saßen stundenlang in den Straßencafés. Als Gegenprogramm zu diesen Orten bestand Theo darauf, sich auch mal „ein Stündchen" unter eine Brücke zu setzen. Man müsse immer mal den Blickwinkel ändern.

Vom Krieg war nicht viel zu merken, außer dass mehr Frauen als Männer in der Stadt waren und wenig Autos über die Straßen fuhren. Manchmal fühle er sich allem so weit entfernt, sagte Theo, müsse sich zwicken, um zu merken, dass er Teil des Ganzen sei.

„Scheiß drauf", war alles, was Buck dazu sagte. Diese Formulierung hatte Theo von Buck oft gehört. Drückte sie einen Mangel an Nachdenken aus, oder war sie die Folge eines langen Denkprozesses? Erst hier in Paris begann Theo, seinen Kameraden eingehend zu betrachten. Auf der *S.S. Chicago* hatte Martha seine Augen beherrscht. Henson war rundgesichtig und trug eine kleine Brille, er hatte einen mächtigen Bauch und Oberschenkel, die etwa dreimal so dick waren wie Theos, obwohl Theo durch die täglichen Übungen muskulöse Oberschenkel hatte. Henson war das, was ein Mannsbild genannt wurde, aber sein Mund war volllippig und geschwungen und hätte in das Gesicht einer Frau gepasst.

Am letzten freien Nachmittag saßen sie im Café de Flore. Buck erzählte, dass seine Frau Clara ihn beim Entschluss, nach Europa zu gehen, unterstützt habe. Sie habe ihm einfach nur eine Hand auf die Schulter gelegt und genickt. Es sei ja ohnehin seltsam, mit welcher Begeisterung die ganze Welt in den Krieg ziehe.

Warum Theo es mache?

Theo zuckte die Achseln. „Wegen des Schreibens wahrscheinlich."

Buck winkte dem Kellner nach zwei Gläsern Rotwein. Er war zu dick für die Rohrstühle, die Seitenlehnen schnitten in Bucks Oberschenkel. Trotz der Körperfülle aber war Buck ein beweglicher und flinker Mann, den Theo sich gut an einer reich gedeckten

Tafel vorstellen konnte, oder bei einem der Gelage von Bob, William, Siri, Charlotte, Lydia und ihm. *Buck war sicher einer dieser Menschen,* dachte Theo, *denen man gerne beim Essen zusieht, weil sie so offen zu genießen wissen.*

„Heraklit hat gesagt, der Krieg sei der Vater aller Dinge", sagte Theo. „Wobei Krieg nur eine mögliche Übersetzung ist, Streit geht auch, und dann hört sich die Sache gleich anders an."

Theo sah die Straße hinunter. Wen interessiere der Scheiß, den die Philosophen verbreitet hätten, hatte Buck gefragt. Der weise Mann solle über das Leben nachsinnen, nicht über den Tod, *soso, Spinoza, na, das war ja ein ausgeschlafener Bursche, aber krepiert ist er dann auch, oder was?*

Während Buck weiterredete und Frauen vorbeigingen und Autos fuhren und es zu nieseln begann und die durch den Regen kommenden Sonnenstrahlen alles, was Theo sah, vergoldeten, sah er sich am Schreibtisch sitzen und schreiben und dann hinausgehen durch Wälder und Bäche und über Spinozas „Deus sive natura" nachsinnen, den Gott aus der Natur, und er kletterte vom Planeten Erde hinunter und nahm die Kugel in die Arme, legte die Wange an sie und streichelte sie und sagte ihr, dass er nichts dafür könne, dass sie jetzt im Krieg so furchtbar misshandelt werde.

Von Paris aus fuhren sie mit einem Zug nach Mailand.

Theo und Buck wurden zur Ambulanzeinheit Sektion vier abkommandiert und in einem Lkw nach Schio gefahren. Sie wurden in einer Fabrikhalle einquartiert, von deren Decke amerikanische Flaggen hingen. Theo war froh über die Größe der Halle und darüber, dass es keine Doppelbetten gab, sondern jeder Mann eine eigene, drei Meter von der nächsten stehende Pritsche hatte.

Captain Fairbanks begrüßte die Neuen im Fabrikhof. Er erklärte, dass sie nicht allzu viel zu tun bekämen, die Verpflegung großartig sei, die Lage an der italienischen Front aber undurchsichtig. Seit Caporetto gehe es ständig hin und her, und von der angeblichen Zermürbung des Feindes sei nichts zu merken. Diaz, Lord Cavan und Haking seien gute Leute, der Gegner stelle mit Conrad und dem Erzherzog aber ebenfalls harte Jungs in den Kampf. Theo griff in die Hosentasche und holte den Bleisoldaten hervor. Die Beine des stehend Schießenden waren umgeknickt und hatten Farbe verloren, und Theo bog die Beine vorsichtig wieder gerade und steckte den Soldaten in die Hosentasche zurück. Fairbanks führte die Freiwilligen zu einer Reihe hochrädriger Fiat Lkws, die rote Kreuze auf Flanken und Dach hatten.

Vormittags lernten die Neuen mit den Lkws zu fahren, ab 13 Uhr hatten sie frei. Sie saßen auf den Pritschen und rauchten. Auf dem Blechtisch standen Flaschen in Reih und Glied: Soave, Chianti, Frascati und ein alter Babera d'Alba. Ernest hatte den Wein besorgt. Er war der andere Schreibende, von dem Buck an Bord der *S.S. Chicago* erzählt hatte. Ernest war ein gutgelaunter Amerikaner, der beim „Kansas City Star" gearbeitet hatte und Kurzgeschichten schrieb, wie er Theo erzählte, als er den mit einem Block im Bett liegen und schreiben sah. Ernest war beliebt für seine Witze. Er sprach in kurzen Sätzen und hatte ein breites Gesicht.

Theo und er redeten allabendlich im Schneidersitz auf Theos Pritsche über das Schreiben und die Literatur.

Während ihrer Einsätze sprachen sie wenig. Theo fuhr den Fiat, Buck saß auf dem Beifahrersitz. Das Rumpeln der Artillerie in den Bergen, die steinhart weiß und grau den Himmel zerkratzten, war der Unterton zum Requiem ihrer Tage, die Aufschreie, wenn der Wagen durch ein Schlagloch musste, das Betteln um Betäubungsmittel. Sie fuhren die Schotterpiste des Monte Pasubio hinauf, rechts der Berg, links der Abhang, verluden auf halber Höhe die Verwundeten und fuhren sie hinunter zum Hauptverbandsplatz. Einmal, als sie in strömendem Regen den Berg hinauffuhren, kam ihnen ein anderer Rote-Kreuz-Wagen entgegen, schlitterte, schien sich zu verbiegen und stürzte den Abhang hinab. Theo stoppte den Fiat, sprang hinaus und sah nach dem Wagen. Der lag brennend etwa 30 Meter unter ihm an einem Baumstumpf. Aus der Hintertür ragte ein brennender Mann ohne Kopf. Er winkte Theo mit beiden Armen. Mit zitternden Händen nahm Theo den Notizblock aus der Tasche. Als der brennende Leichnam in sich zusammensackte, steckte Theo den Block wieder weg. Er ging zum Wagen zurück. Buck beugte sich vom Beifahrersitz zu ihm hinüber und sah ihn besorgt an. Ob alles in Ordnung sei?

„Ein Toter hat mir gewunken", sagte Theo.

Wenn Fairbanks auch gesagt hatte, sie bekämen nicht viel zu tun, gab es doch Tage, an denen Theo und Buck 20 Stunden auf den Beinen waren und ohne Unterlass die Piste rauf- und runterfuhren. Eines Nachts sah Theo im Licht der Scheinwerfer eine Leiche auf dem Hauptverbandsplatz, die auf den Bauch gelegt worden war. Der Wind, der den Hang hinabfegte, hatte die Leichenplanen weggeweht, grüne Totenflaggen mit roten Flecken, die sich in Autorädern, Geäst und Schrott verfingen. Unter dem Kopf des Toten versickerte Blut, und es schien Theo, als habe der Tote Mund, Nase und Augen tief in die Erde getrieben.

Abends in der Fabrikhalle versuchte Theo Verwundungen zu beschreiben. Er fand keine andere Sprache dafür als die konkrete; ein abgerissenes Bein war ein abgerissenes Bein. Erbrochenes roch sauer, Blut wurde von Minute zu Minute dicker, ein Ohr konnte rollen.

Theo dachte an seine voyeuristischen Eskapaden,

an seine Lauschangriffe auf Eros. Er musste jetzt etwas anderem lauschen. Er sagte Buck, dass er sich versetzen lassen werde. Buck murmelte im Halbschlaf, er komme mit. Am nächsten Morgen meldete sich Theo bei Fairbanks, der von seiner Stube aus den Fabrikhof mit den aufgereihten Lkws einsehen konnte. Fairbanks hatte einen Modell-Lkw auf dem Schreibtisch.

Theo erklärte sich.

„Kein Problem, Mannlicher. Feldküche an der Piave, Captain van Holden. Er sucht immer Freiwillige. Sie sind nicht gerade das, was man einen militärischen Typen nennt, Mannlicher."

„Will ich auch nicht sein."

„Aber in den Krieg wollen Sie. Was machen Sie eigentlich beruflich?"

„Ich bin Schriftsteller."

„Oh Gott."

„Gott meiner Bücher, ja."

Theo lebte in einem Sandsteinhaus zwei Kilometer hinter den Gräben des 69. und 70. Regiments. Die Feldküche van Holdens befand sich östlich in einem Dorf und war in einem Bauernhof untergebracht: Ein Lager, vollgestopft mit aufgekisteter Schokolade, Konserven, Wein.

Captain van Holden flirtete mit den Mädchen aus dem Dorf und hatte seine Untergebenen in lockerer Gliederung hinter der Front aufgereiht, er schickte

sie zweimal täglich mit Fahrrädern zu den Schützengräben, wo sie Proviant und Naschereien an die Soldaten verteilten.

Mittags saß Theo vor seinem Häuschen, hatte die
Beine hochgelegt und ließ die Sonne sein Gesicht
wärmen. Die ferne Artillerie konnte das Rauschen
des Gebirgsbaches in seinem Rücken nicht übertö-
nen, und Theo blies Rauchkringel in die Luft – gestern war von Onkel Owen eine Kiste Zigarren für
ihn bei van Holden eingetroffen, und der Captain
persönlich hatte sie zum Haus gebracht und Theo
schreibend und Kaffee trinkend angetroffen. Einen
netten Krieg führe er hier, hatte van Holden gesagt.

Der Tote, der mit dem Gesicht nach unten am
Monte Pasubio gelegen hatte, war ein häufiges Bild
in Theos Gedanken. Vielleicht hätte er ihn umdrehen
und ansehen sollen, wie er seinen Vater angesehen hatte. Er hätte dem Un-Gesicht des Todes ins Un-Auge
sehen sollen. Beim Anblick der Toten und Verwundeten hatten sich viele der freiwilligen Rote-Kreuz-Helfer erbrechen müssen. Theo hatte immer gemurmelt:
„Ruhig bleiben, ruhig bleiben, helfen", und seinen
Kameraden auf die Schulter gegriffen. Ihm war oft
erst Stunden später speiübel geworden, manchmal
hatten ihm auch die Knie gezittert, und wenn er dann
aufschrieb, was er gesehen und getan hatte, war alles
wieder nah und jetzt und roch und schrie.

Theo stand auf und sah die Berge im Norden an,
die weißen Kuppen, den weiten blauen Himmel, den

Bach in seinem steinernen Bett, die Pinien. Er dachte an William. Der Tod ist ihnen eingeprügelt worden, notierte er, so tief, dass sie alle sterben müssen. Er dachte an Onkel Paul. Der hatte sich nicht geschämt, einem kleinen Jungen beizubringen, dass man nicht sterben müsse, dass man den Tod ablehnen und bekämpfen müsse. Welch ein Mann und welch ein Scheitern an einem Strick in einer Holzhütte. Ein so großer schwerer Körper an einem so dünnen Seil.

Er trat die Zigarre aus. Buck kam auf einem Fahrrad den Steinweg herabgefahren und stellte das Rad an der Hauswand ab. Die Gepäcktaschen waren dick. Theo ging ins Haus und holte die Taschen, die er heute Morgen bei van Holden hatte auffüllen lassen. Stahlhelm und Gasmaske hängte er sich über die Schulter, die Augenlöcher der Maske blendeten kurz und gelb im Sonnenlicht. Sie fuhren über die Holzbrücke, die den Bach kreuzte, in den Wald hinein. Sie radelten und lächelten sich an, und es war warm.

Dann traten sie gleichzeitig in die Bremsen und ließen sich seitlings zu Boden stürzen. Der Wald brach auf, ein ungeheurer Schlag betäubte ihre Ohren, Holz und Erde brachen und platzten in den Himmel, Äste säbelten, eine Tanne fiel quietschend um, federte auf ihrer zerzausten Krone und lag still. Theo und Buck sahen sich an.

Buck stand auf und klopfte die Uniform ab. Theo kratzte sich Steinchen aus dem Haar. Er sah die gefällte Tanne an, von der Rauch zwischen die Bäume stieg.

Das seien diese großen Mörserkanonen, sagte Buck. Der Krater, den die Granate gerissen hatte, war fünf mal fünf Meter, schätzte Theo, und einen Meter tief. Er stieg durchs Unterholz zu der Tanne und legte die Hände auf die zerfetzte Rinde. Er hockte sich hin und schmiegte die Wange an das tote Holz. Buck wartete auf ihn, und sie fuhren weiter. Als der Wald lichter wurde, stellten sie die Räder ab und gingen durch den Straßengraben in Richtung Hauptkampflinie weiter. Der Schall zwischen den Bergen vervielfachte das Donnern der Granaten. Ein MG schmetterte. Sie passierten einen zusammengeschossenen Lkw, aus dem Gräser wuchsen, kamen an einem zerstörten Gehöft vorbei, vor dem einige abgedeckte Leichen lagen, erreichten die Schützengräben und verteilten Schokolade und Dosenobst.

„Na, Tenente, siehst du dir wieder den Krieg an?"

„Hallo Paolo", sagte Theo. Der Soldat stand hinter einem MG im Graben und rauchte eine Zigarette. Theo kannte ihn seit einigen Wochen, Paolo ließ sich jedes Mal drei Tafeln Vollmilchschokolade von Theo geben. Paolos Gesicht hatte die Farbe der Grabenwand, die Uniform war erdig und roch bitter. Ein paar Meter weiter rechts schlief ein Mann schräg an die Grabenwand gelehnt, und Theo ließ den Blick drei-, viermal schnell über den Mann hinwegziehen und notierte sich, dass der Mann fast völlig mit dem

Graben und der Erde verschmolz, die dreckige Uniform, die eingestaubte Haut, alles wurde aufgesogen und eins. Das einzig Ungetarnte an dem Bild war das Gewehr, das neben dem Mann an der Wand lehnte.

Theo wusste, dass Soldaten sich an die Schläfen tippten oder die Hand vor den Augen hin- und her bewegten, wenn er durch den Graben ging. Er galt als Spinner, seit er in einem Nebensatz angedeutet hatte, dass er nicht sterben werde, niemals sterben. Nur Paolo akzeptierte das.

„Mannlicher", sagte Paolo. „Die Gewehre unserer Gegner heißen so. Mannlicher-Stutzen, 8 mm, M 95. Deinen Namen mag ich nicht, Junge. Was macht dein Buch?"

„Ich hab's noch nicht angefangen."

„Da müssen erst ein paar Leute sterben, was?"

„Blödmann."

„Wenn du unsterblich wärst, Theo, dann würdest du kein einziges Wort schreiben."

„Uraltes langweiliges Klischee. Und völlig falsch. Wenn ich einst unsterblich sein werde, werde ich die Welt mit guten Büchern zuschmeißen."

Paolo lachte.

Buck kam zwischen den Männern hindurch den Graben entlang, die Gepäcktaschen hingen jetzt locker. Er grüßte Paolo und zündete sich eine Zigarette an.

„An der Alpenfront sind schon über 5 000 von uns durch Lawinen getötet worden", sagte Paolo. „Durch

Lawinen." Er hob den Zeigefinger und sah abwechselnd Theo und Buck an. „Aber mich kriegen die nicht. Oder?"

Theo machte sich auf, den Ostabschnitt zu versorgen, hängte sich die Taschen über die Schulter und hielt den Kopf gesenkt, als gehe er durch einen niedrigen Tunnel. Granaten zerrissen den Himmel. Theo duckte sich in einen Unterstand, grüßte einige Soldaten und wollte weitergehen, als er hörte, dass die nächste Granate zu nahekam. Er krümmte sich zusammen, zog die Schultern hoch und riss den Mund auf, damit der Explosionsdruck ihm nicht die Trommelfelle zerriss, und dann barst es hinter ihm, der Graben schüttelte sich, Stützbalken fielen, Theo stürzte, sah sich dabei über die Schulter um, sah in Bucks Richtung. Erde wirbelte, Holz zischte, Splitter klatschten von Steinen ab und fetzten ins Erdreich. Es war vorbei. Theo rührte sich nicht und starrte Buck an, um den herum sich der tarnende Rauch verzog. Buck lag am Boden und ruderte mit den Armen, als ertrinke er im Moor. Paolos Beine lagen gekreuzt, zwei weggeworfene, verschmutzte Prothesen, der Rest von ihm war fort. Schreie füllten den verschütteten Graben. Theo starrte vor seine Füße. Er erkannte das erdige blutende menschliche Teil vor seinen Stiefeln. Theo taumelte auf Buck zu. Der starrte aus dem umgestalteten Kopf und ruderte mit den Armen. Er gab Geräusche von sich. Die Brille war in seinem Mundloch. Theo verlor alle Kraft.

Männer rannten an ihm vorbei, die Grabenwand war rot, Buck war rot und glotzte ihn an, und das Auge war groß. Etwas Warmes rutschte Theo in die Hose, sein Herz stockte, und er sackte vor Buck zusammen.

Theo saß in der Küche des Sandsteinhauses. Ein rußumrandeter Fleck zeigte an, wo einst der Ofen gestanden hatte. Theo saß mit dem Rücken zum Fenster, die Arme verschränkt, den Blick auf die zerschrammten Dielen gesenkt. Hier in der Küche war der Bach nicht zu hören. Die Artillerie rumorte ununterbrochen, und manchmal vibrierte das Haus, wenn eine Salve geschossen wurde.

Theo fingerte das Feuerzeug aus der Brusttasche, er ließ es aufschnappen, und seine Hände zitterten, und er nahm das Feuerzeug in beide Hände, um die Flamme zur Zigarre zu führen. Eine Kakerlake krabbelte über den Boden. Theo trat sie tot, drehte die Stiefelspitze mehrmals auf dem Tier, hörte es knacken und urinierte an die Küchenwand.

„Hallo?"

Theo sah auf. Jemand kam durch den Flur, Sand knirschte auf dem Steinboden. Captain van Holdens Silhouette verformte den Türausschnitt gegen das Sonnenlicht.

„Das erste Mal, dass einer meiner Männer schwer verwundet worden ist. Es hat mal ein paar Schrammen gegeben, aber so etwas noch nie. Wie geht es Ihnen?"

Theo zuckte die Achseln.

„Sie waren in unmittelbarer Nähe, habe ich gehört. Wollen Sie Urlaub nehmen?"

Theo schüttelte den Kopf.

„Henson ist bereits im Lazarett in Mailand. Dort gibt es 20 Schwestern für fünf verwundete Amerikaner."

Theo sah van Holden an. „Soso", murmelte er.

„Hören Sie, Mannlicher, so etwas kann passieren. Ich weiß auch nicht, aber wir müssen damit klarkommen."

Van Holden zündete sich eine Zigarette an. „Sagen Sie mir, wenn Sie etwas brauchen. Ich hab Ihnen die Rationen für Ihren Abschnitt mitgebracht. Ich geh dann jetzt."

Theo folgte van Holden durch den Flur. Draußen auf dem Kies stand eine junge Frau in geblümtem Kleid und hielt ein Fahrrad zwischen den Beinen, van Holdens Rad hielt sie an der Lenkstange. Theo atmete tief, während er die Frau ansah. Der Krieg tötete den Atem. Bei Verdun und an 100 anderen schwarzen Orten bedeutete es den Tod, wenn man atmete. Senfgas, Flammenwerfer, die sogar Wasser in Brand setzten. 200 000 Granaten an einem Tag, ewige Nacht, Berge von Leichen, denen die Lebenden fehlten, um weggeräumt zu werden. Manchmal wurden neue Schützengräben ausgehoben, weil das schneller ging, als die alten von den Kadavern zu befreien.

Theo sah van Holden und dem Mädchen hinter-
her. Die Haare des Mädchens flogen im Wind, ein
Skalp, der dem Krieg trotzte. Martha. Wäre sie jetzt
hier. Und wenn sie sich bezahlen ließe, ganz gleich,
Hauptsache den Kopf zwischen ihre Brüste legen.
Dafür würde er alles Geld geben, das er noch in den
Taschen hatte. *Eine Frau,* dachte er, *Himmel, eine
Frau, eine Frau. Martha. Charlotte Verhust. Siri Höff-
ken. Verdammte Scheiße, ich war noch nie mit einer
Frau zusammen. Es gibt keine Frau, die mich liebt.*

Theo sah auf die Uhr. Es war Zeit, in seinen
Abschnitt aufzubrechen. Er packte seine Sachen
zusammen, ordnete sein Schreibzeug auf dem Kü-
chentisch, legte einen Zettel mit seinem Namen und
seiner Adresse in Riverside obenauf, beschwerte den
Stapel mit dem Zinnsoldaten und belud das Fahrrad. Er sah das Haus an, die rissige Sandsteinmauer,
die glaslosen Fenster und die Sonne auf den Steinen,
und er setzte sich auf die Bank in die Sonne, und die
Steine waren warm an seinem Rücken. Er bewegte
die Zehen in den Stiefeln, er spannte die Beinmus-
keln an, dann die Gesäß- und die Bauchmuskeln,
und er ballte die Fäuste und bog die Arme, als wolle
er mit einer Hantel seinen Bizeps trainieren. Dann
fuhr er los.

Je näher er der Frontlinie kam, desto mehr Gegen-
stände lagen verstreut, zerbrochene Karabiner, verros-
tete Konservendosen, Autoreifen, ein Bündel hölzer-
ner Grabkreuze – jede Straße, jedes Gehöft, jedes Feld

war gesäumt von Schrott und Wegwurf und Tod, erdig und rostig, verbogen und splittrig. Er legte das Rad in den Straßengraben und ging an dem verwüsteten Lkw vorbei. Im Schatten des Wagens lag eine Frauenleiche. Theo stiegen die Tränen in die Augen, der Magen hing ihm im Hals. Er sah die grauhaarige Frau an, die Fliegen in den schwarzen Rissen und fragte sich, wie viel Männer das getan hatten. Eine dermaßen zugerichtete Leiche hatte er noch nie gesehen, und hier war weder eine Granate eingeschlagen, noch hatte ein MG geschossen, hier waren Hände am Werk gewesen, herumliegende Stöcke und Eisenteile aus dem Lkw.

Er kroch unter einer umgestürzten Feldhaubitze her und gelangte in die Schützengräben. Mit heiserer Stimme bot er Schokolade an. Er hörte die Granate. *Vier Sekunden,* dachte er, *vier Sekunden lang hört man die Granate. Zu laut.* Himmel und Erde überschlugen sich, machten einen berstenden Salto mortale und Theo war leicht wie Herbstlaub und er glühte und war nass. Onkel Pauls Lippen waren an seinem Ohr, und der Speichel machte die Ohrmuschel feucht. „Niemals, niemals, niemals." Dann war er nicht mehr in der Luft, er war irgendwo eingezwängt und es war zu eng und er schrie und dann war es vollkommen still, die Erde wackelte, Männer rissen den Mund auf, Holz und Stein und Erde verwirbelten, rote Flüssigkeit regnete auf Theo. Stacheldraht tanzte durch die Luft. Schmerzen rannten aus Theo heraus, schlugen auf ihn ein, rannten raus, schlugen ein. Der Tod saß auf dem Grabenrand und hatte eine Zigarette im Mundwinkel und sah sich nach links und rechts um. Im Graben stand Theos Vater, und Theo sah, wie sein Vater ein Feuerzeug aus der Hosentasche nahm und dem Tod Feuer gab. Dann standen Onkel Paul und Onkel Owen Schulter an Schulter im Graben und winkten Theo zu sich, und sie schrien, er solle kommen, sofort zu ihnen kommen, und dann stand Theo selbst dort und rief nach sich, und dann war wieder Stille und Schwärze.

8

Das Schlauchwesen

Weich und warm fügte es sich an seine Wange, glich sich ihrer Form an. Er neigte den Kopf ein wenig in das, das ihn hielt, bewegte sich darin und schlug die Augen auf. Die Frau zog die Hand weg. Sie sah auf ihre Oberschenkel, schlug blitzartig zu, dass Theo sich erschreckte und im Bett zuckte, und putzte mit einem Tuch die zerdrückte Fliege von Rock und Handinnenfläche. Sie fragte, wie es ihm gehe. Er lauschte seinem Atem. Das Zimmer roch sauber.

Er habe Glück gehabt. Er sei von über 20 Splittern getroffen worden, und das Bewusstsein habe er verloren, weil ihm der Helm weggerissen worden sei.

Langsam erwachte sein Gedächtnis, Bilder und Laute reihten sich: Er war in einem Lkw aufgewacht, sein ganzer Körper brannte, das Atmen fiel schwer, und er schmeckte Blut im Mund. Er weinte, und er hatte Angst. Von der Pritsche über ihm hörte er jemanden stöhnen, und eine Flüssigkeit sickerte durch, die Fäden zog, und die Fäden schwankten, wenn der Wagen eine Kurve fuhr oder durch ein Schlagloch musste. Die Flüssigkeit tropfte auf Theos entblößten Oberkörper, und er wollte, dass das verhindert wurde, konnte aber nicht sprechen, und er wollte sich die Feuchtigkeit vom Ohr wischen, aber jedes Mal, wenn er mühsam die Hand ans Ohr geführt hatte, wichen die Lippen einige Zentimeter zurück.

„Mailand?", fragte er.

„Ospedale Croce Rossa, Via Manzoni, Mailand. Sehr weiträumig, unterbelegt, eine Flut müßiggängerischer Schwestern und gutes Essen."

„Schwerverletzte?"

„Einen. Der arme Kerl."

„Buck Henson?"

„Ja. Kennen Sie ihn?"

Die Schwester griff unter Theos Achsel und zog ein Fieberthermometer hervor, betrachtete es und schüttelte es aus. Sie setzte sich auf einen Stuhl neben Theos Bett. Er habe riesigen Hunger, sagte Theo und dachte an Buck.

Sie hole ihm etwas.

„Wie heißen Sie?"

„Maria Venca, gebürtige Italienerin, aber schon immer amerikanisch, wenn Sie mich fragen. Ich hol Ihnen etwas zu essen."

Maria ging zur Tür, sah ihn an und verließ das Zimmer. Theo setzte sich auf. Er wurde von Dutzenden Nadeln gepiekt. Er zwang sich, nicht vor Schmerz zu stöhnen. Buck war hier. Dieses Wissen verbot Theo, zu stöhnen. Buck war hier. Theo ging zum Fenster, stöhnte heftig und wusste kaum, wohin er sich vor lauter Schmerz zuerst greifen sollte. Er stützte sich beidhändig aufs Fensterbrett und schrie, als durch die Anspannung der Muskeln aus den Nadeln Nägel und Schrauben wurden. Er murmelte einen Fluch und sah auf einen kopfsteingepflasterten ummauerten Hof hinab, in dem drei Rote-Kreuz-Lkws standen und ein Leichenwagen. Über der Mauer bewegten sich Baumkronen. Theo tastete seinen Oberkörper in dem gestreiften Pyjama ab, der ihm nicht gehörte, zuckte, atmete. Er öffnete das Fenster.

Ich hätte tot sein können, schoss es ihm durch den Kopfschmerz. *Hätte sein können. Könnte.* Onkel Paul baumelte im Wind.

Es klopfte, und Ernest trat ein. Er ging auf zwei Krücken.

„Henningsen."

„Schlechtes Namensgedächtnis, Mannlicher."

„Henson ist hier."

Ernest nickte. Er setzte sich und stellte eine Flasche Wein auf den Tisch, und die Sonne schien durch die Flasche und machte einen sich bewegenden grün-roten Schatten von Blut und Fäulnis auf die Tischplatte. Theo krauste die Stirn. Ernest zuckte die Achseln und sagte, man lebe nur einmal und Henson gehe es auch nicht besser, wenn sie diesen Wein jetzt nicht trinken würden. Punkt. Ein andermal, sagte Theo.

„Ich versteh das, aber richtig ist es nicht", sagte Ernest. „Ich glaube nicht, dass Henson etwas dagegen hätte."

„Es ist ziemlich einfach, zu eigenen Gunsten über den vermutlichen Glauben anderer Leute zu spekulieren."

Ernest hob abwehrend die Hände und humpelte zur Tür, sah auf den Flur hinaus, als suche er nach jemandem, und beeilte sich, ins nächste Zimmer zu gelangen.

Die anderen Patienten waren allesamt amerikanische Rote-Kreuz-Helfer und wie Theo leicht verwundet. Sie spielten Karten und tranken, und ihr Gelächter trotzte den ganzen Tag über den Flur, dessen spiegelnder Boden ein gleißendes, blendendes Band zwischen den rauen, matten Wänden war.

‚Die Apokalypse der Front ist hier weiter entfernt als die Sonne über den Dächern von Mailand‘, schrieb Theo. Zehn Millionen Menschen hatte der Krieg mittlerweile in die Erde gerieben. Die Lebenden, die den Toten in den Krieg folgten, wurden vorsorglich einander angeglichen, kurzhaarig, uniformiert, bar jeglicher Individualität, gehorchend. Soldaten hatten kein Recht auf freie Meinungsäußerung, sogar die Sprache wurde ihnen abgeschnitten.

‚Das Allerletzte, das ich jemals werde‘, schrieb Theo, ‚ist Soldat. Aber was soll ich überhaupt noch werden, nach all dem?‘ Er schrieb lange Briefe nach Riverside, und er fragte Maria täglich, wann es erlaubt wäre, Buck zu besuchen. Die Tür zu Bucks Zimmer war die einzige, die ständig geschlossen war. Theo sah Ärzte und Schwestern mit silbernen Schüsseln in das Zimmer gehen und kurz darauf blass mit denselben Schüsseln wieder herauskommen, aber sie trugen die Schüsseln dann anders als zuvor, sie trugen sie weiter vom Körper entfernt und sahen über sie hinweg, obwohl die Schüsseln abgedeckt waren.

Theo ging oft vor der Tür zu Bucks Zimmer auf und ab, und er begegnete Maria ebenso oft auf dem Flur. Sie war klein, knapp über 1 Meter 60, und wenn sie ihr Haar löste, fielen ihr die schwarzen Locken bis in die Mitte des Rückens. Im seitlich einfallenden Licht warf ihre Nase einen energischen Schatten.

Ihre Augen seien eher schwarz als braun, sagte Theo. Und seine flatterten, wenn er vor dieser Tür stehe, Theo Mannlicher.

Theo hatte seine Kraft noch nicht wieder, Arme, Beine und Oberkörper schmerzten noch und er stellte sich vor, dass Maria ihn nahm, ihn ins Bett legte und ihm ihre Brüste zeigte und sich auf ihn setzte und er nichts weiter tun musste, als ihre Brüste zu streicheln und Maria alles Weitere machen zu lassen.

,Das Grauen', schrieb er, ,geht Hand in Hand mit der Schönheit. In einem Menschenleben kreuzen sich so viele grundverschiedenen Wege, dass der Wahnsinn eine willkommene Lösung werden kann. Der Tod ...' Theo hielt inne, überlegte, das Wort wieder zu streichen, ließ es aber stehen, ohne den Satz weiterzuschreiben.

Am Abend kam Maria in Theos Zimmer und schloss die Tür ab. Sie setzte sich auf die Bettkante, Theo ließ das Buch sinken. Maria küsste ihn. Ihre Zunge war auf seinen Lippen. Das erste Mal, dass ihn eine Frau so küsste.

„Er weiß, dass du hier bist. Du sollst morgen zu ihm kommen", sagte sie. Sie zog die Vorhänge zu und starrte Theo an. Sie legte sich einige Minuten voll bekleidet zu ihm ins Bett und drückte ihn fest an sich. Theo spürte die Härte ihrer angespannten Arme. Sie atmete erleichtert durch die Nase aus, lockerte die Umklammerung, stand auf und zog die Vorhänge wieder auseinander. Theo fragte, ob es schlimm sei mit Buck.

„Schlimm ist gar kein Ausdruck. Ich bete täglich für ihn. Es wäre besser, er stürbe. Bevor ich hierherkam, hab ich viele gesehen, die tot sein wollten."

„Tot sein wollten?", hörte Theo sich fragen.

„Ja", sagte Maria. *Und er lachte, er stand auf dem wackeligen Holzhocker und hatte sich die Schlinge um den Hals gelegt und er lachte, hörte sich lauthals lachen, und dann war der Hocker weg und er hörte sein Lachen zu einem Krächzen werden und die Hütte drehte sich um ihn …*

Theo ging den Flur hinab. Der Boden war so blank, dass er im Licht blendete. Ernest humpelte in sicherer Entfernung einer blonden Krankenschwester hinterher, und jedes Mal, wenn sie stehenblieb, um mit einer Kollegin zu reden, verschwand Ernest, so schnell es die Krücken erlaubten, in einer Tür, oder drehte sich zu einem Fenster um und sah hinaus. „Agnes von Kurowski", flüsterte Ernest Theo ins Ohr und spähte den Flur entlang und atmete durch die Nase aus, als wüsste er, dass er kein Glück haben würde, und sei im Voraus traurig.

„Ich geh zu Buck."

„Ohne Hilfe", sagte Ernest, „ist man ein Nichts. Dumm nur, dass wir uns nicht helfen lassen. Wir werden allein sterben."

„Verrecken müssen wir alle, aber allein zu sein dabei ist so ziemlich das Letzte. Früher starb man im Kreise der Familie."

„Je weiter die Menschheit geht, desto einsamer wird der Mensch. Aber Schluss jetzt damit. Geh zu Buck, Theo, geh hin."

Theo legte die Hand auf die Türklinke und betrat das Zimmer. Es war groß und hell, und die Fenster gingen zum Park hinaus und rahmten Hitze, blauen fernen Himmel und knurrende Baumkronen. Bucks Bett war von Vorhängen umschlossen. Theo hörte das Ziehen und Pressen einer Beatmungsmaschine. Er trat hinter den Vorhang. Er erstarrte. Er schloss die Augen, atmete und öffnete die Augen wieder. Lauter Schläuche, selbst mitten in Bucks Gesicht, das kein Gesicht war. Sein Herz polterte, und ihm war, als schwelle sein Hals an.

„Ja, wir können so etwas machen", sagte der Oberarzt, „wir können das. Wenn er für seine Familie tot sein will, soll er tot sein, das ist legitim."

„Wohin kommt er dann?"

„Jedes Land hat Heime für solche Männer. Auch Amerika. Sie werden verstehen, dass die Adressen geheim gehalten werden. Diese Männer leben dort unter sich. Eine Schar Gesichtsloser, Genitalloser, Arm- und Beinloser. Was immer Sie wollen, Mannlicher. Eine erlesene Gesellschaft. Ich stelle die Totenscheine für diese Männer aus."

Der Oberarzt zündete sich eine Zigarette an, verhüllte sein Gesicht in Rauch und tippte mit dem Bleistift auf den Tisch.

Theo sah auf den Zettel in seiner Hand. Buck hatte kindliche Buchstaben gemalt: Brif, Frau, Tod, Bitte.

„Ich kann das machen", sagte der Oberarzt erneut. „Ich kann das." *Der Mann nannte sich Totmacher. Er war ein unauffälliger Typ, blond, mittelgroß, ordentlich. Aber wenn er redete, hörten alle seiner knurrenden Stimme zu. Sein Selbstbewusstsein überstieg alles, was der lange, dünne Mann mit dem Schreibblock je erlebt hatte. Ich bin der Totmacher. Mein Bleistift macht tot.*

Theo ging in sein Zimmer zurück. Mit verschränkten Armen stellte er sich ans Fenster und sah in den Hof hinab. Der Leichenwagen fuhr durchs Tor hinaus.

Buck totschreiben. Theo war sich sicher, einen schriftstellerischen Stil gefunden zu haben, durch den er papierene Figuren zum Leben erwecken konnte, sie zu Menschen in der Welt machen, die den Leser begleiteten. *Warum also,* dachte er, *soll ich nicht auch totschreiben können? Jedes billige Stück Stahl reicht aus, um uns zu vernichten.* Theo nahm die Cognacflasche vom Tisch und trank. Er dachte an John Butcher und dessen Formulierung von der anderen Lebensform, er dachte an Onkel Paul, er dachte an das Bett seiner Eltern und den roten Pyjama.

Wenn Buck, wenn das Schlauchwesen den Tod wollte, sollte es ihn bekommen. Theo trank. Das Wesen atmete, konnte noch hören und aus einem Auge sehen, riechen nicht mehr, *Hilfe, Buck, Hilfe, du lebst, deine Frau, vielleicht könntest du bei deiner Frau in Oklahoma sitzen, still, auf der Terrasse, vielleicht will sie dich auch so haben, wenn ich nur beten könnte, trink, Junge, trink ruhig.*

Er beugte sich und flüsterte dem Schlauchwesen ins Ohr, dass er da sei. Er fragte, ob das Wesen sich sicher sei, dass es für die Frau in Oklahoma entscheiden wolle. Das Wesen schrieb Ja auf den Zettel.

Theo merkte, dass das Wesen ihn aus dem Auge beobachtete, und er zwang sich, den Blick zu erwidern. Das Auge war groß und starr, und es war unmöglich, etwas daraus abzulesen. So gut Theo Bucks Blick kannte und wusste, wie oft der die Augen zusammengekniffen, gelächelt oder voller Skepsis die Brauen verzogen hatte, war ihm das Auge jetzt vollkommen fremd. Es hätte ihn anschreien können, und

Theo hätte es nicht bemerkt. *Und vielleicht,* dachte er, *schreit es und wartet auf die eine Frage, traute sich bisher nicht, es zu formulieren, und braucht meine Hilfe.*

„Willst du sterben, Buck?"

Theo hielt den Block fest, und Buck malte ein n. Theo lächelte das Auge an, während aus seinem Magen Säure in seinen Hals stieg und seine Knie weich waren und Theo überall sein wollte, nur nicht hier an diesem Bett im Geräusch dieses Atems.

Theo schrieb Briefe an Frau Henson. Er saß am Fenster und hielt die Linke schattenspendend über die Blätter. Immer wieder riss er das eben beschriebene Blatt vom Block, warf es in den Papierkorb, holte es wieder heraus, las, welche Lügen er dort formuliert hatte, und schüttelte den Kopf. Er kratzte sich am Ohr, hörte ein langgezogenes niemals, niemals, niemals, kratzte wieder und dachte, dass Onkel Paul auch nur ein Nichtsnutz gewesen sei.

Er schrieb, dass Buck ein Freund gewesen sei, der viel von seiner Frau erzählt habe, er schrieb, dass er von einer Kugel mitten in die Brust getroffen und sofort tot gewesen sei. Er schrieb von der Feldküche und van Holden, er schrieb sogar von dem Bach, und dann zerbrach er den Bleistift, wischte all die Briefe vom Tisch. „Du lebst, Buck", schrie Theo, ohne dass ihn jemand hören konnte. Und dann packte Buck ihn bei den Schultern, schüttelte ihn durch, und die Fratze war dicht vor Theos Gesicht, und Buck schrie ihn an, dass er lebe, dass das aber niemanden etwas angehe, und Theo wurde nass von all den Teilchen, die sich während des Schreiens aus der Fratze und den Schläuchen lösten.

Er schrieb einen kurzen Brief. Buck sei tot, Herzdurchschuss. Er sei Theo Mannlicher und verbürge sich für die Richtigkeit seiner Worte. In Trauer. Hochachtungsvoll.

Er trank. Er faltete den Brief zusammen, verstärkte die Knicke, indem er sie durch die Nägel von Daumen und Zeigefinger zog, und steckte den Bogen in einen Umschlag. Er brachte ihn zur Poststelle neben der Eingangstür. Er ging hinaus in den Park und setzte sich auf eine Bank in der Sonne. Die Hitze presste ihm Schweiß aufs Gesicht. Er sah sich nach der Tür um: Eine fast drei Meter hohe Flügeltür mit hölzernem Rahmen und spiegelndem Glas. Fehlte nur noch eine Zunge und Zähne.

Am Nachmittag desselben Tages teilte Maria ihm mit, dass Buck keinen Besuch mehr empfangen wolle. Er lasse ihn grüßen, es gehe ihm gut, habe er auf einen Zettel gekritzelt.

„Ich fände es schön, wenn du mich Mary nennen würdest", sagte Maria. Theo nahm das Kruzifix von der Wand in seinem Zimmer. Es war leicht, und Jesus guckte traurig.

Ob er etwas gegen Jesus habe?

Der sei bestimmt ein prima Kerl gewesen. Die Kirche habe einen Narren aus ihm gemacht.

„Lass es hängen, Theo. Du verlierst nichts, wenn es hängen bleibt."

Theo schmiss es in den Papierkorb.

„Dieser verdammte Krieg", sagte Mary und hängte das Kreuz wieder an den Nagel. „Gott ist unsere letzte Hoffnung."

Sie zog die Vorhänge zu, entkleidete sich, nahm Theos Hand und ging mit ihm zum Bett.

„Warte", sagte Theo, als Mary sich hinlegen wollte. „Bleib stehen." Er setzte sich auf die Bettkante und sah Mary an. Das schwarze Haar, die Augenbrauen, die Nase, die Lippen. Er sah ihren Hals an, auf dem sich eine Ader bewegte, die Brüste mit den kleinen dunklen Brustwarzen, er sah und sah. „Erzähl mir etwas, Mary, lass mich deine Stimme hören."

„Ich komm jetzt zu dir", sagte sie.

II

„Leben, wohl dem, dem es spendet Freude, Kinder, täg-
lich Brot, doch das Beste, was es sendet, ist das Wissen,
dass es endet, ist der Ausgang, ist der Tod. "

Fontane

9

Der geschriebene Tod

Theo und Mary heirateten in Mailand. Mutter und Onkel Owen schickten Geld für eine Reise durch Italien. Sie fuhren nach Rom, wo sie tagelang durch die Stadt marschierten, abends miteinander schliefen und Theo sich jedes Mal vornahm, nach der Liebe allein durch die Nacht zu wandern, jedoch immer erst weit nach Sonnenaufgang wach wurde. Sie verbrachten eine Woche auf Capri und nahmen dann den Zug nach Florenz.

Marys Tante arbeitete als Haushälterin in einem Landhaus nahe Fiesole oberhalb von Florenz. Theo und Mary konnten für einige Wochen bei ihr wohnen, und Theo ließ sich allabendlich Italienisch von der alten Frau lehren. Er ließ sich von Mutter seine Manuskripte schicken und arbeitete in einem Zimmer, das ein Fenster zum Innenhof des Hauses hatte. Der Innenhof war mit Naturstein gepflastert, und überall standen Terrakottatöpfe mit Pflanzen, und eine kopflose Skulptur hielt eine Schale mit Weintrauben. Im Gebüsch vor den Stufen zum Haupteingang standen zwei Mausefallen, die Theo täglich zuschlagen hörte. Marys Tante überprüfte die Fallen mittags und abends.

Theo las die Geschichten, die er in Amerika geschrieben hatte. Er schmiss die Texte über den stilisierten Onkel Owen ins Kaminfeuer. Dann heftete er die Storys über den todesverachtenden Hein Paulsen ab und machte ein Fragezeichen auf den Hefter. Ein Fragezeichen sei etwas Interessantes, sagte Mary und las die Hein-Paulsen-Geschichten. Sie hielt sie für „nett", erwarte von Theo allerdings mehr als solchen naiven Kram. Er solle nicht denken, damit etwas werden zu können. Stilistisch sei er wirklich gut, sagte sie, einige seiner Figuren höre man geradezu reden. Sie legte die Blätter auf die Schenkel, strich darüber und hob eine Augenbraue, aber sie beide wüssten genug, hätten genug gesehen …

Theo schrieb vormittags und verbrachte den Rest des Tages mit Mary. Sie liebten sich im nach Alter riechenden Bett der Tante, aßen Marys Pastaspeisen, fuhren mit Fahrrädern nach Florenz hinunter, das in einer schwefelgelben Wolke von Sonne und Staub in der Ebene lag. Von Fiesole aus wirkte der weiße Dom mit seiner roten Kuppel und dem Campanile unwirklich groß. Der Arno war ein schlammfarbenes Band, das die Stadt zerschnitt.

Theo und Mary sahen sich die Paläste und Kirchen an. Mary mochte Santa Maria Novella in der Nähe des Bahnhofs am liebsten, Kirche und Bahnhof, das sei so eine seltsame Verbindung. Theo bevorzugte San Miniato al Monte, weil es schattenspendende Bäume gab dort oben auf dem Hügel und weil die Kirche bescheidener war als der Dom und die

Basiliken unten in der Stadt. Hinter der Kirche San Miniato al Monte lag ein von Mauern umgrenzter Friedhof. Theo schlenderte oft über den Friedhof. Jedes Grabmal war ein Kunstwerk. Es gab kleine Straßen, die links und rechts von Totenhäusern mit Portalen gesäumt waren, wo bronzene Engel weinten oder in den Himmel sahen oder Gefallene auf den Armen trugen. Die Engel waren allesamt weiblich, und sie waren schön in ihrer Trauer, vollendete Frauen mit klaren Gesichtszügen, klassischen Nasen und mit Brustwarzen, die durch ihre Gewänder drängten. Zwischen Bäumen und Sträuchern ragten wettergrüne Flügel empor, wies ein langer Zeigefinger in den Himmel, hob sich ein Gesicht der verhangenen Sonne entgegen. Theo machte Dutzende Skizzen.

„Eine schöne Totenstadt", sagte er. Er las Namen: Bruno Via 1862-1917. Enno da Ponte, Capitano, 1866-1917. Gab es ein Grab für Buck Henson? Lebte Enno da Ponte noch? Theo blieb vor dem Grab stehen. Enno da Ponte, 1917. Dunkle Rosen umgrenzten das Grab, der Grabstein war mannshoch mit einer Bronzeplakette, die das Gesicht des Captains im Halbprofil zeigte. Der Mann hatte buschige Augenbrauen und einen Schnurrbart, die Nase war lang und gehakt, die Wangenknochen deutlich. Lebst du noch? Enno, gibt es dich noch, und das hier ist eine Täuschung?

Theo sah zwischen den Grabmälern und Bäumen zur Sonne hinauf, und für einige Sekunden schob sich ein schwarzer Schatten vor die Sonne, dick genug, um das ungeheure Licht abzuschirmen und die Sonne zu halbieren. Er blinzelte, rieb sich die Augen und stützte sich für einen Moment auf den Knien ab. Als er sich beruhigt hatte, suchte er nach Mary und fand sie im Gespräch mit einer Frau, die Blumen in der einen und eine Schippe in der anderen Hand hielt. Sie redeten Italienisch. Theo hörte Mary gerne Italienisch reden, sie war ihm dann fremd, und Theo dachte, dass das Fremde zu lieben besonders reizvoll sei.

Mary betete meist, wenn sie in einer Kirche waren. Manchmal las sie eine Zeitung, weil Kirchen so herrlich ruhig seien, wie sie sagte. Theo lächelte sie an, schüttelte aber den Kopf, wenn sie ihn fragte, ob er nicht auch einmal beten wolle, zu verlieren gebe es dabei nichts. Er staunte, wie viel Kraft Mary aus einem Gebet oder allein aus dem Aufenthalt in einer Kirche ziehen konnte. Wenn Kriegserinnerungen sie plagten oder wenn sie Theo zuflüsterte, dass es nicht in Ordnung sei, Oralverkehr zu haben, und sie all diese Sorgen mittrug in eine Kirche, dann kam sie unbelastet und gutgelaunt wieder zum Portal heraus, strich ihr Kleid glatt, lächelte und drehte die Handinnenflächen mit einem leichten Heben der Schultern nach außen.

„Eure Kirchen sind steingewordene Schnapsflaschen", sagte Theo.

William schrieb ihm aus New York.

‚Das Grauen, Theo, das Grauen. Wir müssen das individuelle Leid abstrahieren, wer das Leid hat, leidet für uns alle, wie Christus sein Tun uns gewidmet hat, oder ein Mann namens Jean Calas aus Toulouse, der im Jahre 1761 gerädert worden ist, weil er angeblich ein Familienmitglied zu Tode gebracht hatte; weißt du, was das heißt? Er wurde auf ein Rad gebunden, und der Henker hat ihm mit einem riesigen Hammer Arme, Beine, Rippen und Schultern zertrümmert, alle Knochen mehrfach zerbrochen; hat der Krieg, dieser große Zerbrecher, deine Einstellung zum Tode verändert, Theo, bist du geläutert?‘

Ja, antwortete Theo, die Einstellung habe der Krieg geändert, aber auf Williams Seite stehe Theo deshalb noch lange nicht. Über zehn Millionen Leichen habe der Krieg produziert. Die Kirchen hätten nichts dagegen unternommen. Wann fühle sich die Kirche schon so wohl wie in Zeiten des größten Sterbens und Tötens? ‚Vielerorts werden Leichen beweint, die es gar nicht gibt, weil der Krieg dem Tod die Leichen gestohlen hat. Außerdem‘, schrieb Theo, ‚gibt es Menschen, die von sich behaupten lassen, dass sie tot seien. Sie entscheiden für Angehörige und Freunde, dass der Tod besser sei als der Rest ihres Gesichtes oder ihrer Beine oder Genitalien. Sie eignen sich den Tod an, obwohl sie leben. Ist das eine Sünde, William? Ist es eine Sünde, zu sagen, man sei tot, obwohl man noch lebt?‘

Nach einigen Wochen stellte Theo sich vor Mary, die lesend auf den Stufen zur Wohnung der Tante saß, steckte die Hände in die Hosentaschen und zog die Taschen nach außen. „Kein Geld." Theo hatte keinen Beruf, Mary keine Stelle mehr. „Scheißarbeit", sagte Theo. „Hab ich früher auch gemacht. Ein bisschen arbeiten und viel schreiben, das ist es, was ich will. Schreiben. Der Einfachheit halber erst einmal in Riverside."

Mary hob den Daumen.

Theo beugte sich zu ihr hinab und küsste sie. „Unkompliziert und unbekümmert", sagte er, „stünde über einem Personenprotokoll, wenn du eine Figur in einer meiner Geschichten wärest."

Er fühlte sich wohl, er schlief jeden Tag mit Mary, und das machte Gedanken und Körper leichter. Er schrieb schnell und konzentriert, anfangs an einem kleinen Tisch im Schlafzimmer, während Mary hinter ihm im Bett lag, später allein am Ende des Flurs unter einem glaslosen Oberlicht, und Mary sagte, man sehe ihn kaum, wenn man aus dem Hellen in den Flur komme, höchstens schemenhaft.

Aber seit den Tagen an der Alpenfront und am Bett von Buck Henson war da auch etwas anderes, ein Schatten, eine Erkenntnis, ein böses Lachen über Onkel Paul, aber auch eine achselzuckende Akzeptanz seines Tuns. *Ein Stoß mit dem Fuß, ein Schuss nur, und schon ist alles vorbei und leicht, hey, was soll das, nicht übertreiben, wer sagt denn, dass das schlimm ist, der Tod*

ist nicht schlimm, du merkst ihn ja nicht. Ja, aber, aber
... sagte der andere. Kein Aber, hey, was denn. Alles nur
Gerede. Junge, verrecken müssen wir alle. Ja, aber, da
gibt es eine Stimme in mir ... Scheiß drauf.

Alle zwei, drei Wochen senkte sich der Schatten
auf Theo. Die Sonne wurde schwarz. Unter jedem
Personenprotokoll stand: Stirbt wie alle anderen.

Mary hatte ihm gesagt, sie habe einige Männer vor
ihm gehabt, ob das ein Problem für ihn sei. Nein,
sagte er, im Gegenteil, an Jungfrauen habe er kein
Interesse.

Er lag seitlich aufgestützt neben der nackt schlafenden Mary und sah ihre Brüste an. Er hatte noch kein
besseres Wort für Brustwarzen gefunden und sich darüber auch seit dem Verlassen der *S.S. Chicago* keine
Gedanken mehr gemacht, aber je länger er jetzt Marys dunkle Brustwarzen ansah, die weich waren in der
Hitze, desto erregter wurde er. Brustkrone? Brust...
ja was denn? Er masturbierte auf Marys Brüste. Mary
schlief weiter.

Theo schrieb die Geschichte eines Kriegsheimkeh-
rers, der ein Bad nahm, sich in der dampfenden Wan-
ne rasierte, sich einseifte und abschrubbte, sich einen
dunkelblauen Anzug anzog, eine Krawatte umband
und an einem zwar regnerischen, aber warmen Tag
zum Krankenhaus spazierte, um dort seine Frau und
das Neugeborene abzuholen. Im Krankenhaus sagte

ihm eine Schwester, dass Mutter und Kind während der Geburt gestorben seien.

Mary weinte, als sie die Geschichte las. Das sei wirklich gut, sagte sie, sie beneide ihn fast dafür, dass er so etwas könne. Kein einziges Adjektiv, totale Distanz und doch so viel Gefühl. Theo schickte die Geschichte an eine Zeitung in New York. Als Mary und er in Riverside ankamen, war die Story bereits publiziert. Mutter, Owen und Silvia gratulierten ihm zu seiner Ehefrau und zur Veröffentlichung.

Der Verleger fragte an, ob Theo mehr solcher Storys habe, und Theo stand mit den Händen in den Hüften auf der Wiese hinter dem rosafarbenen Haus, sah in den nahen Wald, Stamm neben Stamm bis zu einer dunklen Wand von Holz unter rauschenden Baumkronen. Theo freute sich und wurde gleichzeitig von undeutlichen Gefühlen beschlichen. Die Sucht nach dem Schreiben aber ließ ihn das vergessen, und im Laufe der nächsten Monate wurden mehr und mehr Geschichten von ihm veröffentlicht, und dann wurde ein erster Band mit Kurzgeschichten von Theo Mannlicher bei Scribner's verlegt.

Theo Mannlicher, „Abgeknicktes Leben", Zwölf Kurzgeschichten, Scribner's and Sons, New York 1920

Theo hatte begonnen, wieder in der Sägemühle zu arbeiten, drei Tage pro Woche.

Wenn er sich morgens um sechs auf das Rad setzte,

um zur Mühle zu fahren, dachte er, er könne die Arbeit dort wenigstens als Muskeltraining betrachten, aber nach spätestens einer halben Stunde Bretterschichten und mehreren Niesanfällen, die ihm das Sägemehl verursachte, tat er, was er beim Arbeiten immer tat: Er fluchte und dachte, dass Arbeit menschenunwürdig sei. Das allerdings konnte er niemandem anvertrauen. Und es war ja auch falsch, verdammt ja, wohin sollte er mit seinem Schreiben schon kommen, wenn nicht in den Ruin? Einen Beruf zu haben – das wär doch was gewesen. Er dachte an die Bettler in Manhattan, die zerlumpt im Financial District auf den Stufen hockten, von der Polizei verjagt wurden und grau und gebeugt in Häuserschluchten verschwanden. Theo wollte keine weitere finanzielle Hilfe von seiner Mutter annehmen. Er wollte allein für sich und seine Frau sorgen.

Durch Silvias Fürsprache bekam Mary eine Stelle als Krankenschwester in New York, und sie bezogen ein Zwei-Zimmer-Holzhaus am Eingang zur Hauptstraße von New Riverside. Man konnte das Häuschen, dachte Theo, entweder als das erste oder das letzte des Ortes betrachten. Der Wind wohne in diesem Haus, sagte er und kleisterte die Spalten in der Außenwand zu. Owen und Bob halfen Theo, eine Scheune in den Garten zu bauen, groß genug für einen Schreibtisch, einen Stuhl und ein schmales Bücherregal.

Er begann über das Schlauchwesen zu schreiben. Um während der Arbeit an dem Roman nicht in Depressionen zu verfallen, lief er täglich für eine Stunde durch den Wald. Meist ging er allein, manchmal kam Mary mit, manchmal Bob. In diesen Monaten trug Theo voller Stolz die Erstausgabe seines Buches in der Tasche der Lederjacke und betastete den hellblauen Leineneinband.

Der Tod sei ein erfolgreicher Typ, sagte er während eines Waldspaziergangs zu Bob.

„Ich scheiß auf die ganze Sache mit dem Tod und all den Kram", sagte Bob. „Ich mein, ich fand es immer sehr erfrischend, in dir einen Intellektuellen zu sehen, der dieses Thema ebenso angeht. Und jetzt bist du wie alle anderen und hast Erfolg mit Storys, in denen der Tod romantisch ist."

„Romantisch? Blödsinn."

„Ach ja, dann zeig mir mal einen einzigen Leser, der das nicht so sieht. Natürlich hat ganz New Riverside dein Buch gelesen. Ist ja wohl klar, der deutsche Einwanderer, der für Amerika in den Krieg zieht und Bücher schreibt."

Während Bob weiterredete, dachte Theo, dass diese Verkürzung – Einwanderer, Krieger, Schreiber – zwar romantisch klang, der Faktenlage aber entsprach. Theo war Theo, aber jetzt gab es auch einen Theo Mannlicher in den Augen ihm völlig unbekannter Menschen, 1984 Menschen, denn so oft war sein Buch bisher verkauft worden. 1984 Leben. 1984 Tode. Er trat ein Steinchen in die Büsche am Wegrand und hörte Bobs Worte wieder an seine Ohren dringen.

Theo holte das Buch aus dem Koffer und ging hinaus auf die Terrasse. Die Erstausgabe, 80 Jahre alt. Für ein Debüt hatte es sich gut verkauft und lobende Kritiken bekommen. Er blätterte die Seiten durch, fuhr mit dem Zeigefinger über die Blattkanten, las aber nicht, strich über das Papier und den Einband. Er hatte ein Regal in die Scheune gebaut und das Buch wie eine Reliquie zwischen zwei Kerzen daraufgestellt und sich bei den neuen Arbeiten davon inspirieren lassen.

Viele Jahre später, nach jenem Tag in China, nach dem zweibeinigen Büffel, nach dem Zerreißen der Zeit und des Himmels, hatte er überlegt, seinen Namen zu ändern und all seine Geschichten und Romane zu leugnen. Bill, sein Lektor bei Scribner's, riet ihm ab. Theo würde reich und berühmt, wenn er weiterhin sterben ließe, das sei doch eine wunderbare Sache, und nichts sei so sicher wie der Tod, vor allem als schriftstellerische Einnahmequelle.

„Lass sie sterben, Theo, kein Happy End. Das ist eine feine Sache, das ist das beste. Du wirst Millionär werden und ich auch. Du hast die einfachen Leute auf deiner Seite durch den Tod, und du hast die kritischen Intellektuellen, die immer denken, dass Katastrophe und Tod gleichbedeutend seien mit Tiefe. Gott, Junge, wenn du jemandem sagst, dass du jede Menge Probleme hast, dann hält der dich auch für intelligent. Vor allem in deinem Geburtsland wirst du gefeiert werden, solange alles hübsch dunkel ist, Theo, vor allem in Deutschland. Dunkeldunkel."

Bill – er hatte immer schwarze Anzüge getragen, Theo hatte ihn nie in anderen Kleidern gesehen. Bill hatte die Hände über dem Kopf zusammengeschlagen, als Theo ihm sagte: „Ich lasse nicht mehr sterben. Ich streiche das Wort Tod."

Theo hatte Bill immer gemocht. Sie hatten viel über Literatur geredet, das war die Welt, in der sie sich trafen. Obwohl er Bill als Freund bezeichnete, wusste er beinahe nichts über dessen Privatleben. Bill hatte Theo bei Scribner's großgemacht, noch bevor der legendäre Maxwell Perkins Hemingway dort großmachte. Noch heute lächelte Theo, wenn er die 5th Avenue hinaufging und auf der Außenwand des Verlagshauses die Aufschrift las: „Charles Scribner's & Sons # Publishers And Booksellers # Founded 1846". Oft war er von dort aus mit Bill zigarrerauchend zum Central Park gegangen, wo sie ihre Mittagspause verbrachten, um dann weiterzuarbeiten, der eine schreibend, der andere lesend. Und wenn er das mit dem Tod jetzt auch völlig anders sehe, hatte Bill gesagt, so könne er das leicht für sich behalten. „Wir Literaten sind Gaukler, Theo. Also gaukle. Deine Privatmeinung interessiert niemanden."

Jahrzehnte später, in den 70ern, als Bills Blutkreislauf längst erstarrt war, als Erster und Zweiter Weltkrieg Berge von Papier füllten und Theo von jungen Büffeln in Kwei Lin träumte, hatte er gelesen, dass Canetti den Roman „Der Todfeind" hatte schreiben wollen, die Geschichte eines Mannes, der die Unsterblichkeit für die Menschen erlangen wollte. Canettis Plan war, den Todfeind am Ende von einem Meteor erschlagen zu lassen. Solche Übereinstimmung im Geiste zwischen Canetti und ihm, und so wenig Vergleichbares in Werk und Leben.

Aber Canetti hatte den Roman nicht geschrieben, hatte gesagt, dass es ihm damit so bitterernst sei, dass er keine Romanfigur vorschieben könne, sondern sich selber lächerlich machen müsse. Auch Theo hatte von dem Vorhaben abgelassen. Der Tod war zu lange bei ihm gewesen, im Zettelkasten und im Kopf. Außerdem hatte er das Wort gestrichen.

Er hatte Canetti in London getroffen. Wann war das? 1970? 1975? 1980? ‚Feind Chronos‘, dachte Theo und zuckte die Achseln. Canetti hatte den Tod geleugnet und war am 14. August 1994 gestorben. In London hatten sie über zwei Stunden in einem vegetarischen Restaurant zusammengesessen, geschwiegen und sich dann lächelnd verabschiedet. Dieses Gespräch über den Tod sei ein sehr gutes Gespräch gewesen, hatte Canetti gesagt und sich von Theo in den großen grauen Mantel helfen lassen.

Nach dem Treffen war Theo noch einige Wochen in London geblieben, wo er sich mit Charlotte traf, um mit ihr durch England zu reisen. Er hatte die Geschichte von der Landung Außerirdischer geschrieben, die einzige Zukunftsgeschichte, die er je wagte.

Die Außerirdischen glichen den Menschen haargenau, waren lediglich technisch ein wenig weiter und konnten wenigstens ein klappriges Raumschiff bauen. Aber sie kannten den Tod nicht. Sie hatten kein Wort für ihn und starben nicht. Das hinderte die Menschen daran, Freundschaft mit den Außerirdischen zu schließen. Kirchenmenschen und Politiker versuchten, die Außerirdischen zum Sterben zu missionieren. Dann habe das Leben endlich einen Sinn. Der Papst wetterte aus Rom, die Außerirdischen müssen vom Teufel persönlich geschickt worden sein, und sagte den Weltuntergang voraus. Er rief auf zum Heiligen Krieg. Als die Außerirdischen belustigt über die Verschrobenheit der Menschen wieder abflogen, schlossen sich ihnen einige tausend Künstler an. *Da kann man gar nicht traurig sein, eine Kultur ohne Tod, Himmel, was können wir dort alles leisten, los Jungs, rein in die Kiste und ab zu den Sternen.*

Theo legte das Buch, das er die ganze Zeit in den Händen gehalten hatte, auf den Tisch. *Abenteurer des Geistes,* dachte er. Aus dem Wolkenstreifen war ein Wolkenberg am rechten Rand des Horizonts geworden.

Mary wurde schwanger. Theo fand auf seinem Frühstücksteller einen Schnuller. Er lehnte sich zurück und sah Mary lächeln. Er suchte nach Gedanken, aber da war nur Verwirrung und eine Freude, sonst nichts. „Wir müssen dann irgendwo zwischen all den Büchern eine Lücke für ein Kinderbett schaffen", sagte Mary. „Selbst in unserem Bad stehen Bücher rum, Theo.“

Theo schrieb in der Scheune den Roman über das Schlauchwesen. Bei Scribner's wusste man, dass Mannlicher an einem Roman arbeitete. Es gab keinen Vertrag, aber immerhin die Bitte, dass Theo das Manuskript zuerst an Scribner's schicken möge. „Ihr werdet die Ohren anlegen vor Staunen“, murmelte er, als er nach getaner Arbeit die Blätter stapelte.

Mittags besuchte er seine Mutter im Atelier, das sie in seinem ehemaligen Zimmer eingerichtet hatte. Sie trug jetzt oft einen weißen Handtuchturban um den Kopf. Sie färbte sich die Haare nach. Sie hatte das Atelierfenster sommers wie winters weit offen, und es roch eher nach Wald, nach Laub und Holz als nach den Ölfarben. Frauenbilder lehnten an den Wänden. Seine Mutter sah ihn lange an und skizzierte ihn. Sie drückte sich die Skizze an die Brust und ließ Theo nicht hineinsehen.

„Der Krieg vernichtet alles, was gut ist“, sagte sie.

Theo setzte sich auf einen Klappstuhl. Seine Mutter reinigte Pinsel, stellte sie in ein Glas mit Verdünnung und rieb sich die Nase, an der blaue Farbe blieb.

„Mein Theo“, sagte sie. „Du warst im Krieg. Du bist getroffen worden, am Körper und im Geiste. Wir hatten schreckliche Sorgen, und im nächsten Brief schriebst du, dass du verheiratet seist. Mary ist eine nette Frau. Sie ist hübsch. Aber, Theo, du ...“

Sie setzte sich und legte die Hände in den Schoß.

„Es ist der Sex, Theo. Du hast als letzter von uns damit angefangen. Dass Silvia sehr früh aktiv war, weiß ich so gut wie du. Mein lieber Lauscher. Du hast geheiratet wegen des Sexes, aber für Sex muss man nicht heiraten."

Theo schluckte. Er räusperte sich. Er wies mit dem Zeigefinger auf ein Bild, auf dem drei Männer mit Erektionen am Boden hockten und eine Frau anbeteten, die rauchend auf einem Stuhl saß, in der einen Hand ein Buch, in der anderen eine Kornblume.

„Kunstfiguren. Wir verrecken wie die Fliegen", sagte er. „Sensenmann, Freund Hein, Gevatter Tod, Knochenmann, Thanatos, die Radieschen von unten betrachten, ausgeschnauft haben, abkratzen, der Natur Tribut zollen, nicht mehr unter den Lebenden weilen, hinüber sein, den letzten Schlaf schlafen, entseelt sein, ex sein, dem schwarzen Mann begegnen."

„Mein lieber, lieber Junge."

Theo verließ das Atelier und ging im Nieselregen die Straße hinab zu dem Haus, in dem er mit Mary lebte. Nach dem Lärm im Krieg erschien ihm die Ruhe hier am Rande von New York so unwirklich, dass er sich im Tagebuch als Fisch in einem Aquarium bezeichnete, als Wesen in einer von oben versorgten Welt, hinter deren Glas sich die Wirklichkeit abmühte, annehmbar zu sein. Theo blieb vor dem Haus stehen, sah durchs Fenster Mary auf der Couch sitzen und in einer Zeitung blättern, und er ging in die Scheune, wo das Schlauchwesen nach ihm schnappte. Er hatte keine Abschrift des Briefes an Frau Henson gemacht, und es wunderte ihn, wie bruchstückhaft seine Erinnerung an den Brief war. „Ich war betrunken", sagte Theo sich und sah das Regal mit seinem ersten Buch an. „Ich war völlig betrunken, als ich diesen Brief geschrieben hab. Und ich hab jeden Tag geheult." Er legte die Hände vors Gesicht und versuchte sich vorzustellen, er hätte dieses Gesicht nicht mehr.

Keine Augen, keine Nase, keinen Unterkiefer. Er setzte sich an den Schreibtisch und griff zur Flasche. Er trank eine Stunde und ging zu Mary.

Er erzählte ihr von den Bildern in seinem Kopf.

„Wo bist du, Theo? Wo ist mein lieber Theo?", fragte Mary.

Er ging wieder hinaus. Es hatte aufgehört zu regnen, und er ging die Straße zur Kneipe hinauf. *Die Frau lag vor ihm im Bett. Auf ihrem Gesicht lag ein weißes Tuch. Flach, ganz flach. Der Tod jonglierte im Fenster sitzend mit menschlichen Teilen.* Theo trat nach einem Stein, suchte einen weiteren und trat ihn ebenfalls voller Wut in die Büsche am Wegrand. Er fluchte.

Buck Henson im Vorgarten des Todes.

Die Kneipe war mit hellem Holz getäfelt, das Theo in der Sägemühle zuzuschneiden geholfen hatte. Die Möbel waren weiß, die Decke hellblau gestrichen, und der Kneipe fehlte das Meer. Theo mochte die Kneipe wegen ihrer Helligkeit und weil er jederzeit damit rechnete, hier doch noch das Meer rauschen zu hören. Manchmal hatte er es gehört, und John, der Kellner, hatte genickt und gesagt, er höre es auch. Theo bestellte ein Bier.

„Siehst schlecht aus, Theo. Du schreibst zu viel."

Eine Frau in Begleitung zweier Männer kam in die Kneipe. Sie redeten über New York, Reisende mit Tuchtaschen und Mänteln, und Theo kniff die Augen zusammen, um die Leute klarer sehen zu können.

„Trink noch was, Theo", sagte John.

„Oh ja, das ist gut. Trinken ist gut, John, eine der besten Sachen überhaupt."

„Mann, zum Glück bin ich kein Schriftsteller."

„Ich weiß nicht, John, ihr Kellner solltet mehr schreiben. Wo und wann sind die Menschen schon so wahrhaftig wie in einer Kneipe, wenn's dunkel geworden ist und die ersten Biere im Magen schwappen?"

Theo nahm das frische Bier und trat an den Tisch der drei Touristen. Einer der Männer hielt die Hand der Frau.

„Guten Tag. Ich bin Theo Mannlicher, und ich habe eine Frage."

„Theo Mannlicher, der junge Autor?", fragte der Mann, der nicht die Hand der Frau hielt.

Theo nickte. Er sah die Frau an, sie hatte strichförmige, energische Lippen und trug ein graues Kostüm.

„Was wäre, gnädige Frau, wenn Ihr Freund hier kein Gesicht mehr hätte?"

„Entschuldigen Sie", sagte John und kam um den Tresen herum. „Entschuldigen Sie." Er legte Theo eine Hand auf die Schulter und drehte ihn um.

„Geh besser. Wenn du so bist, kannst du hier nicht bleiben."

„Nein?"

„Nein."

„Ich bitte um Verzeihung. Meine Dame, meine Herren."

Theo hielt sich an der Chromstange der Theke fest, als er auf die Tür zuging. Im Eingang drehte er sich um. Die vier Leute sahen ihn an, die Frau neigte den Kopf ihrem Gefährten zu und sagte etwas, und der Mann schüttelte den Kopf. John putzte sich die Hände an der langen weißen Schürze ab.

„Werd nicht wie Paul, Theo. Werd nicht wie dieser Dreckskerl."

Theo verließ die Kneipe. Nie zuvor hatte er jemanden Paul als Dreckskerl bezeichnen hören, und er fragte sich, wer Onkel Paul gewesen sein mochte, wenn er in der Kneipe gestanden und getrunken hatte.

„Sieh dir die Bilder an, die die chinesischen Weisen beim Schreiben zeigen", sagte Onkel Owen in Theos Scheune und schmiss leere Flaschen aus dem Fenster auf die Wiese. „Sie haben nur ein einziges Blatt vor sich, ihr Schreibgerät und sonst nichts, der Tisch ist vollkommen leer. Das ist Konzentration. Und das braucht keine Krise, wie du sie jetzt vorgibst zu haben. Du sagst, dein Blick sei verengt und das helfe am Text zu bleiben – nun, das mag stimmen, aber ich sage, dein Blick ist nicht nur verengt, sondern auch verdunkelt, und das hilft nichts und niemandem. Es kann zu nichts Gutem führen."

Theo schickte den Roman an Scribner's. Im Sommer 1921, drei Wochen vor der Geburt seines Sohnes Paul, wurde das Buch veröffentlicht.

DAS SCHLAUCHGESICHT

Roman von Theo Mannlicher, erschienen 1921. – Der Deutsch-Amerikaner Th. Mannlicher schrieb nach seinen Erlebnissen als Hilfssanitäter im Ersten Weltkrieg den Roman über einen Mann, der fürchterlich verwundet wird, Arme und Beine sind verkrüppelt, das Gesicht ist bis zur Unkenntlichkeit zerfetzt. Er will nicht, dass seine Frau ihn so wiedersieht, und lässt sich für tot erklären. Er bittet einen Kameraden, seiner Frau einen Brief zu schreiben, der seinen schnellen Tod schildert. Der Kamerad schreibt über 20 Briefe, die im Roman aufgelistet werden, auch die jeweiligen Korrektur-vorgänge an den einzelnen Briefen werden Wort für Wort gezeigt. Nach wochenlanger Arbeit entscheidet sich der Kamerad für einen „blumigen Brief, voller Romantik und einem blauen Himmel". Er entschließt sich, Schriftsteller zu werden.

Die Frau des Verwundeten besucht nach Kriegsende den Kameraden, der dickbäuchig geworden ist „wegen all der Ideen, die nicht rauswollen." Sie überführt ihn der Lüge. Der Mann verrät nichts, gibt der Frau aber den Namen des Militärarztes, der den Totenschein ausgestellt hat. Die Frau sucht den Arzt. Der erklärt sich bereit, ihr den Aufenthaltsort ihres noch lebenden Mannes zu nennen, wenn sie sich dem Arzt hingibt. So viel müsse das Leben doch wert sein, meint er. Die Frau schläft mit dem Arzt und besucht später ihren Mann in einem Heim, dessen Ort im Roman nicht preisgegeben wird. Die Szene des Wiedersehens ist – wie die Erotik- und Gewaltszenen – expressionistisch geschrieben, sie gibt kein klares Bild des Mannes und seines Aufenthaltsortes. Der Mann gesteht der Frau, dass er mittlerweile lieber tot wäre, als so zu leben. Es sei ein Fehler gewesen, um jeden Preis weiterleben zu wollen. Die Frau tötet ihren Mann und kommt dafür über zehn Jahre ins Gefängnis.

Mit seinem Debütroman hatte Mannlicher sowohl in Amerika als auch in Deutschland (die Übersetzung lieferte er selbst) großen Erfolg. Der Roman gilt als ein Meilenstein der Kriegsliteratur. Mannlicher selbst lehnte diese Kategorisierung immer ab, zumal das Kriegsgeschehen selbst nur einen Bruchteil der Handlung einnimmt. Große Teile sind innerer Monolog des Verwundeten, der Frau, des Arztes und auch des Kameraden, der den Brief schreibt. Späterhin wurde dieser Kamerad oft als das Alter Ego Th. Mannlichers interpretiert. Mannlicher selbst hat sich zu diesem Ansatz nie geäußert.

Ausgaben: NY 1921. – NY 1923. – Princeton 1929. – Harmondsworth 1939. – Ldn. 1948. – NY 1960. – NY 1982.

Kindlers Literaturlexikon

10

Nichts bleibt

Theo saß am Schreibtisch und kritzelte Augen. Die Augen gelangen ihm immer besonders gut, er malte sie schwarz-weiß und bettete sie in tiefe Falten vom Kummer und vom Denken. Die Augen kannten die schwarze Sonne. Er schmiss den Zettel weg und kritzelte Frauen in hügeligen Landschaften aufs Papier.

Es klopfte, und Owen kam in die Scheune. Sein Anzug hatte bräunliche Ränder am Kragen und am Revers.

„Ich seh dich immer gern mal schreiben, Junge", sagte Owen. Theo bot Owen einen Platz an, machte zwei Drinks fertig und sah Owen lange in die Augen.

Ob ein Schriftsteller im Krieg gewesen sein müsse, um über ihn schreiben zu können?

Ja. Kunst sei Krieg. Das ganze Leben sei Krieg.

„Schreib ein Buch über einen Mann, dem das Gesicht weggeschossen worden ist, und die Leser fliegen dir scharenweise zu. Ganz einfaches Rezept."

Owen sah aus dem Fenster, blies Rauchkringel aus und zupfte Flusen vom Revers.

„Ein gefährliches Land nicht betreten, in einem aufständischen Land nicht bleiben. Acht, dreizehn. Das Ich kann man nicht erkennen, wenn man nur in der eigenen Kultur bleibt. Ich hab ein Geschenk für dich." Owen griff in die Jackentasche und holte ein ledergebundenes Buch hervor.

Owen schenkte Theo ein chinesisches Wörterbuch. Er legte das Buch auf den Tisch und schlug es auf. Er erklärte Theo, wie man anhand der Anzahl und Reihenfolge der Striche, aus denen sich ein Schriftzeichen zusammensetzte, ein Zeichen finden konnte.

„Zur Not ist auch eine Abteilung Englisch-Chinesisch dabei. Dieses Zeichen hier", er legte den Zeigefinger unter ein Schriftzeichen, „heißt Dao. Es bedeutet so viel wie Weg. Präg es dir als erstes ein. Es ist nie gleich, wie man etwas macht. Das Wie entscheidet, ob etwas gut wird. Solltest du jemanden kennenlernen, dem es gleich ist, wie er sein Ziel erreicht, dann sei vorsichtig. Der Weg ist das Ziel, Theo. Der Weg ist das Ziel."

William kam zu Besuch nach Riverside. Er stand in der Tür, groß und dunkel, und hinter ihm prasselte der Regen auf die Straße. Obwohl Theo die Zwillinge so lange kannte, wunderte er sich wieder über ihre Gleichheit. Selbst die Aknenarben schienen auf die gleiche pockige Art auf den Wangen verteilt zu sein. Theo umarmte William.

Der Freund kannte Mary und Paul noch nicht. Er begrüßte Mary, küsste ihr die Hand und machte ihr ein Kompliment zu ihrer Schönheit, sodass Theo doch noch vermutete, es wäre Bob, der sich als William getarnt hatte. William hatte immer mal solche Momente, in denen er aus seiner Leidenschaft herausschlüpfte und ein ganz anderer zu sein schien, ein Charmeur, ein Witzemacher, fast ein Bob Riverside.

Theo kochte eine Kanne Tee und sah William an, der bei ihm in der Küche saß. Er erschien Theo selbstbewusster als früher, William war gestärkt und blickte fest, er hatte eine Ausbildung und eine Institution hinter sich. Auch Theo war selbstbewusster geworden. Wurde er gefragt, was er tue, sagte er nicht mehr, dass er schreibe, sondern dass er Schriftsteller sei und Erfolg für ihn kein völliges Fremdwort mehr.

„Ich hab deine beiden Bücher gelesen. Gut, Theo, wirklich gut. Sehr lebendig und nahe am Leben und dem Leid, das der Mensch durchzustehen hat. Ich hätte das so nicht von dir erwartet."

Theo sah auf die Uhr und zog das Teenetz aus der Kanne. Er rief nach Mary, ob sie auch eine Tasse wolle, aber Mary sagte nein, sie gehe Owen und Elsa besuchen.

„Owen kennst du ja. Er war Missionar in China. Später hat er eine Millionärin geheiratet, und heute: Heute schimpft er auf die Kirche wie ein Rohrspatz. China und diese Frau haben ihn kuriert, sagt er."

„Kuriert von der Wahrheit?"

„Es gibt keine Wahrheit. Es gibt Tausende von Wirklichkeiten."

„Und darin findest du dich zurecht?"

„Ich irre lieber umher, als mich anketten zu lassen."

„Du hast als Pfleger für John Butcher gearbeitet, du bist deiner Mutter ein guter Sohn, du bist ein Freund, auf den man sich verlassen kann, mit dem man streiten kann, ohne böse zu werden, du wirst ein guter Vater sein. Du bist mit deiner Anständigkeit näher bei Gott, als du denkst."

„Ich bin überhaupt nicht bei Gott. Ihr Berufschristen solltet euch unterstehen, jeden anständigen Menschen gleich in eure Reihen aufnehmen zu wollen. Auch Nichtgläubige können anständig sein, mein lieber Freund. Auf Gott kann man spielend verzichten."

„Ach Theo, du weißt ja nicht, was du sagst."

„Du weißt das sicher ganz genau, und das wird gefährlich werden."

William lächelte. Die Narben auf den Wangen zeichneten den Lachfalten die Linien vor. Solange William noch lächeln konnte, dachte Theo, war es nicht umsonst, sich mit ihm auseinanderzusetzen. Theo schlürfte vom Tee. Er wusste nicht, ob er sich über Williams Wohlgefallen an seinen Büchern freuen sollte oder ob ihn das warnen sollte, ob Bob mit seiner Kritik an Theo auf dem richtigen Weg war.

Er erinnerte sich daran, wie er mit in die Hüften gestemmten Armen auf der Wiese vor dem Haus gestanden hatte, als sich durch sein Bündnis mit dem geschriebenen Tod erste Erfolge einstellten und er von seltsam unbenennbaren Gefühlen beschlichen worden war und dieses Unbehagen erstickt hatte, indem er weiterschrieb, immer weiter, immer versessener.

„Ihr Atheisten überschätzt euch", sagte William.

„Nein, *ihr* überschätzt euch. Ihr behauptet, von Gott zu wissen und recht zu haben mit allem, was ihr sagt. Rede einem Christen vom Tod, und er nimmt ihn an." *Gott und Teufel bewarfen den Pfarrer, der eine mit Toten, der andere mit Lebenden, und der Pfarrer schnappte sich die Toten, schweißnass, mit langen Armen, weit gestreckt fing er die Toten aus der Luft und ließ die Lebenden in maßlose schwarze Gefilde purzeln, und der Teufel lachte und schlug sich auf die Schenkel und sagte prustend seinem Freund Gott, dass die es doch nie begreifen würden. Und Gott fluchte.*

William grunzte. In diesem Moment schrie Paul, und Theo ging mit William zum Kinderbett und hob den Jungen aus den grünen Decken heraus. „Kacke", sagte Theo. „Zweifellos", sagte William. Theo wickelte Paul, zog ihn an, und ein Schauer lief über seinen Nacken, als Pauls Hände ihn berührten. Kein Material der Welt konnte konkurrieren mit der Haut von Kindern. *Flammenwerfer,* schoss es Theo durch den Kopf, und er drückte den Jungen an sich und ging mit ihm und William nach dem Regen ein Stück in den Wald hinauf.

Dann lieferten sie Paul bei Theos Mutter ab, und Theo schlug vor, Bob im Laden zu besuchen. Sie gingen die matschige Straße entlang, sahen gleichzeitig in das Fenster des Gunstore und dann einem Fuchs hinterher, der die Straße überquerte. Charlotte Verhust, die lange Tochter des Schuldirektors, kam ihnen entgegen, grüßte William und tippte sich an die Stirn, als sie Theo ansah.

„Tolle Nase", sagte Theo und sah der jungen Frau hinterher.

„Wieso zeigt die dir ein Vögelchen?"

„Versteht wahrscheinlich nichts von Literatur."

Sie kamen zu dem Eisenwarenhandel, der im letzten Jahr ausgebaut worden war, ein langes, flaches Holzgebäude mit zwei Eingangstüren. Der Laden zog Kundschaft aus ganz New York an. Bob saß hinter dem Verkaufsraum in einem Büro und formte mit einer Kombizange Blumen aus dünnem Blech. Als er seinen Bruder und Theo eintreten sah, schmiss er die Blumen in den Papierkorb und schloss William in die Arme.

„Zu John in die Kneipe ohne Meer", sagte Theo.

„Aber schnellstens", sagte Bob.

In Gottes Namen. Die Prohibition drohte apokalyptische Ausmaße anzunehmen.

Der Mann mit dem halben Gesicht griff nach Theos Hals. Aus dem halben Gesicht wuchsen Schläuche, die Theo in Mund, Nase und Ohren drangen.

Er fuhr auf. Bob und William schnarchten Rücken an Rücken auf einer Decke auf dem Scheunenboden, Regentropfen prasselten gegen die Fensterscheibe. Theo rieb sich die Augen und fluchte. Bis auf die

Schuhe war er noch voll angekleidet, er weckte Bob und William, und sie tranken weiter, bis die schwarze Sonne aufging und sie wussten, dass John in der Dorfkneipe begann, Speck und Eier für die Frühaufsteher vorzubereiten. John warf ihnen Handtücher zu, damit sie sich das Haar trocknen konnten. Statt Kaffee nahmen sie Bier zum Frühstück. Er solle nicht so viel saufen, sagte John. Er solle an Paul denken.

„Hedonisten saufen. Keine Sorge, John, ich hab fest eingeteilte Arbeitszeiten."

„Ein *memento mori* beflügelt den Hedonismus viel eher als ein *carpe diem*", sagte William.

„*Diem*, mein Freund, *diem*, nicht *nox*. Außerdem kann Pflicht auch eine Freude sein."

„Bist du denn jetzt beim *memento mori*, Theo, bist du endlich dort angekommen?"

„Ich hab eine tote Frau gesehen ..."

„Wo keine hätte sein dürfen", unterbrach Bob.

„Der Krieg ist die Inkarnation des *memento mori*. Der Beginn unseres Jahrhunderts könnte unter der Überschrift *memento mori* stehen."

„Nein, Theo, dabei gibt es keine Entwicklung. *Memento mori* ist eine stehende Größe im Leben eines jeden Menschen, und im Grunde sagst du in deinen Texten genau das."

Theo kaute den Nagel seines kleinen Fingers ab und rieb sich die Augen. Bevor er etwas sagen konnte, sagte Bob, dass sie ja beide völlig verrückt seien, und jetzt müsse endlich mal gut sein.

„Ihr hängt die normalsten Dinge viel zu hoch, ihr Pfaffen und ihr Schriftsteller. Ihr seid eine Sippe. Ich mein, ich verkauf Eisenwaren, John macht diesen Laden hier, und ihr Pfeifen denkt, ihr habt uns etwas zu sagen. Das ist ein Fehler, meine Herren."

Theo wollte wieder etwas sagen, fiel aber hinterrücks vom Stuhl, drehte sich auf den Dielen um, lag auf dem Bauch und sah flach über den geputzten Boden, zwischen Stuhl- und Tischbeinen hindurch, einen Käfer krabbeln.

Er nehme sich heute frei, sagte Theo, als er bei Mary erschien. Er setzte sich zu ihr auf das Sofa, ließ den Kopf in ihren Schoß sinken und atmete ihren Duft. Mary streichelte seinen Hals und seinen Oberarm, und er rieb den Kopf in ihrem Schoß und spürte, wie sich seine Gedanken verdüsterten. *Der Junge atmete keuchend, er rannte so schnell er konnte, hörte seine Füße auf dem nassen Weg, immer wieder sah er sich gehetzt nach dem Mann um, der ihn verfolgte und die Rechte hoch erhoben hatte, und der Junge sah großäugig und voller Angst, dass der Verfolger den Selbstmord in der Hand hielt. Der Mann holte langsam auf, der Junge hastete voran, und dann, als er sich gerade wieder umsah, schmiss der Mann mit dem Selbstmord, und der traf den Jungen am Rücken, und so sehr er sich auch schüttelte und wand, er wurde ihn nicht los, niemals, niemals, niemals.* Aber Selbstmörder waren vielleicht gar nicht so verzweifelt, wie es oft erschien. ‚Möge der Himmel dir einen Tod schenken, nur halb an Freude und unaussprechlicher Heiterkeit dem meinen gleich', hatte Kleist im Abschiedsbrief an seine Schwester Ulrike geschrieben.

Theo stand auf und ging in das Zimmer des kleinen Paul. Der Junge lag in seinem Bett auf dem Bauch, er atmete durch die Nase, und Theo sah die Hände links und rechts des Kopfes an. Er küsste den Jungen und entschied sich, einen neuen Roman zu beginnen.

Er ging in die Scheune. Der Postbote hatte die Briefe für Theo hinter das Fenstergitter der Scheunentür geklemmt. Theo nahm die Post mit an den Schreibtisch und las als erstes den Brief von Scribner's. „Das Schlauchgesicht" verkaufe sich gut, schrieb Bill, es sei so im oberen Bereich der mittleren Verkaufszahlen und die Kritiken seien sehr gut, teilweise himmelstürmend, und man plane eine weitere Auflage. Auch „Abgeknicktes Leben" verkaufe sich jetzt noch einmal, Theo sei auf dem Weg nach ganz oben, Fragezeichen, Fragezeichen, Fragezeichen, die Kritiker seien gespannt auf sein nächstes Werk. Ein Scheck lag bei, an den Bill einen Notizzettel geheftet hatte. Als Lektor fühle er sich verpflichtet, Theo zu sagen, dass es kaum möglich sei, das Schreiben als Lebensunterhalt zu betreiben. Theo zuckte die Achseln und sah den Scheck wieder an. Er pfiff durch die Zähne.

Er verließ die Scheune wieder, ging zum rosafarbenen Haus und lieh sich Mutters Fahrrad. Er radelte zur Sägemühle und zeigte Muller den Brief. Muller klopfte ihm auf die Schulter, und Theo kündigte – wenigstens vorübergehend. Ha! Dann radelte er freihändig über den Waldweg zurück, jubelte, streckte die Arme aus, war im Wind und sah das Schlagloch zu spät.

Theo war immer gern allein gewesen. Er beschloss, nach Venedig zu reisen. Er verdiente zum ersten Mal so viel Geld, dass einige hundert Dollar übrigblieben, und ein Dollar in Italien, das war schon was. Er kannte niemanden, der je in Venedig gewesen war, aber er hatte Bilder von Venedig gesehen, sich im Wasser verdoppelnde Paläste, Himmel hinter Fensterbögen, Steine, die aus Wasser wuchsen. Venedig war in so vieler Menschen Munde und Sehnsucht, dass er den Zauber zur Wirklichkeit machen, dass er eine Hand auf den Stein legen wollte.

Er fuhr mit Mary nach Manhattan und sagte, sie solle sich Bücher und Kleider kaufen. Es sei ihm eine Freude, ihr Kleider schenken zu können, und sie solle ihm zum Gefallen ein geblümtes kaufen. Nach dem Einkauf setzten sie sich auf die Treppen des Metropolitan Museum, sahen den Kutschen hinterher, die Reisende durch den Central Park fuhren, und reichten ihre in eine Papiertüte eingeschlagene Kirschlikörflasche – heimlich angesetzt von Bob in der Werkstatt des Eisenwarenladens – an eine Gruppe junger Leute weiter, die auf den warmen Stufen saß.

Theo sagte Mary, dass er für eine Woche nach Venedig reise. Es war Mary unbegreiflich, dass er ohne seine Frau fahren wollte. Das sei in einer Ehe nicht üblich und nicht gut. Theo erklärte ihr, dass das Alleinsein wichtig für ihn sei und er sich immer gewünscht habe, einmal genügend Geld zu verdienen, um sowohl mit seiner Familie als auch ab und zu allein verreisen zu können. Er hatte keine Lust zu streiten und sagte Mary noch einmal, dass er nach Venedig fahre. Mary stand auf, trat vor die Einkaufstaschen, ging die Stufen hinab und drängte sich zwischen die Passanten. Theo sah ihr Haar wippen. Er legte die Hände auf die Stufen und fühlte die Wärme des Steins, er atmete und hatte ein bisschen verbotenen Schnaps im Magen. Er nahm das Tagebuch aus der Jackentasche und notierte, dass man auch einem Rücken Wut ansehen konnte. Er blätterte durch die Seiten, vagabundierte durch Wochen und Monate und las nach, wie er seine Mutter gefragt hatte, ob sie ein Aktbild Marys für ihn malen würde. Mutter hatte ja gesagt, schöne Frauen seien in der Natur durch nichts übertroffen worden, und dann hatte Theo Mary gefragt, und sie hatte zurückgefragt, ob er spinne.

„Meine Nacktheit gehört mir und dir und sonst niemandem. Mir und dir: Das ist doch schön so, Theo, Herrgott.“

Er steckte sich eine Zigarre an und skizzierte Mary, lang ausgestreckt und nackt, und er zeichnete die

Brustwarzen und das Schamhaar dunkel und deutete im Hintergrund einen Mann in schwarzem Umhang mit Sense an. ‚Der Besitzer‘, schrieb er darunter und schlug das Buch zu. Er spazierte durch den Park, sah den grauen Eichhörnchen zu, sah die Hochhäuser die Bäume überragen, trank im Plaza einen Kaffee und ging dann zum Broadway. Den Wagen, den Bob ihm geliehen hatte, hatte er am Washington Square abgestellt, und er öffnete die Fenster und fuhr zurück nach Riverside zu Bobs Eisenwarenhandel. Bob redete mit einem Kunden, und Theo stand vor einer Schubladenwand. Auf jede Schublade waren eine Schraube, eine Unterlegscheibe, Haken, Ösen oder Spreiznägel als Modell des Schubladeninhalts geklebt. Als Bob zu ihm kam, fragte Theo, warum Bob sich damals nach dem Krieg von Silvia getrennt hatte, über das Warum hätten sie nie geredet, und sie als Männer sollten verdammt aufpassen, nicht zu schweigsam zu sein.

„Du weißt wenig von deiner Schwester, Theo. Sie ist eine starke Frau, vielleicht zu stark für mich. Sie war während des Krieges mit über 50 Männern zusammen.“

„50?“

„Ja, zum Teufel, sogar mit einem ohne Beine.“

„Ganz ohne Beine? Waren die Beine weg bis zum Becken?“ *Die Frau schlug die Decke zurück und sah die Amputationen an. Die Verbände waren sauber und trocken, und die Frau wusste, dass sie sich jetzt unbe-*

sorgt auf die noch herzustellende Erektion des Verstüm-
melten setzen konnte, ohne dass die Wundflächen an
den Oberschenkeln wieder aufplatzen würden. „Hat
keinen Zweck", sagte eine andere Schwester, die aus dem
Dunkel auftauchte.

„Wieso?"

„Ich war grad schon bei ihm."

„Theo, manchmal bist du ein Riesenarschloch. Ich
hab sie nicht danach gefragt, bis wohin ... Du willst
das nur wissen, weil du darüber schreiben willst. Ich
hab deine Schwester wirklich geliebt."

Im Frühsommer 1924 regnete es in Venedig, und
manch eine Stunde prasselten die Tropfen so heftig
auf die Kanäle, dass sich die Wasseroberfläche auf-
zulösen schien und die regenverwischten Steine eins
wurden mit dem Wasser. Der Regen graute Venedigs
Pastellfarben und legte in alle Richtungen Schleier
um die Stadt.

Theo kaufte sich einen weiten schwarzen Mantel,
den er über die Lederjacke ziehen konnte, und einen Hut. Vormittags schrieb er im Hotelzimmer am
Fenstergrau, das auf den Barnaba-Kanal hinausging,
nachmittags ging er durch die Stadt oder fuhr mit
dem Vaporetto durch die Kanäle und zeichnete Paläste und Plätze in sein Tagebuch. Wenn er zu Fuß
unterwegs war, zeichnete er detailgenau bis in den
letzten Riss und das kleinste Salzfraßfleckchen Stufen, die in den Kanal hinabführten, oder Außenmau-

ern, an denen braun das Wasser nagte. *Allzu lang,* dachte er, *wird diese Stadt nicht mehr stehen.*

Aus einer Bar vom Campo Zanipolo aus sah er über ein dickwandiges Grappaglas hinweg auf die rote Front der Friedhofsinsel hinüber. *Es ist nicht schlecht,* dachte er, *sich einen hübschen Platz fürs Totsein auszusuchen. In Venedig beerdigt zu sein ist gut.* Er kratzte sich das Ohr und betrachtete das Standbild Colleonis, *das den Platz vor der* Basilika beherrschte und jetzt in den ersten Sonnenstrahlen nach dem Regen funkelte. Theo verließ die Bar, trat an den Sockel des Standbildes und schaute hinauf in das Gesicht mit den hohlen Wangen, den irren Augen und dem verzerrten Mund. *Tötet sie alle, tötet sie alle.* Colleoni ignorierte alles um sich herum. *Verdammt,* dachte Theo, *das Gesicht des Kriegers hätte auch das eines Dichters sein können.*

Theo ging zurück in die Bar und trank noch ein Glas Grappa. *Mozart,* dachte er, *hatte Colleoni als Vorbild für den „Don Giovanni" genommen. Mozart war kein Selbstmörder, aber weggeworfen hatte auch er sein Leben, weggeworfen durch Haltlosigkeit, Maßlosigkeit, Rücksichtslosigkeit. Und Schubert war für sein Werk gestorben, hatte sich totgearbeitet. „Der Tod und das Mädchen", die Streichquartette – fantastische Musik.* „Tja, meine Herren", murmelte Theo, „auf euer Wohl."

Theo wanderte durch die Stadt, durch Gassen, die so eng waren, dass seine Schultern beinahe die Mauern berührten, über Brücken, unter denen Gondeln einherglitten. Er wärmte sich in Trattorien auf, trank und dachte, dass all die Pracht der Paläste, der Brücken und Kirchen durch Jahrhunderte des Krieges geschaffen worden war.

Wenn er abends zum Hotel zurückkam, trank er mit dem Portier einen Espresso und plauderte, und oft machte sich der Portier über die Prohibition lustig und fragte, was die Amis denn eigentlich für furztrockene Typen seien. Venedig ohne Valpolicella und Chianti und Martini, das gehe gar nicht. Das ganze Leben gehe nicht ohne das alles, sagte Theo. Der Portier meinte, es sei gut, dass es so viel regne, dann stinke die Stadt nicht so wie im letzten Sommer. Manchmal rieche es hier wie auf einem Schlachtfeld, sagte er.

Theo schrieb. Er schickte einen Brief nach Riverside, dass er länger in Venedig bleibe. Von Mary kam ein Eilbrief, in dem sie ihn beschimpfte, er sei ihr Mann und er habe einen Sohn. Was in Gottes Namen mit ihm los sei? Er schrieb zurück, dass er ihre Erbitterung verstehe, dass er alles wiedergutmachen werde, jetzt aber sei da ein Roman, der eigentümlicherweise hier in Venedig störungslos aus der Feder komme. Alle weiteren Briefe von Mary, Mutter und Owen ließ er ungeöffnet. Nur Paul schickte er jede Woche eine Karte, obwohl der Junge sich in einem Alter befand, in dem das geschriebene Wort nicht mehr war als eine unsinnige Reihe verbundener und unverbundener Zeichen.

Theo ging in den Aufenthaltsraum des Hotels hinauf und sah durch die Fenstersäulen auf den Kanal hinab, dessen grünbraune Oberfläche vom Regen aufgescheuert wurde. Rechts sah er das Boot des Gemüsehändlers, der das rostrote Sonnensegel über seinem schwimmenden Stand festzog, damit der Regen sich darin nicht sammelte. Theo zündete sich eine Zigarre an, hüllte seinen Blick in Rauch und ließ den Platz mit der Kirche auf der anderen Kanalseite immer wieder Stein für Stein, Portal für Portal durch den Rauch aufsteigen. Er lehnte sich an eine Fenstersäule.

Ein anderer Gast kam in den Saal herauf, ein kleiner Mann, in herbstliche Farben gekleidet. Er trug eine Zeitung unterm Arm und setzte sich aufs Sofa. Er grüßte Theo. Theo starrte ihn an. Der Mann schlug die Zeitung auf und verbarg sich dahinter. Nach einer Minute gab die Zeitung einen Blick auf die Glatze frei, dann auf die gerunzelte Stirn, dann auf die Augen. Theo starrte ihn unvermindert und bewegungslos an. Der Mann lächelte, hob die Zeitung, sah Theo wieder an und fragte, ob alles in Ordnung sei. Theo schwieg und starrte ihn an. Der Mann faltete die Zeitung zusammen, erhob sich und verließ den Saal. Theo entschied zu bleiben, bis der Roman fertig war.

Er schickte dem Verlag ein Exposé und einen Auszug und bat um Vorschuss, da das Geld, das er Mary überlassen hatte und das er für sich selbst hier in Venedig gebraucht hatte, ausgegeben war. Es wunderte ihn, wie schnell das Geld für eine nicht abgeschlossene Arbeit auf seinem Konto ankam. Ein kleiner Vorschuss in Dollars, die hier viel wert waren. *Vielleicht,* dachte er, *wäre es klug, Amerika zu verlassen, solange er den Durchbruch noch nicht geschafft hatte.*

Am letzten Abend in Venedig setzte Theo sich auf die Stufen vor Santa Maria della Salute, sah über den Canal Grande auf den Dogenpalast und die Lichter, die gegen die aufziehende Schwärze anzukämpfen versuchten, und beobachtete, wie sich die Erde um die Sonne drehte und ihr den Rücken zuwandte. Er nahm den Flachmann aus der Innentasche, schraubte ihn auf und nahm einen Schluck. *Es hatte Zeiten gegeben,* dachte er, *in denen zum Tode Verurteilte in Ketten geschlagen in der Lagune ertränkt worden waren. War es nun gut, den letzten Blick des Lebens auf die Steine und das Wasser Venedigs zu werfen, oder machte das die Sache noch schlimmer? Und was war, wenn der letzte Blick zerstört wurde dadurch, dass das Opfer in Angst und Panik unter Wasser die Augen noch einmal aufriss und erst grünes Wasser mit durchschimmernder Sonne sah und das Wasser immer dunkler wurde, sosehr sich das Opfer auch wand, von den Ketten aber unaufhaltsam hinabgezogen wurde?* Ihm schlug das Herz. Niemals, niemals, niemals. Er sah sich um. Da huschte irgendwo eine Stimme zwischen Säulen hindurch. Er war allein vor der großen weißen Kirche, und steinerne Figuren sahen auf ihn hinab.

Theo ging zur Akademiebrücke zurück und überquerte den Kanal. Von der höchsten Stelle der Brücke
aus sah er ins Wasser hinab, wo sich sein Spiegelbild
zu langen Schlangenlinien verzog. Im Florian, unter
den Arkaden des Markusplatzes, trank er eine Flasche
Valpolicella gegen die schwarze Sonne. Er wusste,
dass der Alkohol alles noch schlimmer machen konnte, und er versuchte sich abzulenken und sah sich
nach einer schönen Frau um. Direkt am Nebentisch
saß eine Italienerin, blätterte durch eine Zeitung und
atmete ab und zu tief durch die arkadische Nase. Die
Frau war mollig und trank eine Schokolade mit Sahne. Theo setzte sich zu ihr. Später im Hotelzimmer
stürzte er sich auf die Brüste der Frau, umschlang den
großen Körper, wollte ganz in das Fleisch hinein, biss
und griff und umklammerte, bis die Frau begann,
sich zu wehren, und sie auf dem Bett kämpften, sich
stießen und zu Boden stürzten und vom Teppich
aus die Staubflocken unter dem Bett sahen. Nachher
fragte die Frau ihn, ob er im Krieg gewesen sei.

„Ja", sagte Theo. „Lass es uns die ganze Nacht treiben."

„Glaubst du, es geht dir dann besser?"

Theo setzte sich auf, lehnte sich an ein Bein des
Schreibtisches und sah die Frau an, die auf dem Rücken am Boden lag und deren Brüste links und rechts
neben den Oberkörper sackten und deren Haar wie
ein ausgefranster schwarzer Teppich weit und groß
unter ihrem Kopf lag.

„Vielleicht sollte ich mehr über Erotik schreiben. Eine Szene schreiben, bei der die Vagina aufblüht und Männer einen Ständer kriegen. Das wär schon was."

Er sah auf seinen erschlafften Penis hinab. Das sei alles nichts Bleibendes, hörte er sich sagen, bleibend sei überhaupt nur eine einzige Sache im Leben, und die wiederum habe mit dem Leben nicht viel zu tun. Alles Scheiße, sagte er. Aber auch so schön, flüsterte jemand in ihm, so schön, du weißt es doch. Theo kratzte sich das Ohr.

Mary versuchte, Theo zu ohrfeigen. Ihre Augenbrauen waren so hart zusammengezogen, dass sie sich über der Nasenwurzel berührten. Theo fing den Schlag mit der Rechten ab, hielt Marys Handgelenk und sah ihr in die Augen. Wie viel Kraft diese kleine Frau hatte, wie viel Feuer in ihren Augen brannte.

Er hatte befürchtet, dass Mary und Paul nicht mehr in dem Haus wohnten. Aber Mary war da, und Paul klammerte sich an Theos Beine. Theo stellte die Reisetasche ab, küsste Mary so lange auf den Mund, bis er eine zögerliche Erwiderung zu spüren glaubte, und Mary einmal für eine Sekunde ihre Hand auf sein Herz legte. Mary trat ihm vors Schienbein. Dann nahm er Paul auf, das noch nicht fünfjährige Leben, die 110 Zentimeter mit dem abstehenden Haar.

„Meine Familie", sagte Theo.

„Ist pleite", sagte Mary.

Theo zog den Verschluss der Reisetasche auf, nahm das sich durchbiegende Manuskript heraus und ließ es auf den Tisch fallen.

„Das ist richtig gut, Mary." Er nahm Paul wieder auf den Arm und legte die Wange an die des Kindes.

„Ich will, dass wir weggehen, Theo. Du wusstest, dass ich hier deine Familie habe, deshalb hast du es dir so leichtgemacht. Du sollst es dir aber nicht leichtmachen. Lass uns nach Paris gehen. Viele Künstler gehen jetzt nach Paris."

„Genau deshalb werde ich nicht dorthin gehen. Orte, an denen sich Künstler häufen, sind mir unsympathisch. Wie wäre es mit einer Insel? Madeira?"

Er beobachtete, wie Mary durch die Nase atmete und die Brauen hob.

Er schickte Paul zu Elsa und Owen und stürzte sich auf Mary und trank eine Flasche Wein und tanzte mit seiner Frau durch das Haus, er warf den kleinen Körper hin und her, dass sie sich nicht wehren konnte, und verbot ihr, sich wieder anzukleiden, er habe sie so lange nicht gesehen und wolle nun mehrere Tage ihre Brüste anschauen, und sie solle sich endlich nackt malen lassen.

DER EINSCHLAG

Roman von Theo Mannlicher, erschienen 1925. – Auch in seinem zweiten Roman über den Ersten Weltkrieg vermischt Mannlicher die traditionellen Motive von Eros und Tod und lässt den Tod in einer furiosen End-sequenz über alle Beteiligten siegen.

Der amerikanische Deserteur Bob Enhouse flieht durch das französische Hinterland, nachdem sein erstes Gefecht ihn sich weigern lässt, noch einmal zu töten. Hinter diesem vorgeschobenen Humanismus lauert, in Andeutungen dargestellt, die Angst um die eigene Existenz. Enhouse ist kein Kriegsgegner, hält es im Ge-genteil für politisch richtig, die zugunsten Deutschlands kippenden Machtverhältnisse in Europa zu korrigieren. Er sieht in Deutschland eine große Gefahr für den Weltfrieden, und nachdem der Krieg einmal begonnen hat, steht es nicht mehr in der Macht des einfachen Mannes, daran etwas zu ändern. An der Front aber muss Enhouse feststellen, dass er „nicht für den Krieg gemacht" ist. Niemand ist für den Krieg gemacht, aber er noch weniger als viele andere, die in der Lage sind, das durchzustehen, wie sehr der psychische Schaden im späteren Leben sie auch vernichten wird. Enhouse sagt nicht ein einziges Mal, dass er Angst vor dem Ster-ben hat, doch in Traumsequenzen, die Mannlicher im Gegensatz zum Rest des Textes expressionistisch for-muliert, wird klar, dass Enhouse von purer Existenz-angst getrieben wird.

Seine Frau arbeitet als Krankenschwester in den La-zaretten der Westfront.

Die Lazarette werden nicht beschrieben, ledig-lich Details über das Anlegen von Aderpressen und

Druckverbänden zeigen Seite um Seite die Agonie und die Mathematik des Grauens an.

Mannlicher sagte später, ein Schriftsteller, der keine Worte finde, um das Sein in einem Kriegslazarett zu beschreiben, der solle solche Beschreibungen weglassen. Ein Schriftsteller sei auch dann noch ein guter Schriftsteller, wenn er nicht für jede weltmögliche Szene Worte finde.

Neben dem sturen Engagement für die Verwundeten wird die Frau von einem übergroßen Sexualtrieb bewegt. Für Helen ist es normal, täglich Geschlechtsverkehr zu haben, sie ist aber seit Monaten von ihrem Mann getrennt. Sexualität und Moral haben für sie nichts gemein. Wenn es einen zutiefst lebensbejahenden Akt gebe, dann sei das der der Vereinigung von Frau und Mann. Die Krankenschwester wird als eine durch und durch sympathische, bodenständige Frau mit gesunder Intelligenz geschildert, die sich mitten im Krieg holt, was sie will: Eros. Weite Teile des Romans werden von absurden Erotikszenen zwischen Helen und verstümmelten Männern getragen. Am Ende des Romans stirbt Helen während des Verkehrs mit einem Verwundeten durch den Einschlag einer Granate, „die Leiber vermischter, als jeder Sexualakt sie hätte vermischen können", während Bob Enhouse von der Feldpolizei gestellt und erschossen wird. „Das find ich nicht gut", sind seine letzten Worte.

Während ein Teil der Kritik Mannlichers neuen Roman feierte, wurde das Buch wegen der „unmoralischen" Sexualität von anderen Kritikern verrissen. Erstaunlich bleibt, dass ein so „offenes Buch" ohne Änderungen verlegt wurde. Wie auch Mannlichers erster Roman „Das Schlauchgesicht" wurde „Der Einschlag" später in Deutschland verboten und als entartet bezeichnet.

Ausgaben: NY 1925. – NY 1929. – Ldn. 1938. – Oxford 1946. – NY 1952. – Harmondsworth 1965. – NY 1978.

Kindlers Literaturlexikon

11

Madeira

Mary las „Der Einschlag". Sie sagte, sie werde so lange wie möglich verhindern, dass ihr Sohn Theos Bücher lese. Sie schäme sich, durchs Dorf zu gehen. Theo winkte ab. Paul spielte mit einem Kochtopf und einem Holzlöffel. Wie groß der Junge geworden war. Einer der ersten Sätze, die Theo ihm einst beigebracht hatte, lautete „Papa reibt Bücker", das hatte er gesagt, als er zwei Jahre und drei Monate alt gewesen war. Theo hatte damals ein Vokabelheft angelegt, in dem er Pauls Sprache auflistete: Akinnanei: Gießkanne; Kelle: Hilfe; Autoß: Auto; Buck: Buch. Und jetzt sollte Paul eben diese Bücher nicht lesen dürfen.

Theo verließ das Haus, schlug die Tür hinter sich zu und spuckte aus. Mit wütenden Schritten ging er über die Straße. Er besuchte seine Mutter im Atelier. Sie war blass und rieb sich die Augen. Owen saß in einem Sessel und rauchte eine Zigarre. „Unsere Missionsstationen hättest du sehen müssen", sagte er unvermittelt.

Theo erzählte ihnen, was Mary über „Der Einschlag" gesagt hatte. Er war sich sicher, dass kunstinteressierte Menschen wie seine Mutter und Owen sein Entsetzen verstehen würden. Aber seine Mutter reagierte nicht und wusch weiterhin Pinsel aus, und

Owen malte mit dem Zeigefinger ein Kreuz in die Luft.

Elsa Mannlicher sackte zusammen und riss eine Staffelei um. Farbgläser kollerten über den Holzboden, Pinsel fielen und machten Flecken, ein Pinsel rotierte durch die Luft und zog kreiselnde Tropfen hinter sich her.

Zwei Stunden später lag Theos Mutter im Gouverneur Hospital, und Theo war speiübel, und aus jeder Tür schien eine Hand nach ihm zu greifen, und jeder Arzt und jede Krankenschwester warfen mit Schlingen nach ihm. Er war nassgeschwitzt.

Das Herz, sagte der Arzt. Wohl auch das Hirn. Sie müsse schon seit langer Zeit Probleme gehabt haben. Owen schüttelte den Kopf, er wisse nichts dergleichen. Man müsse die Frau – der Arzt sah auf einen Block – die Frau Elsa Mannlicher hierbehalten. Ob sie die Gattin des verstorbenen Heinrich Mannlicher sei, dem sie hier so viel zu verdanken hätten? Der Arzt wartete keine Antwort ab. Man wolle ihnen keine Hoffnungen machen. Es sehe schlecht aus.

„Woher hat die Frau übrigens diese seltsamen Druckstellen hinter den Ohren?"

„Von Bleistiften", sagte Theo.

Zwei Tage später erwachte Elsa Mannlicher. Sie konnte den linken Arm nicht mehr bewegen, ihre linke Gesichtshälfte verzog sich, und sie konnte das linke Auge nicht mehr öffnen. Ihr pechschwarzes Haar sah jung aus um den alten Kopf. Sie sah Theo aus dem gesunden Auge an und bewegte die Lippen. Theo nickte, zog sie an, holte einen Rollstuhl vom Flur und fuhr seine Mutter hinaus. Der Oberarzt stellte sich ihm entgegen, das gehe nicht, die Frau müsse bleiben. Theo drohte ihm mit vibrierender Stimme, wenn er ihn in fünf Sekunden noch hier auf dem Flur sehe, hänge er ihn an seinen Eiern am nächsten Laternenmast auf. Theo fuhr seine Mutter heim nach Riverside.

Elsa Mannlicher starb am 26. April 1925, während in Deutschland ein Uniformierter mit grauem Bart und Pickelhaube zum Reichspräsidenten gewählt wurde. Während sie starb, hielt sie Theos Hand, und Theo hielt Silvias Hand, und er spürte den Tod durch sich hindurchfließen in den Arm seiner Schwester. Paul saß auf Marys Schoß und spielte mit einem Leinenpüppchen, das er seine Oberschenkel hinaufgehen ließ und dann an den Bauch drückte. Theo hatte den Jungen seit Monaten nicht mehr mit einer Puppe spielen sehen. Owen starrte Elsa Mannlicher an. Er roch aus dem Mund nach Tabak, und seine Zähne waren braun in einem Spalt zwischen Ober- und Unterlippe.

„Das darf einfach nicht wahr sein", sagte er. „Gott, dass ich nicht lache. Wer das da für sinnvoll hält …" Er sah den kleinen Paul an, der die Puppe an den Armen hin- und herschaukelte und lautlos mit ihr sprach, und sagte, er bezweifle, dass das alles hier gut für den Jungen sei. Mary sagte, so sei das Leben, und das müsse auch ein kleines Kind wissen.

„Hauptsache ist doch, dass Mutter nicht allein war", sagte Theo. Er sah die tote Frau an und ging in die Scheune, um zu schreiben. Der Tod hockte mit verschränkten Armen auf seiner Schulter und diktierte Stunde um Stunde. Silvia kam in die Scheune und setzte sich auf Theos Schoß. Sie legten die Köpfe aneinander.

Nach einer Weile sagte Silvia: „Wohin jetzt, Theo? Nach Papas Tod sind wir nach Amerika – wohin jetzt?"

Theo ging mit Paul stundenlang durch den Wald oder durch die Straßen Manhattans, zeigte ihm die Auslagen der Buchhandlungen und Schaufenster mit Frauenkleidern, während Mary sich um die Reise nach Madeira kümmerte.

Er verzweifle, sagte Theo, wenn er an all den Papierkram denke. Behördengänge machten ihn zutiefst melancholisch und anschließend wütend.

Paul war gesund und wuchs schnell. Er aß viel und war frohgemut, außer wenn er seinen Willen nicht durchsetzen konnte und ihm verboten wurde, seine Spielzeugautos vom Tisch fahren zu lassen, und er die Luft anhielt, bis er blau anlief. Das könne er nur von Theo haben, behauptete Mary.

Theo war mit Paul und Bob auf dem Friedhof und pflanzte ein paar Blumen auf Mutters Grab, Bob rauchte eine Zigarette, und Paul rannte über die winklig angelegten Sandwege. Bob sagte Theo, welche Blumen er wohin setzen sollte und welche lange blühen würden, als ein Schrei ertönte und ein Mann in grauem Anzug auf Theo zukam und sagte, er solle gefälligst auf seinen Sohn aufpassen, so eine Schweinerei habe er überhaupt noch nicht gesehen. Theo und Bob sahen nach Paul, der die Wege verlassen hatte und kreuz und quer über die Gräber rannte und die Arme bewegte, als wolle er fliegen lernen.

„Die Kinder", sagte Theo, rief nach Paul und breitete die Arme aus, als der Junge auf ihn zulief.

„Wer soll uns verbieten, wie die Kinder zu leben?", fragte Bob.

„Du weißt genau, wer es uns verbietet", hörte Theo sich sagen, wie er sich oft hörte. Manchmal wollte er so etwas gar nicht sagen, manchmal zuckte da etwas in ihm, aber wie eine Maschine bewegte sich dann sein Mund, und ein Satz fiel ihm zwischen den Lippen heraus, auf dem er schon lange gekaut hatte, der aber nicht aus seinem Hirn kam, wo Theo eine Kammer fühlte, verrammelt und versiegelt, aber vorhanden, die solch einen Satz nicht zuließ.

Auf Madeira kaufte Theo ein Haus, das unterhalb des Dorfes Canico an der Küste stand. Es hatte vier Zimmer und eine Küche zum Garten hinaus. Sie pflanzten Strelitzien und Bougainvilleen in den Garten, von wo aus sie aufs Meer und die Desertas sehen konnten. Je öfter Theo auf die drei unbewohnten Inseln sah, auf denen es von giftigen Spinnen und ungeahnten Schlangen wimmeln sollte, desto deutlicher formierten sich Bilder für eine neue Geschichte. *Bevor das Schiff vom Wellenkamm hinunterstürzte, sah der Mann durch den Regen hindurch die schwarze Silhouette einer Insel. Die Rettung, von der er nicht ahnte, dass sie eine Stundung war.* Die Aussicht auf die Desertas war für Theo das Charakteristikum des Hauses.

,Menschenfeindliches Terrain', schrieb er, ,ziehe den Menschen mehr an als das Paradies.' Ein sehr gutes Thema für ein Buch.

Theo und Mary machten Drahtgitter vor Türen und Fenster, um die Spinnen aus den umliegenden, andrängenden Bananenplantagen fernzuhalten. Im Dorf sagte man, es gebe Spinnen in den Plantagen, die faustgroß seien, und die Mannlichers sollten darauf achten, dass ihr Sohn sich nicht zwischen die Stauden begebe.

Während eines Nachmittags im Garten sagte Paul, er müsse mal, und ging ins Haus. Theo sah ihm hinterher. Paul trug eine blaue Latzhose und einen Strohhut. Als er nach zehn Minuten nicht wieder zurück war, ging Theo nach ihm suchen, fand den Jungen aber nicht. Er rief nach Mary. Sie kam sofort ins Haus gerannt. Sie riefen nach Paul, sahen als Antwort aber nur offene Türen und Fenster und liefen auf getrennten Wegen ins Dorf hinauf. Theo nahm den Steinweg zwischen den Bananenplantagen, und die Hitze hing dicht und schwer. Er kam kurz vor Mary in Canico an und fragte den Bäcker, der in der Tür seines Ladens lehnte, nach Paul. Minuten später suchten Dutzende Dorfbewohner nach Paul.

„Oh Gott, die Spinnen, die Schlangen", sagte Mary.

„Ja", sagte Theo. *Der Mann hielt den Leichnam in den Armen. Der tote Junge war etwas über einen Meter groß und lag in den Armen des Mannes, wie er als Säugling dort gelegen hatte. Der Mann sackte zusammen. Er ließ seinen Sohn auf den Weg gleiten und beugte sich über ihn und besudelte ihn mit Tränen. Mit einem großen Hammer wurden Stücke aus dem Mann geschlagen. Immer wieder heulte er auf. Er nahm den Jungen wieder in die Arme. Er schüttelte ihn, er brüllte ihn an, er solle atmen, er solle leben. Der Tod legte dem Mann eine Hand auf die Schulter. Es ist gut so, sagte er. Der Mann gab den Jungen ab, ließ die Hände in den Schoß sinken und sah dem Tod und dem Jungen hinterher.*

Am frühen Abend fanden sie Paul mit zwei anderen Jungen auf einem Felsen am Meer sitzen und Steine in die Brandung werfen. Mary ohrfeigte Paul, wandte sich ab, drehte sich dem Jungen wieder zu und schloss ihn in die Arme. Er war nie zuvor geschlagen worden. Theo blieb das Herz stehen, als er die Schmerztränen des Jungen laufen sah.

„Daddy, das war so ein schöner Tag", sagte Paul.

Theo legte die Hände vors Gesicht. Die Sonne war schwarz. So ein schöner Tag. So ein schöner Tag. Er fluchte.

Nachmittags, nach dem Schreiben, ging Theo oft in das Dorf, setzte sich auf den kleinen Platz mit dem Café und trank einen Poncha und einen Tee. Der Himmel über Canico erschien ihm oft grau, lastete auf den weißen Häusern, und wenn Wind kam, bückten sich die Palmen nach den Häusern wie Reisbauern in China nach der Ernte. Wenn Canico im vollen Sonnengelb lag und die Hitze jeden Blick verschlierte, fühlte Theo sich immer wie in einem Bild von van Gogh, der graue Himmel aber, der so oft warm über Madeira war, meißelte alles in die Wirklichkeit zurück.

Von Canico aus führte eine Serpentine die Berge hinauf und mündete in die Küstenstraße nach Funchal. Wenn Theo die Küstenstraße entlangfuhr, blieb er an jeder sich bietenden Ausbuchtung stehen und sah aufs Meer.

In Funchal fand er eine Buchhandlung. Sie lag nahe des Jardim São Francisco in einem Patio an der Avenida Arriada. Er war verwöhnt von den großen Barnes-and-Noble-Buchhandlungen in New York, aber dieser schattige Laden hier mit den Kübelpalmen in den Ecken und den dunklen Holzregalen barg ein großes Angebot. In der Tür hing ein Schild, dass jedes ausländische Buch bestellt werden könne. Als er seinen Namen für einen Bestellschein angab, fragte die Buchhändlerin, ob er der Theo Mannlicher sei, und Theo sagte ja.

Die Buchhändlerin bekam rote Wangen. Sie hatte

rotes, zurückgebundenes Haar und trug eine Brille auf der Adlernase. Sie fragte ihn nach seiner Adresse, wegen der Bestellung, sagte sie. Dann aber fragte sie, ob er allein wohne in dem Haus bei Canico. Theo setzte sich in einen der Korbstühle und sah die Frau an. Die Gelegenheit sei eine Göttin, hatte Goethe gesagt. Er dachte an die schöne kleine Mary. Nein, sagte er, er sei verheiratet und habe einen Sohn.

Es gebe viele Wege, sagte die Frau.

Theo fühlte sich überrumpelt durch die Direktheit der Rothaarigen, die ihn streng durch die Brille ansah.

„Wir leben nur einmal", sagte sie. Theos Portugiesisch war noch nicht gut genug, und er musste nachfragen, was die Frau gesagt habe. Sie wiederholte es.

„Ja", sagte er, „und manchmal ist so ein Leben ruckzuck vorbei."

Die Türglocke bimmelte, und die Frau wandte sich dem neuen Kunden zu. Theo ging.

1924, während Theo in Venedig war, Lenin und Kafka starben, war ein Buch erschienen, das „Krieg dem Kriege" betitelt war. Es war ein Fotoband über den Weltkrieg, herausgegeben von Ernst Friedrich. Schlachtfelder, Gaswolken, zu Schrott geschossene Schiffe. Bilder von Gesichtsverstümmelungen. 22 Porträts. Theo lag auf dem Bauch in der Buchhandlung, die Buchhändlerin Ricarda lag auf seinem Rücken, und er sah sich die Bilder an. Er spürte sein

Herz schlagen. Er bat Ricarda aufzustehen. Er legte das Buch vor sich, sah einen Mann an, dessen Gesicht unter den Augen endete, sah Ricardas Nase an, ihre Lippen, sah einen Mann an, dessen Unterkiefer und Hals ein Loch waren, sah Ricardas große rosafarbene Brustwarzen an, sah einen Mann, sah Ricardas Achsel-haare, einen Mann, Ricardas Hintern, einen Mann ... Jetzt reiche es, sagte Ricarda und zog ihre Bluse an.

Nachdem Mary alle Formalitäten erledigt und für Theo ein Konto eingerichtet hatte, fuhr Theo zur Bank von Funchal, um sich über seine Finanzlage aufklären zu lassen. Der Mann am Schalter reichte ihm einen Zettel, auf dem unten rechts eine fünf-stellige Dollarsumme stand. Theo ging ins nächste Café, steckte sich eine Zigarre an und bestellte eine Flasche Wein. Geld hatte ihm nie viel bedeutet, und er ließ Mary die Bezahlung des Hauses, die Reisekos-ten, das Auto, einen gebrauchten LaFayette, und vor allem die Steuern abwickeln, aber jetzt kribbelte es ihm unter den Armen, und er sah lange an die Stuck-decke des Cafés, hörte die portugiesischen Stimmen mit den vielen s-c-h-Lauten und dachte, dass es ihm finanziell gut gehe. Er war nicht reich und wollte es nicht sein, aber er konnte vom Schreiben leben.

Er brauchte einen kleinen Koffer für das Geld. Er wollte es daheim haben statt auf einer Bank. Als Mutter ihm zum 18. Geburtstag das von Vater für ihn gesparte Geld geschenkt hatte, hatte er es dem

Roten Kreuz gespendet. So etwas würde er nicht noch einmal tun, und schon gar nicht mit dem Geld, das ihm seine Romane brachten. Er ging zum Kombattantenpark, trank an einem Pavillon einen Poncha und besuchte Ricarda in der Buchhandlung. Sie hatte einen Kunden, und Theo stöberte nach Ernest Hemingways erstem Buch. Ricarda hatte es im Lager. „In unserer Zeit", verlegt bei Boni & Liveright, 1925. Er zog es aus dem Regal und blätterte darin.

Er las in Ernests Geschichte „Indianerlager". Der letzte Satz berührte ihn und rief Erinnerungen an sein früheres Leben wach, New Riverside, die Wälder, Bob und William und Owen und John Butcher auf dem See und Lucy. Der letzte Satz:

„Am frühen Morgen auf dem See, als er im Heck des Bootes seinem rudernden Vater gegenübersaß, war er überzeugt davon, dass er niemals sterben würde."

Theo kratzte sich das Ohr. Er stellte das Buch ins Regal zurück. Der Kunde verließ den Laden, und Ricarda schloss die Tür ab. Sie steckte sich die Haare hoch und zog die Bluse aus. Theo sagte, sie müsse das umgekehrt machen, sie müsse sich erst die Bluse ausziehen und dann die Haare hochstecken, weil Brüste immer so schön aussehen, wenn die Frau die Arme hebe.

Er konnte sich mit Ricarda besser über Literatur und Kunst unterhalten als mit Mary. Ricarda nutzte jede Gelegenheit, um mit ihm zu schlafen. Erotik und Kunst, sagte sie, das sei ihr Leben. Theo bewunderte sie, erwiderte aber, dass es da noch etwas anderes ziemlich Großes gebe. Ricarda tat, als spucke sie aus, wischte sich über die Lippen und zuckte die Achseln.

„Lass uns essen gehen", sagte Theo.

„Erst Sex", sagte Ricarda. Dann schmecke jedes Essen besser. Sie schliefen auf dem Boden miteinander und stießen ein Regal an, aus dem Bücher auf Theos Rücken fielen. Danach gingen sie unterhalb der Festung am Meer entlang. Im ausgetrockneten Flusslauf aus den Bergen blühten die Bougainvilleen und zeichneten den Weg des Wassers nach, ein rosafarbener Fluss zwischen den niedrigen weißen Häusern, die die Küste bei Funchal erklommen. Theo und Ricarda gingen Hand in Hand den Berg zum Reids Hotel hinauf. Das Luxushotel lag ockergelb auf einer Klippe, oberhalb eines Parks, in dem weiße Holzliegen standen und Palmen. Sie aßen auf der Terrasse. Der Terrassenboden war *schwarz-weiß gekachelt, schwarz-weiß, schwarz-weiß, schwarz-weiß,* dachte Theo. Leben und Tod, Leben und Tod. Vielleicht hätte man ins Zentrum jeder schwarzen Kachel eine kleine weiße, und in das der weißen jeweils eine kleine schwarze legen sollen. Oder auch die Terrasse ganz schwarz kacheln, das wäre ehrlicher gewesen. Ricarda sagte, es werde ihr zu viel. Sie beginne, sich ernsthaft in ihn zu verlieben, sie wolle aber nicht länger das Verhältnis eines verheirateten Mannes sein. Sie habe viele Männer, aber von Theo wolle sie mehr.

Ob er sich für sie entscheiden könne? Ob er sie liebe? Theo sah über ihre Schulter in der rosafarbenen Bluse hinweg aufs Meer. Er liebe das Meer, sagte er. Schon als Kind habe er das Meer geliebt. Das sei eine ziemlich blöde Antwort, sagte Ricarda.

„Wie viele Menschen sind wohl schon in diesem Meer ertrunken, was meinst du?"

„Liebst du mich?"

„Ich denke, es ist ziemlich einfach, auf der Titanic in die Bar zu gehen und zu saufen. Man muss viel saufen, dann ist es wahrscheinlich nicht so schlimm bis zur Bewusstlosigkeit."

„Theo, du kannst mich mal."

Er fuhr betrunken von Funchal zurück über die Küstenstraße. Das Meer raste rechts an ihm vorbei, und die Sonne zerkratzte den Himmel. Daheim schlich er in den Garten und beobachtete Mary und Paul. Sie spielten mit einem Ball, auf dem Tisch standen eine Teekanne und drei Tassen, weil Theo nachmittags gerne Tee trank. Mary trug das geblümte Kleid aus New York, Paul wieder die Latzhose und den Strohhut. Theo lehnte sich an die Wand und rieb sich die Augen.

Wie schwer wäre es, diese beiden Menschen zu verlassen, und wie viel reifer würde er dadurch? Wie viel besser würde er mit diesem Erfahrungsfundus schreiben können? Wie viel einfacher wäre sein Leben ohne Mary, ohne den kleinen Paul? Sich um nichts kümmern zu müssen als um sich selbst und ums Schreiben und täglich Sex mit Ricarda haben.

Er spürte die warme Wand am Rücken und stieß mehrmals mit dem Hinterkopf gegen die Mauer. Was geht in meinem Kopf vor, verdammt, was geht in meinem Kopf vor?

Bob würde jetzt sagen, er sei verrückt, wenn er seine Familie verlassen wolle; William, dass die Ehe heilig sei, er ihn aber bezüglich des Nutzens und der Tiefe von Schmerz verstehen könne. Und Owen? Der gute braunzahnige Onkel Owen und seine chinesische Heilsphilosophie? Theo hatte seit Jahren nichts von ihm gehört, der letzte Brief war aus Rio gekommen, von wo aus Owen mit einem Schiff nach China wollte. Er wolle ins Land der Erleuchtung zurückkehren. Es sei ja gut, die Lebenseinstellungen und Philosophien verschiedener Kulturen zu vergleichen, aber Chinesen kochen auch nur mit Wasser, hatte Theo gesagt. Laotse ein arroganter Mystiker, Konfuzius ein kluger Spießer, Tschuangtse ein intelligenter, ironischer Kerl, vielleicht der beste von den großen Chinesen.

Theo stieß sich von der Wand ab und trat um die Hausecke. Paul und Mary liefen auf ihn zu, und Paul sprang ihm in die Arme. Er rieche wie eine Kneipe, sagte Mary und küsste ihn auf den Mund. Er konnte sich nicht gegen die Tränen wehren und dachte an Ricarda und daran, dass seine Mutter ihm gesagt hatte, der Krieg sei nicht gut für ihn gewesen, und er dachte, was für ein Halunke er sei. Mit den beiden Körpern im Arm sah er über die Strelitzien hinweg aufs Meer und die Desertas. Hinsegeln und sich dort von Spinnen und Schlangen beißen und würgen lassen, *Desertas, ihr seid so schön, und wenn man euch ganz klar sieht, wird das Wetter schlecht, und sieht man euch nicht so klar und wirkt ihr, als hättet ihr euch weiter entfernt von Madeira, dann wird das Wetter gut. Tolles Barometer.*

Theo schrieb Bob. Bobs Briefe waren meist kurz, im Gegensatz zu denen seines Bruders. Auf Theos Brief, dass er sich frage, was in seinem Kopf vorgehe, antwortete Bob: „Das entscheidest du selbst. Halt deinen Kopf sauber, Theo. Aus einem wie dir kann dann richtig was werden. Halt den Kopf sauber. Du bist auf keinem guten Weg. Der Weg ist das Ziel, hat dein komischer Onkel Owen immer gesagt. Ich versteh nicht viel von solchen Dingen, aber dieser Satz hat mir immer gefallen."

Am Abend begann Theo eine Erzählung über Schiffbrüchige auf einer vegetationslosen Insel zu schreiben. Die Männer fraßen sich gegenseitig auf, und der letzte Überlebende starb an Verstopfung. Theo stellte den Zinnsoldaten auf den Papierstapel, rauchte im Garten eine Zigarre und dachte, dass er nie glücklicher war als beim Schreiben.

„Großartig", schrieb Bill aus New York, „kurz, aber großartig. Die chancenlosen Männer, von denen du den letzten auf diese Art krepieren lässt. Was für ein frecher Kerl du doch bist, Theo Mannlicher. Herrlich, wie man sterben kann. Die Leser lieben dich."

12

Siebentausend Meter

Theo, fast 100 Jahre alt, lang und dürr, spazierte die Straße hinunter, die hinter der Bungalowsiedlung parallel zur Küste verlief und bis zum Pulaki Tempel führte. Wie immer ging er viel zu schnell für sein Alter und war bald nassgeschwitzt, und seine dünnen Beine zitterten, und die Knie schmerzten. Nachmittags warfen die Palmen hier Schatten, der Sonnenschein am Strand war heute zu viel für Theo, und die schattenversprechenden Wolken waren kaum nähergekommen, aber auf den Spaziergang wollte er nicht verzichten. Und außerdem saß schon den ganzen Morgen das junge Paar aus dem Nachbarbungalow am Strand, küsste sich, umschlang sich im Sand, und Theo musste an seinen Sohn Paul denken. Er wusste nicht, ob Paul je mit einer Frau geschlafen hatte. Eine Freundin hatte der Junge nicht gehabt, vielleicht eine Liebschaft in irgendeinem Hafen, hoffentlich.

Paul war noch größer als Theo gewesen. Er komme nach Theo, hatte Mary gesagt, und es stimmte, die beiden ähnelten sich sehr. Theo hatte ihm empfohlen, niemals einer militärischen Vereinigung beizutreten. Aber 1941 hatte Paul sich für den Kampf entschieden. Man müsse das tun. Er gehe davon aus,

dass Theo ihn verstehe. Hitler und seine Verbünde-
ten. Paul ging zur Navy.

Als Infanterist habe er wenigstens Boden unter
den Füßen, hatte Theo gesagt. Auf einem Schiff gebe
es nur Stahlwände und Technik. Sein Körper werde
eingezwängt sein in Apparaten, hatte Theo gesagt.
Wie oft hatte er versucht, seine Liebe zu Paul zu beschreiben? Er war immer gescheitert. Es war Liebe.
Liebe war ein profanes, aber treffendes Wort, kör-
perlich, denn die Liebe zu Paul zeigte sich durch eine
Gänsehaut, durch ein Kribbeln im Magen und ein
wirbelndes Herz. An den Tod eines ihm bekannten
Menschen glaube er erst, wenn er die Leiche gesehen
habe. Aber wer sollte ihm Pauls Leiche zeigen? Über
7000 Meter tief war der Pazifik an der Stelle, an der
die *Johnston* versenkt worden war. Heute noch sah
Theo den Jungen in unregelmäßigen Abständen vor
seinen Augen auftauchen, und jedes Mal schnürte
es ihm den Hals zu. Helen, die Tochter, die er mit
Charlotte hatte, hatte Paul nie kennengelernt, Theo
aber immer aufgefordert, darüber zu reden, damit es
ihm bessergehe. Paul sei ihr Bruder, ob sie ihn kenne
oder nicht, sagte sie.

Ihm wurden die Knie weich. Er setzte sich auf die
Dschungelpiste und trank aus der Wasserflasche. Er
hörte das Meer rauschen, und im beweglichen Grün
an den Rändern der Straße knisterte Getier, und Vö-
gel schrien. Ein Bauer mit einem zweirädrigen Holz-
karren voller Palmblätter kam vorbei und lächelte

Theo an, er war ein Betelkauer, und sein Mund sah aus wie eine offene Wunde. Theo kratzte sich das Ohr. Der bewaffnete Himmel über China. Der Büffel, schräg nach vorne geneigt. Theo zitterte.

„Sind Sie Theo Mannlicher?"

„Ja."

„Es tut mir leid, Sir, aber ..."

„Ist schon gut, Lieutenant." Theo hatte sofort gewusst, was los war. Er sah den Lieutenant in der tadellosen Uniform an.

„Wo?", fragte Theo. Von seinem Magen aus blähte sich ein Hohlraum in seinem Körper auf und drückte alle Kraft und allen Willen aus Theo heraus. Das Gespräch mit dem Soldaten führte Theo automatisch, entlang einer eisernen Linie von Rhetorik und immer kurz vor dem Zusammenbruch.

„Im Pazifik, Sir. Während der Schlacht im Leyte Golf. Sie finden alles in dem Schreiben hier, Sir. Es ist mir eine ..."

„Lassen Sie es bitte, junger Mann. Geben Sie mir nur das Schreiben. Weiß die Mutter des Jungen Bescheid?"

„Maria Venca, geschiedene Mannlicher, ist das richtig, Sir?"

„Ja."

„Sie weiß Bescheid, Sir."

„Sagen Sie, wie viele solcher Nachrichten haben Sie schon überbracht?"

Der Lieutenant kratzte sich das Kinn und sah an Theo vorbei durch die Tür.

„Ist es Ihr Job, solche Nachrichten zu überbringen? Mich interessiert das, ich bin Schriftsteller, wissen Sie."

„Ja, Sir, ich hab all Ihre Bücher gelesen. Sie wissen, wie es im Krieg ist und dass solche Dinge passieren, Sir."

„Ich weiß, dass wir nicht genug tun, solche Dinge zu verhindern."

„Hitler und die Japsen müssen weg, Sir."

„Dafür bezahlen wir Milliarden von Dollar und Millionen von Leben. Würden wir all das vorher investieren und weitsichtiger sein, hätte mein Sohn Paul nicht im Pazifik sterben müssen. Was meinen Sie, junger Mann?"

„Sir, Sie haben einmal geschrieben, der Krieg sei mit der Welt gemeinsam im Universum erschienen. Vielleicht hat er etwas Reinigendes, vielleicht hat er irgendeinen Sinn, und nach ihm wird alles besser. Wir müssen alle sterben, Sir, im Krieg kann manch einer von uns seinem Tod einen Sinn geben, was er vielleicht nicht kann, wenn er daheim im Bett stirbt."

„Sind Sie deutschstämmig?"

„Der Himmel bewahre mich, Sir."

„Möchten Sie sterben? Ich meine, irgendwo ganz tief in Ihrem Innern, möchten Sie da nicht eigentlich sterben?"

„Nein, Sir."

„Ich erlaube mir, Ihnen das nicht ganz zu glauben, Lieutenant. Die Bereitschaft zu sterben macht den Krieg möglich. Die Akzeptanz des Todes lässt uns Meere und Wälder zerbomben. Diese Akzeptanz verbrennt die Augen."

„Sie sind sehr traurig wegen Ihres Sohnes. Er war bestimmt ein guter Soldat, Sir."

„Haben Sie Kinder, Lieutenant?"

„Ja, Sir, einen Sohn und eine Tochter."

„Lehren Sie Ihren Sohn, ein tapferer Mann zu sein, ein Kämpfer?"

„Ja, Sir. Mit Bedacht, das können Sie mir glauben, aber tapfer soll er sein, wenn es darauf ankommt. Vor diesem Krieg hab ich ihm oft von den Samurai erzählt und was für gute Krieger die waren. Jetzt tu ich das nicht mehr."

„Die Samurai waren kritikunfähige Arschlöcher, die mit Schwertern durch die Gegend rannten und alles taten, was ihr Herr ihnen sagte. Und wenn sich herausstellte, dass ihr Herr ein Drecksack war, brachten sie sich um. Ich denke, die Samurai waren degenerierte Scheißkerle."

„Tut mir leid mit Ihrem Sohn, Sir. Kann ich noch etwas für Sie tun?"

„Beenden Sie den Krieg, und schicken Sie Ihre Kinder auf gute Schulen."

„Mach ich, Sir. Höchstens noch ein Jahr, dann haben wir Europa und den Pazifik. Tut mir so leid für

Sie, Sir. Hab mich trotzdem gefreut, Sie kennenzulernen. Auf Wiedersehen, Sir."

Theo schloss die Tür, las den Brief, las irgendetwas
von Kampfgruppe 77 und Konteradmiral Sprague
und davon, dass die *Johnston* am 25. Oktober 1944
versenkt worden sei. Es sei gewesen, als fahre ein
Laster über einen kleinen Hund, habe der Kapitän
berichtet. Er legte den Brief auf den Tisch. Er setzte
sich auf den Boden, schaukelte hin und her, kniff die
Augen zusammen und wollte es unterdrücken, aber
dann brach es aus ihm heraus, und er schrie den Namen des Jungen an die Decke. Er solle zurückkommen, zurück, zurück, zurück!

Er sackte zusammen, lag auf der rechten Schulter,
und der Kopf senkte sich zu Boden, dass Theo die
Tränen quer übers Gesicht liefen. „Hoffentlich warst
du sofort tot. Musstest nicht ertrinken, Junge, hoffentlich, hoffentlich." Theo kämpfte sich hoch und
holte den Atlas aus dem Bücherregal. Er schlug die
Doppelseite mit dem Pazifik auf und drückte den
Zeigefinger auf die Stelle, an der der Zerstörer versenkt worden war. Dort gab es das Galathea-Tief mit
über 10 000 Metern, durchschnittlich befand sich der
Boden des Pazifik in dieser Gegend etwa 7 000 Meter
unter der Meeresoberfläche. *7 000 Meter. Mein Junge.*

Er sagte den Namen seines Sohnes. Immer wieder.
Paul. Junge.

Er erbrach sich, urinierte in die Hose und weinte.
Er rief Mary an, aber sie nahm nicht ab. Charlotte

war zu einer Vorsorgeuntersuchung im Krankenhaus. Während Tränen, Rotz, Urin und Schreie aus ihm herausplatzten, tauchte für Sekunden Buck Henson vor fast 30 Jahren auf. Paolos Beine und Marys Hand an Theos Wange. Großmutters letztes Wort: Kuchen. Er atmete tief durch.

Theo ging durch die Wohnung und ließ eine Spur von Nässe hinter sich. Es wimmelte von Büchern und Sonnenstrahlen, in denen der Rauch der Zigarre schwebte, die glimmend im Aschenbecher lag. Hast du noch einmal an mich gedacht, Paul? War ich noch einmal bei dir? Gab es ein Mädchen? Ein Splitter, Paul, ein Splitter soll dein liebes Herz getroffen haben, sofort tot, keine Angst, keine Qual.

„Weißt du, Daddy", sagte Paul, „du bist jemand, der einem Mut macht. In deinen Büchern verrecken die immer alle wie die Fliegen, aber du bist gar nicht so. In deinem Innern bist du ganz anders als deine Schrift. Vielleicht bist du immer noch der Junge, der nichts mit all dem Sterben zu tun haben will. Mensch, Alter, wir haben noch so viel zu reden. Was meinst du, soll man sich auf den Tod vorbereiten? Soll man darüber nachdenken?"

„Unbedingt", hatte Theo gesagt.

Er saß auf der Piste, schüttelte den Kopf und fühlte wieder den Kloß im Hals. *Nein, Paul, man soll sich nicht auf das vorbereiten. Ich lege einem Manuskript niemals Rückporto bei, für den Fall, dass der Verlag es*

ablehnen könnte. Und der Verlag hat nie abgelehnt.
Theo stand auf und klopfte sich den Sand vom Hosenboden. Eine grüne Schlange kroch über die Piste, hob den Kopf und sah ihn an. Er blieb ruhig stehen. Bob hätte ihm jetzt sicher sagen können, welch ein stilles Tier das war und ob giftig oder nicht. Theo atmete flach und sah die Schlange an. „Zieh du deines Weges", sagte er. Die Schlange legte das Haupt wieder auf die Piste und glitt ins Gebüsch am Wegrand.

Theo und Mary hatten Paul verloren, lange nachdem sie ihre Liebe verloren hatten. Theo dachte an das Haus in Canico mit den Blumen davor und dem Meer und den Desertas dahinter. Jahrelang hatte er in diesem Haus geschrieben und seinem Sohn beim Wachsen zugeschaut, ihm alle paar Monate neue Schuhe und Kleider gekauft und die Spielzeuge ernster und ernster werden sehen. Er konnte sich genau erinnern, wie Mary, die gerade eine Fliege mit einer zusammengerollten Zeitung erschlagen hatte, ihm eines Tages im Garten sagte, dass sie es seltsam finde, mit einem Mann zusammen zu sein, der nie richtig arbeite. Und unterhalten könne man sich mit ihm eigentlich nur über Literatur, Kunst und den Schriftsteller Theo Mannlicher. Und über Sex natürlich, aber sonst sei da nicht viel. Gut, er schreibe täglich seine fünf, sechs Stunden, manchmal ganze Nächte hindurch, aber sie habe ihn nie richtig arbeiten sehen für regelmäßiges Einkommen, für einen Chef. Niemals.

Heute vermutete Theo, dass mit dieser Formulierung, vorgebracht zwischen roten Lippen und unter einem versonnenen, harmlosen Blick aufs Meer, das Ende der Ehe zwischen Mary und ihm begonnen hatte. Er war nicht schnell zu beleidigen, und wirklich beleidigt worden war er nur von jenem Kollegen, der die Biografie über ihn schreiben wollte und ihn aufforderte, schnell zu sterben. Aber Marys Worte hatten Theo spüren lassen, wie tief der Füllfederhalter in seinem Leben steckte, und dass dieses Leben ausbluten würde, zöge man diesen Füllfederhalter heraus. Theo wusste nicht, ob er auf Dauer zu einer anderen Arbeit als der des Schreibens fähig wäre. Warum sollte er über andere Berufe nachdenken? Schreiben, das war es, was er tat. Er schrieb. Er hatte einen Koffer voller Geld unter dem Bett in Canico, aus dem Mary sich bedienen konnte, er war ein Autor, dessen Bücher mittlerweile in fünf Sprachen übersetzt wurden, und doch wollte er immer weiter, immer besser werden, noch mehr an den Worten schleifen. Er las alle theoretischen Schriften über das Schreiben, angefangen bei Aristoteles' Poetik und Quintilian bis hin zu Henry James. Er schrieb einzelne Szenen bis zu 20-mal, nur um in tagelanger Arbeit die beste Fassung herauszusuchen und wieder zu überarbeiten. Mary wusste das alles und sagte dann diesen Satz.

Nach dem Krieg versuchte Theo, Buck zu finden. Er rief Mary an, ob sie sich an den Namen des Oberarztes im Hospital in Mailand erinnerte. Es sei wegen Buck. Buck Henson, seinem Freund mit dem zerfetzten Gesicht.

„Du sagtest, der sei gestorben."

„Er ist nicht gestorben, Mary. Ich habe ihn totgeschrieben. Ich habe seiner Frau geschrieben, er sei tot, weil Buck das von mir wollte. Aber er lebte noch. Er wurde in ein Heim gebracht, irgendwo hier in den USA. Ich erzähl dir die Geschichte irgendwann, aber jetzt muss ich den Namen des Arztes wissen, Mary. Wie hieß der Mann?"

„Ich weiß es nicht mehr, Theo. Ich könnte in meinen alten Briefen nachsehen, ob ich ihn dort irgendwo erwähnt habe. Ich ruf dich an."

Theo schrieb an die Army, ans Rote Kreuz, an Hilfsorganisationen, an Militärmuseen und an Ernest, ob der irgendetwas von Heimen für Untote wisse. Er konnte sich nicht an den Vornamen von Bucks Frau erinnern, wusste nur noch, dass der Brief nach Oklahoma gegangen war. Er fragte bei der *New York Times* und anderen großen Zeitungen an, ob sie einen offenen Brief von ihm publizieren würden. Er schaltete Anzeigen. Mary fand den Namen des Arztes nicht und kam Theo und Charlotte an der East Side in New York besuchen. Theo erzählte ihr die Geschichte Bucks.

„Wenn du damals nicht so viel gesoffen hättest, wüsstest du Namen und Adresse der Frau noch", sagte sie. Sie sah Theo an. „Entschuldige", sagte sie.

„Damals begann ich zu denken, der Tod sei eine Lösung", sagte Theo. „Es war alles falsch. All meine Romane sind falsch."

„Ach Theo. Als wenn deine neue Todesphilosophie irgendwem nützte. Hör auf damit. Du machst dich verrückt. Unseren Paul bekommen wir nicht wieder. Und Buck ist wahrscheinlich längst gestorben, selbst wenn er noch in irgendeinem Heim gelebt hat. Er war älter als du, und das Ganze ist lange her. Mit solchen Verletzungen sinkt die Lebenserwartung. Buck ist tot, unser Paul ist tot, deine Schwester Silvia ist tot. Der liebe William ist tot. Und von keinem hast du die Leiche gesehen. Du wirst abstrakt, Theo. Früher hast du mir besser gefallen. Paul geht es jetzt gut, Theo, es geht ihm gut, davon bin ich überzeugt."

„Ihr seid abstrakt, Mary, ihr seid gezielt abstrakt, um es euch einfach zu machen."

„Du hast viel zu tun, wenn du gegen deine Vergangenheit kämpfen willst."

„Mit jedem Gedanken an den Tod wird die Welt ein bisschen schlechter", sagte Theo, wiederholte den Satz und notierte ihn.

Mary sah Charlotte an, die mit ausgestreckten Beinen auf dem Sofa saß und Helen in den Armen hielt.

„Deine Tochter, Theo. Ich hab oft gesagt, du seist Paul ein schlechter Vater gewesen. Wir haben uns häufig gegenseitig verletzt. Ich möchte dich um Verzeihung bitten. Paul hat dich geliebt. Du warst gut für ihn. Sei das Gleiche für das Mädchen. Und um Himmels willen, lasst mich Patentante werden."

Charlotte hob den Daumen.

Theo erhielt einen anonymen Brief, in dem ihm ein Mann schrieb, er habe Buck Henson gekannt und mit ihm ein Zimmer geteilt. Henson sei vor acht Jahren gestorben. Er, Henson, sei recht frohen Mutes zu ihnen in das Heim gekommen, und er habe diese gute Laune etwa ein Jahr lang aufrechterhalten können. Dann sei er zusammengebrochen, dieser wohlbeleibte Mann ohne Gesicht, der nicht mehr kauen konnte. Jahrelang sei beinahe täglich ein Psychiater bei Henson gewesen, die Sitzungen hätten stets sehr lange gedauert, weil Henson nicht sprechen, sondern nur schreiben konnte. Er habe zweimal versucht, sich umzubringen. In all den Jahren seien auf Bucks Schmierzetteln insgesamt nur drei Namen vorgekommen, der seiner Frau Clara, der seiner Mutter Etta und der seines Freundes Theo Mannlicher. In den letzten Jahren seines Lebens sei es Henson wieder richtig gut gegangen, gemessen an der dem Heim eigenen Richterskala, die nicht von dieser Welt sei. Henson sei ein unschlagbarer Schachspieler geworden und habe mit seinem einen Auge viele Bücher gelesen. Die frühen Romane seines Freundes Theo hätten ihn verstört, aber eine Freundschaft sei nicht abhängig von den beruflichen Leistungen der Beteiligten.

Aus Oklahoma kam der Brief einer Miss Beaty,

einer Freundin von Clara Henson, die ihren Mann Buck im Ersten Weltkrieg verloren habe. Clara Henson sei letztes Jahr bei einem Autounfall ums Leben gekommen. ‚Am Ende noch eine Sache, Mr. Mannlicher, Sie großer Autor und Preisträger zahlreicher Auszeichnungen: Sie sind ein armseliges Schwein, wenn Sie Clara Henson diesen Brief geschrieben haben, von dem Sie jetzt so reumütig berichten. Clara war eine großherzige Frau, die ihren Buck auch ohne Gesicht geliebt hätte. Sie hat nicht wieder geheiratet. Ich hoffe inständig, dass Ihr Gewissen Sie auffrisst.'

Theo stand auf der Piste, und die Hitze hielt ihn umklammert. Er ging den Weg zurück und sah alle paar Meter die Flecken roten Rotzes, die der betelkauende Bauer hinterlassen hatte, den er hitzeverwellt einige 100 Meter vor sich den Karren ziehen sah. Theo begann zu schlucken, als er an das erste kalte Bintang dachte, das er gleich trinken würde.

Nach der Inselerzählung schrieb Theo in Canico eine über den Untergang der Titanic. Er ließ sich von Silvia Bücher zum Thema schicken und dachte an seine Sommerzeit mit John Butcher, bei dem er sich entgegen seiner Zusage nicht mehr gemeldet hatte. Theo schrieb über den Mann, der anderen Reisenden von Bord half und dann nicht mit in die Bar ging, um mit Astor und Guggenheim zu sterben, sondern über Bord sprang und von den zurückkehrenden Rettungsbooten aufgenommen wurde. Kaum in Amerika, erkrankte der Mann an Magenkrebs und siechte dahin. Er bereute, sich gegen den Cognac auf der Titanic entschieden zu haben. Theo erschrieb sich eine böse Frau für den Mann, die darunter litt, dass ihr Gatte nicht wie ein Held gestorben war und jetzt röchelnd bei ihr im Bett lag. Die Frau ließ ihren Mann spüren, dass sie ihn ob seines Sprunges verachtete, und sie sagte dem Sterbenden, dass sie schon lange ein Verhältnis mit einem anderen habe.

Diesmal schrieb Bill ihm einen kurzen Brief:

‚Du bist der Teufel, Theo.'

Niemanden lieben die Menschen insgeheim mehr.

1928 erschoss sich Ernest Hemingways Vater, und der Kriegsächtungspakt wurde geschlossen.

Theo saß in einem Hafencafé unterhalb der Festungsmauern von Funchal. Das Meer war der flüssige Spiegel der Sonne, und von einigen Kuttern wehte der Geruch toter nasser Fische herüber, gold-silberne Haufen, in denen es hier und da zuckte. Theo las in der Zeitung, dass 15 Staatsmänner den Kriegsächtungspakt Ende August unterzeichneten. Als ob sich im Bedarfsfall auch nur einer daran halten würde, als ob Todschisten den Angriff scheuten. *Naiv*, dachte Theo. Er blätterte durch die Seiten, in denen sich der Meerwind verfing, las, dass Tschiang Kaischek Peking besetzt hatte, und er dachte an Owen. Mussolini hatte ein Attentat überlebt, Brecht die *Dreigro-*

schenoper uraufgeführt. Auf der letzten Seite las er, dass ein Matrose in Moskau von einem Pferdewagen überfahren worden war. Ein Matrose, in Moskau, von einem Pferdewagen. Er knüllte die Zeitung zusammen und stopfte sie in einen Papierkorb an der Promenade.

Im Herbst 1932 verbrannte New Riverside. Bob schrieb Theo, dass der Ort während des großen Waldbrandes nicht zu retten gewesen sei, die Holzhäuser hätten gebrannt wie Zunder, und eigentümlicherweise sei der Kirchturm noch vor den meisten Häusern zusammengefallen. Der Wind habe den Rauch, in dem sich New Riverside auflöste, bis nach New York getrieben. Auch vom Friedhof sei nichts geblieben, der Grabstein von Theos Mutter sei in der Hitze zerplatzt. Bob betreibe sein Geschäft jetzt nahe der Piers am Hudson und habe ein Büro, von dem aus er auf den Fluss schauen könne. Das sei sehr schön.

1933, Paul war zwölf Jahre alt, groß und sprach Amerikanisch, Deutsch und Portugiesisch, verließ Theo mit seiner Familie Madeira, weil Salazar in Portugal eine Diktatur etabliert hatte. Im selben Jahr wurden in Deutschland Theo Mannlichers Bücher auf die Scheiterhaufen geworfen. Die Mannlichers kehrten nach New York zurück. Jetzt war nicht mehr das Woolworth Building das höchste Haus der Welt, sondern das Empire State inmitten Manhattans. Theo skizzierte das kalkfarbene Gebäude in sein Tagebuch und malte ein großes Auge auf die Spitze des Wolkenkratzers. Sein Herz schlug, als sich das Schiff Manhattan näherte, um die Spitze der Halbinsel herumdampfte und links dann die Freiheitsstatue lag und Ellis Island und rechts die Wolkenkratzer, die Metaphern, wie seine Mutter gesagt hatte.

13

Der Todfreund

Der alte Theo Mannlicher saß im Kerzenschein auf der Terrasse, neben sich einen Wassereimer mit gekühltem Bintang-Bier, und sah ein Foto an, das seine Frau Maria Venca vor der Festung von Funchal zeigte. Einer der wenigen windstillen Tage am Meer, denn Mary trug das Haar offen, und es fiel ihr in zwei schwarzen Kaskaden auf die Brüste. Theo sah über den Rand des Bildes hinweg.

Wie jeden Abend waren zum Sonnenuntergang die Bewohner des benachbarten Hüttendorfes am Strand erschienen, die ziehenden Händler hatten sich auf ihre Bündel gesetzt, und das gesamte Personal der Bungalowsiedlung hatte sich am Gartentor versammelt, um die Sonne versinken zu sehen. Vor einigen Abenden hatte sich ein Junge namens Wayan, ein Erstgeborener, zu Theo in den Sand gesetzt und ihm erzählt, er sehe sich, seit er lebe, jeden Sonnenuntergang an, und er kenne hier niemanden, der das nicht ebenfalls tue. Er wohne mit drei Brüdern und vier Schwestern und seinen Eltern in einer der Hütten im Palmenwald und sei noch nie aus der Bucht fort gewesen. Er fahre Touristen mit dem Boot hinaus, Delphine gucken. Bali sei so schön. Aber er wolle auch einmal in diese Stadt Nu Jorcke. Ach Junge, hatte Theo gesagt, ich weiß nicht, ob Nu Jorcke das richtige wäre.

Im Laufe der Jahre nach ihrer Trennung hatten Theo und Mary sich wieder angefreundet. Mary hatte ein zweites Mal geheiratet, einen arbeitslosen Architekten, der sich als Bauarbeiter durchschlug und ein gebildeter, sportlicher Mann war. Für Mary entwarf er eine Kirche, die am einen Ende des Schiffes eine Kanzel und am anderen einen Basketballkorb hatte. Überall in der Wohnung der beiden hingen Skizzen zu dieser Kirche.

Mary beharrte darauf, überhaupt niemals so katholisch gewesen zu sein, wie Theo sie oft schilderte. Und sie hatte recht damit. Sie war nicht die typische Katholikin, sie ging lediglich ab und zu in eine Kirche und betete, sie sah sich ein Kruzifix an, wenn sie nachdachte, aber all das floss an ihr vorbei wie der Straßenverkehr in New York, es gehörte dazu, war nicht wegzudenken, war aber auch nicht wirklich wichtig. Und dass sie sich weder nackt malen noch fotografieren ließ, sei eine Frage des Naturells, nicht eine der Religion. Die zehn Gebote seien ihr Leitfaden, sie wisse ohne sie nicht zu leben, sie seien ein Geländer, eine Reling oder wie immer er das nennen mochte. Menschen unterdrückten sich durch die Kultur, und das sei gut so.

Mary erlag am 22. November 1963 völlig überraschend einem Herzschlag, während einer anderen attraktiven Frau im offenen Heck einer Limousine das von einem Schuss zerfetzte Hirn ihres Gatten in den Schoß fiel.

Theo sah in den Himmel, als eine Windbö rauschte. Der Mond hing voll und schwer über dem Meer und machte einen Streifen Wasser silbern und lag wie hauchdünner Schnee auf Palmblättern. Welch eine Bucht. Literatur war auch dazu da, solch einen Platz zu besingen, selbst 1999 noch. Mary hätte gesagt, man müsse der Bucht eine tragische Struktur geben, Charlotte hätte gesagt: „Mach einfach, Theo, die Bucht ist wunderbar. Lässig dahingeworfene Schönheit unter Wind, so etwas gibt es halt, und das ist ja auch gut so."

Theo zog sich eine Strickjacke über, weil der Wind jetzt immer kälter wurde, und schnürte ein Zeitungspaket auf. 1936 bis 1939, der Spanische Bürgerkrieg. Er erinnerte sich, dass ihm dieser Krieg ganz recht gekommen war. Er wollte weg von Mary und hinein in den Krieg, um wieder einen Roman schreiben zu können. Nichts anderes war es, das wusste er heute. Er begann an den langen Eichentischen der Public Library über Spanien zu recherchieren, eignete sich die Geschichte und in groben Zügen die Sprache des Landes an, er las Hemingways „Fiesta", las Cervantes und studierte Goyas „Desastres de la Guerra". *Goyas Augen,* dachte er, *Goyas Blick, sein Hetzen zwischen den Welten, die Maja, der Krieg.*

‚Was kann man noch tun?', fragte Goya als Unterschrift zu einer Radierung: Zwei Soldaten mit Mützen zerren die Beine eines nackten Mannes auseinander, und ein dritter schneidet ihm mit dem Säbel die Geschlechtsteile ab. „Was kann man noch tun?"

Theo kaufte sich Schnürstiefel und eine Lederjacke mit aufgesetzten Taschen. Er schrieb dem Verlag, dass er nach Spanien gehe, wie es mit einem Vorschuss aussehe. Bill sagte, er habe darauf gewettet, dass Theo nach Spanien gehe. Ob er sich den kämpfenden Truppen anschließen wolle? Nein, sagte Theo, zwar sei es sicher eine gute Sache, Faschisten totzuschießen, aber auch wenn dieses Töten sein müsse, er selbst könne nie Soldat werden – was ihn nicht davon abhalten solle, einen dieser Scheißkerle umzulegen, wenn er ihm zu nahekomme.

Theo schüttelte den Kopf: Das war seine Sprache gewesen, zu jener Zeit, und man hatte ihn gehört, Porträts von ihm in den Zeitungen gesehen, ihm manchmal sogar nachgeeifert. In der Erinnerung, jetzt und hier mit fast 100 Jahren auf den knochigen Schultern, erschien ihm vieles so unwirklich, und er sah seine Rechte an und versuchte sich vorzustellen, dass sie wirklich den spanischen Stein und die spanischen Flaschen und die spanische Luft gefühlt hatte.

Der alte Chinese setzte sich auf das Mäuerchen vor Theos Terrasse. Der Mond riss eine Seitenlinie der Silhouette des Alten aus dem Dunkeln.

„In Spanien", sagte Theo, „war ich ein Dreckskerl. Gibt es in deiner Erinnerung eine Zeit, in der du ein Dreckskerl warst?"

„Nein, natürlich nicht. Ich bin ein weiser Chinese."

„Mit Bibliothek und Videosammlung und wahrscheinlich sogar mit einem Computer."

„Telefax, Internet, Bildschirmtelefon, Handy und einem großen Wissen über die Kultur meines Landes."

Sie lachten sich an. Der Alte winkte dem Kellner an der Holztheke des Restaurants nach zwei Gemüsesuppen und Bier.

„Du warst immer ein Guter, Theo. Du hattest dich verlaufen. In deinen frühen Romanen schimmert immer das Entsetzen durch. Dieses Entsetzen kann nicht von einem Todfreund kommen."

„Normalerweise werfen sie Bomben", sagte der englische Korrespondent, „aber dieses Mal … Schau es dir an."

Theo sah auf die offene Kiste hinab, die auf dem Kopfsteinpflaster vor dem zerbombten Haus stand. Er nahm den Flachmann aus der Innentasche, schraubte ihn auf, trank und reichte dem Engländer die Flasche. Es war Theos zweiter Tag in Madrid. Er hatte den Engländer am Abend des Vortags in einem Straßencafé auf der Gran Via kennengelernt. Es sei eine Einladung an den Tod, hatte Theo gesagt, mitten im Krieg die Straßencafés geöffnet zu lassen. Der Engländer hatte geantwortet, er sei von Anfang an dabei gewesen und er gewinne den Eindruck, dass ganz Spanien eine Einladung an den Tod sei. Es sei ein ungeheures Morden.

„Und Madrid ist der Resonanzkörper der Kriegs-
geräte", hatte Theo gesagt. Die ganze Stadt schien
zu vibrieren und zu rumoren, wenn Granaten zisch-
ten und barsten, wenn Straßen sich unter Bomben-
explosionen schüttelten, und vom Hämmern der
MGs.

„Die Leute sagen", berichtete der Engländer jetzt,
„das Blut tropfte aus der Kiste, als sie am Fallschirm
auf den Boden zu schwebte."

Theo zeichnete eine Skizze in sein Tagebuch. Die
hölzerne Kiste mit den feucht aufgequollenen Bret-
tern und der Lache darunter gelang ihm gut, aber
das Durcheinander des Inhalts wollte ihm nicht aus
dem Stift, und er wollte es sich auch nicht zu lange
ansehen, und ein halbes Bein sah aus, als hätte es eine
Hand.

„Es war ein Brief der Faschisten dabei", sagte der
Engländer.

„Der Junge war ein Flieger. Er lebte noch, als sie
… du siehst es ja."

„Dass ein Mensch in eine so kleine Kiste passt", sagte Theo. Er schlug nach den Fliegen, die sein Gesicht
umkreisten. Er versuchte, sich einen Zigarillo anzu-
zünden, aber seine Hände zitterten, und er brauchte
drei Streichhölzer, bis der Tabak glühte.

„Ich werde das aufschreiben", sagte er, „deshalb
bin ich hier. Ich hoffe, der Junge wurde schnell be-
wusstlos."

„Wenn es die Moros waren, nicht. Da reisen wir

durch die Welt und interessieren uns für fremde Kulturen, und dann sind wir hier und beginnen, jeden Marokkaner zu hassen."

„Da gibt es nichts zu diskutieren, die Moros müssen umgelegt werden. Am besten alle", sagte Theo. Er hätte sich gern einen Spiegel vors Gesicht gehalten, als er diesen Satz sagte, einen Spiegel, um zu sehen, wohin er gekommen war, wie hohl seine Wangen und wie hart sein Mund war und wie gut die Qual in seinen Augen versteckt blieb. Theo hatte etwas Bitteres im Mund und spuckte auf die Straße. Das Bittere blieb. *Halt den Kopf sauber. Niemals, niemals.* Er fluchte.

„Was geschieht mit der Kiste?", fragte er. „Wer ist dafür zuständig, solche Sachen zu beseitigen?"

„Keine Ahnung."

„Diese Details. Jemand muss die Kiste hier wegschaffen, muss die Teile des Jungen beerdigen, muss sogar nachsehen, ob irgendwo zwischen all dem Zeug seine Marke liegt."

„Das einzige, was fehlt, ist der Kopf", sagte der Engländer.

„Vielleicht liegt er weiter unten", sagte Theo. Er musste plötzlich an Paul denken, der jetzt 17 Jahre alt war und, wenn er Spanier wäre, eine Waffe tragen und sterben müsste. Er versuchte sich vorzustellen, dass die Reste dieses Jungen dort vor ihm in der Kiste ein Sohn waren, ein Bruder, vielleicht sogar ein Liebhaber. Ein Liebhaber, dem man bei lebendigem Leib

... Er wandte sich ab und erbrach sich, und in der Hitze schlug ihm der saure Geruch des Erbrochenen sofort ins Gesicht. Mit dem Fuß schob er Schutt und Staub auf seinen Auswurf.

„Du machst dich kaputt mit der ganzen Scheiße hier", sagte der Engländer. „Mann, du musst doch gar nicht hier sein. Ich hab den Eindruck, du solltest zurück zu deiner Frau und deinem Sohn, Theo."

„Ich bin hier richtig", sagte Theo und wischte sich mit dem Unterarm den Mund ab.

Ein von den Milizen beschlagnahmtes Taxi kam vorbei, und Theo und der Engländer sprangen auf die Trittbretter und fuhren zurück zum Stadtzentrum. In der Nähe des Nordbahnhofs zeigte der Engländer auf eine zusammengeschossene Kaserne, deren Außenmauern mit Baumstämmen abgestützt waren und auf die jemand Gedichte geschrieben hatte. *Führt ihr euern Krieg, ich schreib hier, schrie der Mann, ich schreib doch nur, und sie zogen ihn an den Armen fort, schleiften ihn hinter sich her zu den anderen, die an der Wand standen, und Goya weinte ...*

„General Faujul täuschte die Kapitulation vor", rief der Engländer gegen den Fahrtwind und das Knirschen des Schotters unter den Reifen. „Als die Republikaner einmarschieren wollten, hat er aus allen Rohren feuern lassen. Der ganze Hof war voller Leichen. In der Mittagshitze dann wurde die Kaserne gestürmt. Ich hatte den Eindruck, es war blanke Wut, die die Männer und Frauen vorantrieb. Das

Massaker anschließend war nicht gerade gentleman-like, wenn ich das mal so sagen darf."

Sie sprangen vom Wagen. Theo knickte im Fuß-gelenk um und fiel auf die Steine. In der Ferne schoss Artillerie, und vom Universitätsviertel hörten sie das Schlagen von Maschinengewehren. Ein Gesicht mit Schläuchen in Mund und Nase tauchte vor Theo in der Hitze auf, und Theo wischte sich über die Augen, trank aus dem Flachmann und stand auf. Er brauch-te eine Waffe. Noch einmal würde er ein Schlauch-gesicht nicht überleben lassen, noch einmal würde er einem solchen Menschen das Leben nicht antun.

„Lass uns was trinken gehen", sagte Theo. Der Engländer führte ihn auf die Calle de Alcala, wo Mi-lizionäre ein Café in der Ruine einer Apotheke einge-richtet hatten. In den Schubladen der deckenhohen Apothekerschränke standen Flaschen und Gläser. Überall standen Gewehre, und mitten auf der Stra-ße war ein Bombentrichter, in dem Kinder spielten. Junge Frauen in Kleidern flanierten vorbei und tru-gen Karabiner quer über dem Rücken. Eine Frau fiel Theo besonders auf. Sie ähnelte Mary, hatte die glei-chen schwarzen Augenbrauen, eine schöne Nase und trug ihr Haar offen und lang. Bei ihr eingehakt, ging eine Dicke, deren runde Waden in dünne Fußgelen-ke mündeten, die zu zart waren, dieses Gewicht auf Dauer tragen zu können. Die Dicke schwitzte und redete von der Seite auf ihre Freundin ein. Theo sah den beiden Frauen hinterher. Aus dem Bombentrichter krabbelte ein Kind und hatte ein Gewehr ohne Kolben in der Hand. „Die Kinder müssen rausgehalten werden", murmelte Theo. Er bestellte eine Flasche Rioja. Er hatte seit dem Frühstück nichts gegessen, und der Wein stieg ihm schnell zu Kopf. Theo trank viel, um den Geschmack des Erbrochenen zwischen den Zähnen und im Gaumen wegzubekommen. Er wippte auf dem Stuhl.

„Seid ihr alle bereit zu sterben?", fragte er lauthals die jungen Leute in der Ruine und an den vernarbten Tischen auf dem Gehweg. Wie im Chor antworteten sie, ja, sie seien bereit, für die Republik zu sterben. Theo lud sie ein, winkte sie heran und bezahlte Wein für sie. Einer der Jungen hängte ein Bild Francos am gegenüberliegenden Haus auf, und sie machten Zielschießen. Theo ließ sich einen Karabiner geben, war aber so wackelig auf den Beinen, dass der Rückstoß ihn umwarf und er auf den warmen Steinen lag und den Himmel sah und die Rauchwolken. Der Engländer half ihm hoch.

„Tolle Party", sagte Theo.

„Mann, so fertig wie du möchte ich niemals sein", sagte der Engländer. „Ich habe den Eindruck, dass du ein zerstörter Mann bist, Theo."

„Ach was", sagte Theo, „das hier, das ist die Welt. Ich kenn die Welt."

Der Engländer schlang sich Theos Arm um die Schultern und geleitete ihn zum Hotel, wo Theo auf seiner Pritsche einschlief und erst Stunden später durch den nahen Einschlag einer Granate geweckt wurde. Irgendwer hatte ihm Brot, Wasser, Orangensaft und eine Dose Corned Beef auf den Tisch gestellt. Theo aß alles auf und sah aus dem Fenster. Das gegenüberliegende Haus war ausgebrannt, die Fensterlöcher waren rußumrandet, und hinter einem Fensterloch stand ein Kleiderschrank mit offenen Türen, und von der Straße hörte er Autos hupen, und immer schepperten die MGs aus dem Universitätsviertel, wo die Hauptkampflinie verlief.

Theo holte einen Schreibblock aus seiner Reisetasche und begann, Entwürfe für sein neues Buch aufzuschreiben. Er dachte daran, eine Collage von Kriegsbildern zu machen, ähnlich der Bildersammlung von Goya. Goya war mit den „Desastres" der erste Kriegskorrespondent, ein Bildermacher, der vor 200 Jahren „Krieg dem Kriege" vorweggenommen hatte. Vielleicht würde Theo eines Tages einen Roman über Goya schreiben. Er hatte noch keinen Künstlerroman geschrieben, obwohl die Kunst der einzige Beruf war, von dem er Kenntnis hatte. Wenn er einen Künstlerroman schreiben würde, dann über Goya, dann hierher nach Spanien reisen, nachdem Franco eingesperrt worden ist, und über Goya schreiben.

Theo schrieb „TOD" in Großbuchstaben auf einen Zettel und heftete ihn über den kleinen Tisch an die Wand. Das Ziel des neuen Romans. Dann hörte er von der Straße ein ungeheuer lautes Sausen und dann bebte die Erde und es krachte und der Tisch war in einer anderen Zimmerecke und das Bett lag über Theo und schwarzer Rauch wirbelte in das Zimmer und es regnete Glas. Theo hustete, stieß die Pritsche weg und stand auf. Das Fenster seines Zimmers hatte nur noch eine Ecke, die anderen drei waren fortgerissen, und das Fenster reichte nun bis zum Boden. Theo klopfte Staub, Glas und Steinchen von seinen Kleidern, hustete und trat an das neue Fenster. Auf der Straße klaffte ein rauchender Trichter, ein Auto war auf die Seite gekippt, und drei Männer in schwarzen Overalls lagen vor dem Auto. Einer hatte keine Beine mehr, bewegte aber den Oberkörper, und die Finger seiner rechten Hand rollten sich zusammen, als wollten sie Theo heranwinken. Die anderen beiden Männer lagen still. Theo stellte den Tisch wieder an die Wand, die Pritsche zurück in die Zimmerecke, hob Bücher und Stifte auf und lief hinab auf die Straße. Einige Leute hatten sich um den Trichter versammelt. Der Mann ohne Beine bewegte sich nicht mehr. Er hatte ein großes Loch direkt unter der Schädelbasis, er musste sofort tot gewesen sein.

Einer der Toten lag da, als schlafe er, die Beine angewinkelt, einen Arm unter dem Kopf und den Mund leicht geöffnet. Theo beugte sich zu ihm hinab, zog die Pistole aus dem Gürtel des Mannes und fingerte eine Patronenschachtel aus der Brusttasche. Er fragte einen Milizionär, ob das in Ordnung sei, und der Mann nickte und wischte sich über die Augen. Aus der Hocke heraus betrachtete Theo die Umstehenden. Er prägte sich ihre Blicke ein, die Augen der Überlebenden. Die meisten wirkten nachdenklich und ruhig, versunken, einige weinten, und alle waren weit weg, schienen aus vielen Kilometern Entfernung auf die Toten zu schauen. Die Toten blickten in Gegenden, vor denen es Theo schauderte. Er drückte den Männern die Augen zu. Drei Welten gingen unter. Theo ging zurück in sein Zimmer. Er sah zu dem Zettel an der Wand.

„Noch nicht, hm?", murmelte er. Niemals, niemals, niemals. Er kratzte sich das Ohr und sah sich um. Er stand in der Sonne, sie schien warm auf seine Haut, und er trat zurück in den Schatten und setzte sich zu Boden. *Mary,* dachte er, *Paul.*

Aber mit Mary war das doch alles nichts mehr. Sie liebte seine Literatur nicht, sagte, sie fände es komisch, dass er keine richtige Arbeit habe. Wenn er mit ihr schlief, hielt er die Augen geschlossen. Früher hatte er sie angesehen, jetzt schlief er mit ihren Brüsten und mit ihrer Scheide und ihrem Hintern, aber nicht mehr mit ihr.

Theo zog die Pistole aus dem Gürtel und spannte den Hahn. Keine Sekunde, keine Sekunde würde es dauern. *Paul. Bäume im Wind. Das Meer. Niemals, niemals, niemals. Verdammt noch mal ...* Theo riss den Mund auf, schrie und schrie und schrie und dachte an den letzten Krieg, das große Töten, das Papier der Geschichtsbücher und daran, dass dieser Krieg zusammenfloss in einen Trichter, dass all

der Brei und die Schienen und Verbände und Ka-
nonen zusammenflossen in einen Trichter, der ihm,
Theo Mannlicher, im Mund steckte. Er schleuderte
die Pistole quer durch das Zimmer, sprang auf und
schlug nach jemandem, boxte immer wieder in ein
Gesicht, keuchte und fiel schließlich aufs Bett.

Theo begann über die internationalen Brigaden zu
recherchieren. Ein Mann aus deren Reihen passte
ihm am besten ins Schreibkonzept. Ein Brigadist aus
Deutschland würde in den Tod reisen, jeder Weg endete dort, alle Wege führten zum Tod. Es gebe fünf
Brigaden, sagte der Engländer. Ihr Hauptquartier liege zurzeit in Albacete. Es seien etwa 40 000 Mann,
sehr viele Deutsche, sehr viele Schriftsteller. Die
internationalen Brigaden dürften wohl die intellek-
tuellste Armee sein, die es je gegeben habe.

Er traf sich mit Hemingway im Florida Hotel auf
der Gran Via. Die Prachtstraße war noch immer eine
Prachtstraße und zog sich schnurgerade und beidsei-
tig mit Stadtpalästen bebaut durch den Krieg. Auch
Hemingway steckte in einer Geschichte und murmelte etwas über einen Schlafsack und eine Brücke
und Kiefernnadeln.

Er erzählte Theo von der Jagd in Kenia, von den
Löwen und Büffeln, die er geschossen hatte, und
Theo sagte, das sei sicher fabelhaft gewesen. He-
mingway betrachtete Theo lange und runzelte die

Stirn. Was mit ihm geschehen sei? In Italien sei er so ganz anders gewesen. Er wirke sehr verbittert. Theo winkte ab und spuckte aus dem Fenster. Dafür werde Hemingway immer dicker, wehrte er sich, und bekomme ein absurd breites Gesicht.

„Lass uns spazieren gehen", schlug er vor, und sie gingen vom Florida aus über die große Straße in Richtung Universitätsviertel, wo unaufhörlich Schüsse die Luft zerrissen. Am Himmel sausten Jagdflieger einem Bombergeschwader hinterher, und als die Motoren eines Bombers zu brennen begannen, hörte Theo irgendwo aus den Straßen Jubelschreie.

„Weißt du, Robert …", setzte Hemingway an.

„Theo."

„Theo, entschuldige. Weißt du, Theo, vielleicht ist dem Spanier das Sterben noch vertrauter als dem Deutschen. Warst du schon einmal beim Stierkampf? Oder bei der Fiesta in Pamplona? *Nada,* Theo, *nada* – das ist das zentrale Wort in Spanien."

„*Nada* – das ist nicht der Tod, Ernest."

Sie duckten sich hinter einen zerschossenen Lazarettwagen, als unweit von ihnen ein MG hämmerte. Gebückt liefen sie bis zur Bibliothek, die groß und dickwandig halb in der Sonne und halb im Schatten hoher Bäume lag und wo Ernest von einigen Männern gegrüßt wurde. Sie kletterten über Bretter durch die Tür zum unteren Saal, einer Halle voller umgestürzter Regale, Schrott, Bücher, Bücher, Bücher und Sonnenbalken, die durch Schusslöcher und glaslose

Fenster kamen und Staubteilchen erstrahlen ließen. Vor einem leeren Bücherregal lagen einige Tote unter Decken. MGs waren auf Buchstapeln aufgestützt und lugten durch Löcher in der Bibliotheksmauer. Überall lagen Bücher verstreut, der ganze Boden war übersät mit aufgeschlagenen und geschlossenen Büchern, Ledereinbände lagen unter Staub, Seiten flatterten, Männer schliefen mit einem Stapel Bücher als Kopfkissen. Ein Soldat zerschnitt die Seiten eines Buches zu Zigarettenpapier. Theo glaubte die ehemalige Anordnung der Regale erahnen zu können, sie mussten in imposanten Längsreihen mit vielen Querabteilungen gestanden haben. Er sah eine breite Treppe ins nächste Stockwerk führen, und auch die Stufen waren übersät mit Büchern, machten einen Teppich, stauten sich zu ganzen Haufen. Theo fragte sich, wie es im nächsten Stockwerk aussehen mochte und ob die Bücher den Krieg halbwegs unbeschadet überstehen würden. Er bückte sich nach einem Buch und klopfte es ab. „Gracian, Hand-Orakel und Kunst der Weltklugheit". Trockene Flecken waren auf dem Einband.

„Ob hier auch irgendwo Bücher von uns rumliegen?", fragte Theo. Hemingway zuckte die Achseln, sein Pamplona-Roman auf alle Fälle, sagte er. Er redete mit einem Offizier über den Frontverlauf, der die Universität trennte. Dann legte Hemingway sich hinter ein MG, spähte über den Lauf durch die Schießscharte hinaus und machte sich im Liegen Notizen auf einen faustgroßen Block. Theo rieb mit dem Ärmel den „Gracian" sauber und ging quer durch den Lesesaal zu einem leeren Regal. Einige Männer riefen nach ihm, er solle sich bücken, auf der anderen Seite lägen Scharfschützen. Aber Theo ging unbeirrt durch den dunklen Raum, durch die gelblichen Lichtfelder, wo die Sonne durch die zertrümmerte Außenwand schien, er stieg über umgefallene Regale, über Tote, und seine Füße traten Bücher, gerieten einmal in eine Blutlache, und er erreichte das Regal, ohne dass ein Schuss gefallen war. Er stellte das Buch an einen sonnenbeschienenen Platz und streichelte über den Einband. Schüsse krachten, und Querschläger surrten durch die Bibliothek und klatschten gegen Stein und Holz und in Bücher. Theo kratzte sich das Ohr. „Niemals, niemals, niemals", murmelte jemand, und Theo steckte sich den kleinen Finger ins Ohr und drehte ihn mehrmals hin und her.

Manchmal, so erinnerte sich Theo von der Terrasse aus, wo der alte Chinese schweigend neben ihm saß, die Hände auf dem von Gemüsesuppe und Bier vollen Bauch, war er ein bisschen neidisch auf Hemingway gewesen, von dem es so viele Fotos gab, Biografien voller guter Bilder. Manchmal war man neidisch auf jemanden, der war, wie man selbst nie sein möchte. Hemingway war Theo immer zu überschwänglich gewesen, zu vordergründig besessen vom prallen Leben. Hemingway war niemals glück-

lich gewesen, und wenn doch, dann war er tränen-
selig glücklich. Er musste seit seiner Kindheit eine
Trauer mitgeschleppt haben. Seine Augen waren immer traurig gewesen. Manchmal dachte Theo, dass
Hemingway ein sehr guter Landschaftsmaler hätte
werden können, dass er sich einer anderen Kunst-
form als der des Schreibens hätte widmen sollen
und den verheerenden Fehler gemacht hatte, seinen
Blick stets in die für sein Leben und sein Empfinden
falsche Richtung zu wenden. Hemingway war ein
Verletzter gewesen, der das nie zugeben wollte. Aber
wenn er mal eine Schramme hatte, stellte er sie zur
Schau, ließ sich fotografieren, wenn er ein Pflaster
auf der Stirn hatte, weil ihm ein Badezimmerschrank
auf den Kopf gefallen war. Ein anderer Mann hätte
sich viel früher umgebracht als er. Das war das einzig
Heroische an Hemingway, ein trauriger Heroismus,
ein trauriger Sieg. Theo war der einzige Schriftsteller
gewesen, der 1961 zur Beerdigung Hemingways in
Ketchum erschien, mit allen anderen Autoren hatte
Hemingway sich zerstritten. Ob er sich noch an die
Tage mit Hemingway auf Kuba erinnern könne, flüsterte Charlotte während der Beerdigung.

„Ja", sagte Theo.

„Solch ein Unsinn", sagte Charlotte, „und jetzt
sieh dir die arme kleine Frau an."

„Hätte sie ihn nur abhalten können", sagte Theo.

„Kann man Selbstmörder abhalten?"

„Man muss", sagte Theo.

Theo begann seinen Roman „Der Bericht" in dem Hotelzimmer in Madrid zu schreiben. Er fühlte sich Ernest sehr nahe, und sie freuten sich, wenn sie sich mittags trafen und einen Drink nahmen. Manchmal, wenn er sich beim Schreiben einen Moment zurücklehnte, fragte er sich, ob Hemingway im selben Moment dasselbe tat – sich zurücklehnen, den Blick vom Papier heben und aus dem Fenster sehen oder an die Wand.

Abends nagelte Theo eine schwere Wolldecke vor das Fensterloch, tagsüber ließ er die Sonne ins Zimmer scheinen und stellte sich in den Schreibpausen an das Fensterloch, rauchte und sah auf die Straße hinab.

Mit dem englischen Korrespondenten zusammen nahm er am Panzervorstoß gegen das Städtchen Sesena teil und sah und hörte, wie die Panzer über die überraschten Kavallerieeinheiten rollten und Mensch und Tier verformten. Der Engländer machte ununterbrochen Fotos, und sie tranken aus Theos Flachmann. Nach der Schlacht taumelten sie einige Minuten durch den Schrott des Krieges, und Theo erstarrte, als er ein einzelnes Ohr vor seinen Füßen erblickte. Es lag neben einem Stiefel. Theo blickte sich ruckartig um und sah all die Leichen und das Blut und den menschlichen Brei mit den Panzerspuren darauf, und er trat nach dem Ohr, und es flog auf den nächsten Schutthaufen.

Ob alles in Ordnung sei, fragte der Engländer. Jaja, sagte Theo, er habe das seit seiner Kindheit.

Was?

„Das mit den Ohren. Ich hab's mit den Ohren."

„Schwerhörig?"

„Nein, zu-gut-hörig."

Sie fuhren auf einem Panzer liegend nach Madrid zurück. Theo sah noch, wie republikanische Soldaten mit Gerätschaften aus Schrott auf die gefangenen Marokkaner zugingen und diese großen, dunklen Männer zu schreien begannen und sich in ihren Fesseln wanden. „Nein", schrie Theo, aber das Rasseln der Panzerketten und das Aufheulen der Motoren übertönten ihn, und er war zu betrunken, um vom Panzer springen zu können. Sein Herz polterte in seinem Hals, und er trank und rauchte und notierte.

Im November traf die 11. Internationale Brigade in Madrid ein und eroberte in einer 16 Tage währenden Schlacht den Stadtpark von den Marokkanern zurück. Qualm schlich durch die Straßen. Häuser verschluckten Granaten und spien Sekundenbruchteile später Stein, Feuer und Rauch durch Fenster und Türen aus. Zwei Drittel der Brigadisten fielen. Theo redete mit einer Gruppe deutscher Soldaten, die versuchten, ihn zum Eintritt in die Brigade zu überreden. Sie berichteten ihm von den Bücherverbrennungen – „10. Mai '33, vor der Staatsoper in Berlin. War ein Riesenfeuer, Mannlicher" – und der Kultivierung der Dummheit, aber Theo blieb dabei, dass das Soldatsein für ihn nicht in Frage komme. Er müsse kotzen, wenn ihm jemand Befehle gebe.

„Dann schreiben Sie, Mannlicher", sagte ein junger Mann mit Augenklappe zu ihm. „Schreiben Sie über unser Sterben."

„Mit Vergnügen", sagte Theo. „Ihr seid so gut wie tot."

„Genau", sagte der Junge.

„Wieso sagst du das, Junge?", fragte Theo. Aber er hatte die Lippen nicht bewegt.

Er überwinterte in Madrid. Der Schnee machte den Krieg ein wenig leiser. Er legte sich wie eine Hand auf den Resonanzkörper Madrid. Theo fror ununterbrochen. Er fluchte wegen der Kälte und spürte seinen Körper hart und verspannt werden. Wenn er rausging, wickelte er sich einen Schal um den Kopf und ließ nur einen Schlitz für die Augen frei, und sein Blick verlor an Höhe. Eingemummt wie eine Mumie ging er in Schlangenlinien durch die Stadt, machte „Huhuh", wenn ihm jemand begegnete, und lehnte sich an kalte, zerschossene Wände und zog den Schal vor die Augen und ließ seinen Atem durch die Wolle gehen.

Von William kam ein Brief: Er, Theo Mannlicher, sei offensichtlich viel mehr des Todes als die Christen, auf die Theo früher so sehr geschimpft habe. Theo wusste dem nichts entgegenzusetzen. Auch von Bob kam ein Brief nach Madrid. „Komm zurück, Gruß Bob."

Mitten im Krieg in einem halbverwüsteten Hotelzimmer kam Theo mit der Arbeit an seinem neuen
Roman gut voran.

Nach einem Feuerüberfall der Marokkaner nahe
der Bibliothek, dessen Zeuge Theo zufällig geworden war, sah er hinter einer verfallenen Mauer einen
Marokkaner hervorspähen. Der Mann sah sich nach
den eigenen Linien um, und seine Augen wirkten
groß unter dem bauschigen Turban. Er sprang auf
und rannte über eine braune, zerstückelte Wiese, das
langläufige Gewehr in der Rechten. Theo zog die Pistole und visierte den Mann über den Lauf an, verfolgte ihn, der in seinem Burnus und seinem Turban
theatralisch mit großen Schritten rannte. Theo hörte
sich atmen, als führe ein Sturm durch seine Nase und
rausche innerlich an seinen Ohren. Er spürte seinen
Zeigefinger am Abzug. Wenn er jetzt durchdrück-
te, würde dieser Mann dort umfallen, dieser Feind,
dieser Faschist und Folterer und Mörder. Theo hielt
den Zeigefinger still, und ihm war, als sehe er den
Mann immer wieder aufspringen und losrennen,
aufspringen, losrennen. „Nein", sagte jemand laut
und unmissverständlich in Theo. Er senkte die Pistole. Dann fiel ein Schuss. Der Marokkaner griff sich
beidhändig an den Kopf, als wolle ein Sturm den
Turban aufwickeln, und fiel aufs Gesicht. Zwei Soldaten kamen zu Theo gerannt, rissen ihn zu Boden
und zogen ihn an den Schultern hinter die nächste
Mauer.

Ob er geschossen habe? Theo pustete in den Lauf der Pistole. „Sauberer Schuss", sagte einer der Soldaten.

Als sich aus Barcelona und anderen Städten die Nachrichten mehrten, dass sich die Antifaschisten mehr und mehr gegenseitig massakrierten, und als die im Mai '37 begonnene Seeblockade durch die Achsenmächte zu wirken begann und die Welt zusah, wie Spanien im Faschismus unterging, packte Theo Mannlicher seine Sachen und kehrte zurück nach Amerika, wo er sich mit Mary stritt, mit Marys Körper schlief, mit Paul spielte und den Roman beendete.

DER BERICHT

Roman-Collage von Theo Mannlicher, erschienen 1939. – Mannlicher entwirft mit dem deutschen Heinrich Brandt einen Protagonisten, der sich den internationalen Brigaden anschließt und an verschiedenen Kampfplätzen des Krieges „Bilder sammelt".

Dem Roman liegt keine durchgehende Handlungskurve zugrunde, weite Teile sind im reportagenhaften Stil geschrieben und zeigen eine der ersten Vermischungen von Reportage und Fiktion in der Literatur. Mannlicher selbst hat den Text als eine Art Kommentar zu Goya verstanden und beschreibt mit Brandt einen Mann, der sterben, vorher aber den Faschisten den Tod bringen will. Brandt ist im Kampf skrupellos und greift auch nicht ein, wenn Gefangene gefoltert werden. Er selbst beteiligt sich zwar nicht an diesen Barbareien, sieht aber zu, ohne die Opfer zu erlösen. Gegen den Krieg könne der Mensch sich nicht wehren, sagt er. Die Bilder, die Brandt in seinem Kopf sammelt, sind Bilder von Leichen in Madrid, in Sesena und dann wieder in der Universitätsbibliothek in Madrid. Brandt fällt während des Kampfes um den Stadtpark den marokkanischen Söldnern in die Hände, der Leser kann nur erahnen, was mit ihm geschieht.

Die Kritik verriss den Roman und stieß sich vor allem an den ungeheuer brutalen Schilderungen von Tod und Sterben und daran, dass Brandt keine wirklich erkennbare Figur sei. Außer dass er töten und sterben will, erfährt man wenig über den Mann aus Deutschland.

Mannlicher bestand darauf, dass „Der Bericht" ein wichtiges Buch zum Thema Krieg sei, weil es dem Krieg keine Dramaturgie aufzwinge.

„Wem die Stunde schlägt" sei eine Romanze, zeige aber nicht, was in Spanien geschehen sei.

Ausgaben: NY 1939. – NY 1951. – Ldn. 1960. – NY 1975. – NY 1990.

Kindlers Literaturlexikon

III

„Der freie Mensch denkt an nichts weniger als an den Tod, und seine Weisheit ist nicht ein Nachsinnen über den Tod, sondern ein Nachsinnen über das Leben."

Spinoza

„Das Leben hat seinen eigenen Willen. Wir werden in diesen Willen hineingeboren."

Mannlicher

„Alt zu werden, das ist der Ehrgeiz. Das Leben, das ist alles. Der Humanist denkt an das Leben."

Mannlicher

14

Charlotte

Theo hatte viele Fotos von Charlotte gemacht. Oft hatte sie dafür posiert, weil sie sich gerne fotografieren ließ und es mochte, dass Theo die Fotos in der Wohnung aufhing. Der Schnappschuss, den Theo sich gerade ansah, während er Obstsalat und Toast mit Marmelade zum Frühstück verspeiste und der Morgen klar, frisch und wolkenlos blau war, hatte den Wind eingefangen, der Charlotte das Haar quer durchs Gesicht trieb und eine Seite des Jackenkragens hochstellte. Theo wusste nicht mehr, wann er das Bild gemacht hatte, schätzte Charlotte auf Mitte 30, also musste es um 1940 herum in New York gemacht worden sein.

Charlotte hatte drei senkrechte Lachfalten in den Wangen. Schlechte Laune, sagte sie, sei etwas für Dummköpfe, die Tage verschenken. Man entscheide sich freiwillig, schlecht gelaunt zu sein, so etwas komme nicht aus dem Himmel oder sonst woher, sondern es sei ein freier Entschluss, und ebenso gut könne man sich für gute Laune entscheiden. An Schicksal glauben nur Kleingeister.

„Auch bei ernsten Themen gelassen bleiben", pflegte sie zu sagen.

Er sah das Foto an. Er ging in den Bungalow, um

sich eine Zigarre zu holen. Charlotte saß auf der Bettkante und sah durch die Tür aufs Meer hinaus. Sie hatte blondes, schulterlanges Haar, eine hohe Stirn und dunkle Augenbrauen. Ihre Augen waren blau, die Nase kräftig und gerade, und die Lippen waren voll, wirkten aber energisch und entschlossen. Sie war 1 Meter 80 groß und schmal. Für eine Frau ihrer Generation war sie „viel zu lang" geworden, wie sie sagte, und sie ließ die Schultern hängen und ging meist ein wenig gebeugt. Mit 55 war sie an der Bandscheibe operiert worden, und Theo hatte dafür gesorgt, dass sie so schnell wie möglich aus dem Krankenhaus entlassen wurde. Er hatte sie zu Hause gepflegt und die vorgeschriebenen Übungen mit ihr gemacht, allerdings nicht einmal täglich, wie es der Arzt gesagt hatte, sondern dreimal täglich. Auch wenn es seine Charlotte gewesen war, die im Krankenhaus die Füße aus dem Bett steckte, war es für ihn doch immer eine Qual gewesen, durch die doppelflügelige, gläserne Eingangstür zu gehen, und stets hatte er befürchtet, dass die Türflügel ihm ein Bein oder einen Arm abtrennen würden oder ihn gar völlig zerquetschen.

Theo hätte Charlotte jetzt gerne bei sich gehabt und schüttelte den Kopf, und er streichelte ihren Rücken, und sie sah ihn an und lächelte und sah wieder auf das Meer hinaus.

„Schön, dass du da bist", sagte er.

Sie war Geologin an der Columbia Universität in New York, sie sammelte Steine und Versteinerungen.

Wenn Charlotte und er umgezogen waren, hatte Theo Dutzende mit Steinen gefüllte Kisten durch Treppenhäuser geschleppt, und jedes Mal, wenn er wieder oben ankam, tupfte Charlotte ihm die Stirn ab und reichte ihm ein eisgekühltes Bier. *Das waren Erinnerungen an ein Schriftstellerleben, dachte er, das war das Leben, nassgeschwitzt bei Charlotte ankommen und von ihr einen kühlen Waschlappen auf die Stirn gedrückt bekommen, ein kaltes Bier und dann einen Kuss, ein prüfender Blick, ob sich die Brustwarzen durch die Bluse abzeichneten, und weiter ging's mit den Kisten voller Steine. Geschichte und Biografie des Alltags – ungeschrieben. Woran dachte Canaletto, wenn er auf der Toilette war, welche Speisen ließen Franco verzückt lächeln, wie hatte Vater Mutter angesehen, bevor er es tat?*

Theo kannte Charlotte, seit er als Kind in Riverside angekommen war. Sie war eine Freundin von Siri Höffken, die Bob heiratete, sie war zwei- oder dreimal bei den Essgelagen von Theo, Bob und William in Owens Hütte dabei gewesen, und nach dem Ersten Weltkrieg hatte sie Theo oft ein Vögelchen gezeigt, wenn sie ihn in Riverside auf der Straße sah. Ab und zu hatte sie sich mit Mary unterhalten, bevor Theo mit seiner Familie nach Madeira ging.

Theo schwang die Beine aus dem Bett und wollte sich aufsetzen. Plötzlich drehte sich der Bungalow um ihn, die Tür und das Meer waren an der Decke, die Bodenkacheln verschlangen sich. Theo sackte vor dem Tisch zusammen. Er hörte einen Chor sich überlappender Stimmen, er hörte seine Mutter, Charlotte, jemand stöhnte, und dann rief irgendwer seinen Namen, und Theo legte sich flach auf den Boden, schloss die Augen, atmete tief durch und bekam seine Gedanken und sein Gleichgewicht wieder in die Waage. *China*, dachte er, *China, Kwei Lin.* Der zweibeinige Büffel, der aussah, als wolle er seine Zunge ausbrechen.

Als Theo aus Spanien zurück war, gewöhnte er sich an, einmal wöchentlich sein Mittagessen auf den Stufen des Metropolitan Museums einzunehmen. Vorher ging er im Central Park spazieren, besorgte sich zwei Sandwiches und einen Becher Kaffee und setzte sich dann mit Blick auf die Stadtpaläste der Upper East Side.

Er machte das jeden Donnerstagmittag, und genau zu dieser Zeit verbrachte Charlotte oft ihre Mittagspause vor dem Museum. Er erkannte sie sofort. Sie saß einige Stufen unter ihm vornübergebeugt und aß einen Apfel.

Er überlegte nicht lange, ging zu ihr und sagte ihren Namen. Sie sah ihn eine Weile an, zog die Brauen zusammen und nickte dann, ach ja, sagte sie, Mannlicher, der Spinner, der so seltsame Bücher schreibt. „Sie waren in Spanien hört man. "

„Ja, ich musste dorthin."

„Blödsinn. Machen Sie sich noch einen schönen Tag, Wolfgang."

„Theo.“

„Theo, richtig, Theo Mannlicher. Ihre Mutter war eine prächtige Frau. Von der hätten Sie noch was lernen können. Auf Wiedersehen.“

Theo sah ihr hinterher, bis sie auf dem Fußgängerweg angekommen war. Er folgte ihr.

„Wo wohnen Sie, kommen Sie öfter hierher, was machen Sie?“, fragte er.

Sie lächelte. „Mr. Mannlicher, was soll das?“

„Ich weiß es nicht.“

„Wie geht es Mary und Ihrem Sohn?“

„Wie geht es Ihnen?“

„Mir geht es gut. Auf Wiedersehen, Mr. Mannlicher.“

„Kommen Sie öfter hierher?“.

Sie atmete tief durch die Nase, und Theo sah, wie sich ihre Nasenflügel ein wenig bewegten und wie Charlotte die Brauen zusammenzog. Sie zupfte sich am Ohrläppchen, und Theo lief ein Schauer über den Rücken. Sie sei in ihren Mittagspausen oft hier, sagte sie. Sie arbeite an der Universität.

„Literatur?“

„Geologie.“

„Schön.“

„Darf ich jetzt gehen, Mr. Mannlicher?“

„Schönes Fräulein darf ich's wagen, meinen Arm und mein Geleit ihr anzutragen?“

„Ich heiß nicht Gertrud.“

„Gretchen.“

„Gut, Gretchen. Und jetzt ist Schluss, Mr. Mann-licher."

Sie wandte sich um und ging die Straße hinab, rechts der Park, links die Straße und die großen Häuser.

Theo steckte die Hände in die Hosentaschen und sah ihr hinterher.

Nachmittags traf er sich mit Bill bei Scribner's and Sons. Bill sagte, „Der Bericht" sei ein vieldiskutiertes Buch, verkaufe sich aber nicht gut.

„Noch nicht", sagte Theo. Bill schmunzelte.

„Es hat so etwas von Ende, Theo. Es klingt so, als wäre es dein letztes Werk."

Theo verschränkte die Arme vor der Brust und sah aus dem Fenster auf das gegenüberliegende Hochhaus. Kostolany, der tschechische Kritiker, der in New York lebte und Theos Romane rezensierte, hatte geschrieben, bisher habe der Tod in Mannlichers Romanen immer gesiegt. Auf einer Metaebene sei immer Entsetzen und Ablehnung zu spüren gewesen, stilistisch brillant durch kleinste Andeutungen gelöst, aber der Tod war immer der Sieger einer Auseinandersetzung. Diesmal aber sei nur noch Tod, sonst nichts, als gebe es gar keine andere Möglichkeit. Nur Tod. „Der Bericht" sei Mannlichers schwächstes Buch, und wenn demnächst nichts Tieferes von Mannlicher komme als das, dann sei die „beunruhigende" Karriere Theo Mannlichers beendet.

„Hast du neue Schreibpläne?"

„Eine Liebesgeschichte."

„Das kannst du nicht, Theo."

„Doch, Bill, das kann ich."

„Wer von beiden stirbt?"

1939 ließen Theo und Maria Venca sich scheiden. Paul saß beim Abschiedsessen in der Wohnung bei ihnen am Tisch und schlug vor, dass Theo und Mary sich mindestens sechs Monate nicht sehen sollten, dann würden sie Freunde werden können.

Ihre Bekanntschaft dürfe nicht sterben, sagte er. Theo grunzte und prostete Mary zu.

„Weißt du eigentlich, dass deine Mutter mir viel über den Theo Mannlicher vor dem Krieg erzählt hat?", fragte Mary. „Du musst ein ganz anderer gewesen sein."

„Du hast dich in den verliebt, der ich in Mailand war. Und wir hatten gute Zeiten, Mary."

„Gute und schlechte Zeiten, ja. Trotzdem, weißt du, dass deine geliebte Mutter dich manchmal kaum noch wiedererkannte? Weißt du, dass Owen hin und wieder an deiner Zurechnungsfähigkeit zweifelte? Theo, was ist die Überschrift deines Lebens?"

„Lass es gut sein, Mary, lass uns nicht streiten. Es ist Krieg. Lass uns Frieden halten."

Paul streckte seine Hände nach links und rechts aus, und Theo und Mary gaben ihm die Hand und sahen sich an. Theo musste an Buck Henson denken und an Mary auf dem Flur im Lazarett und daran, als sie ihm zum ersten Mal sagte, dass sie ihn liebe. *Der Panzer rollte über die Liebe, stoppte die linke Kette und ließ nur die rechte scheppern, dass sich das Stahltier auf der Stelle drehte und die Liebe in den Boden walzte. Dann wurde die Luke geöffnet, und der Mann und die Frau kletterten aus dem Turm, ohrfeigten sich und gingen in verschiedene Richtungen davon.*

Teufel, dachte Theo, *wann war das, 1926 oder 1927?* Da hatten sich Dutzende Frauen umgebracht, weil Rudolpho Valentino gestorben war. 1929 hatten Dutzende sich umgebracht, weil ihr Geld nichts mehr wert war. In Spanien und Deutschland war nur noch Tod, weil Tod das einfachste war, weil Tod selbst der schäbigsten Einladung folgte. Er kam auch uneingeladen, aber wenn man ihm auch noch sagte, er solle kommen, dann tobte und grollte und donnerte er herbei und zerfleischte alles außer sich selbst.

An Marys und Pauls fragenden Blicken merkte er, dass die beiden ihn angesprochen hatten. Mary fragte nach den Möbeln, den Büchern und all dem anderen Zeug, das sich in ihrer Ehe angesammelt hatte. Theo hatte von Bob einen Lagerraum angeboten bekommen, wo er seine Sachen unterstellen konnte.

„Die Bücher, einen Teil der Bilder und alles, was mit dem Schreiben zusammenhängt, und ein paar Töpfe und Pfannen nehme ich, den Rest kannst du haben", sagte er.

„Alle Bücher?"

„Ohne die Bücher kann ich nicht leben und arbeiten."

„Aber ohne mich?"

„Mary."

„Schon gut, Theo. Du solltest dir überlegen, für den Rest deines komischen Lebens allein zu bleiben und nicht noch einmal eine Frau als Konkurrentin zu deinem Schreiben zu versklaven."

„Du übertreibst, Ma", sagte Paul.

Sie tranken noch eine Flasche Wein, dann lud Theo Paul ein, mit ihm durch die Stadt zu laufen. Mary blieb allein an dem Tisch mit den geleerten Tellern und Gläsern und sah in die Kerzenflammen.

Theo und Paul gingen zu den Piers, wo sie einen der letzten Raddampfer der Robert Fulton Linie nach Ellis Island ablegen sahen. Theo erzählte Paul zum wiederholten Mal die Geschichte von dem Turm aus Stühlen, den er sich in der Halle auf Ellis Island gebaut hatte. Sie wanderten zum Washington Square, rauchten unter dem Torbogen eine Zigarre und tranken dann im Lafayette einige Biere. Paul war entschlossen, zur Marine zu gehen.

„Ich verwette meinen Hintern darauf, dass Amerika über kurz oder lang in diesen Krieg gezogen werden wird", sagte Theo.

„Dem Krieg kann man nicht ausweichen – ein Zitat von Theo Mannlicher", sagte Paul.

„Und wenn ich mich geirrt habe?"

Paul legte ihm eine Hand auf die Schulter. „Mein

Vater", sagte er und küsste Theo auf die unrasierte Wange.

„Bevor du auf der Welt warst", sagte Theo, „war die schrecklichste Vorstellung für mich, dass mir etwas passieren könnte. Das ist seit 1921 anders, mein Sohn. Bleib gesund und werd alt, Paul."

„Das entscheidet ein anderer – Zitat von Theo Mannlicher."

„Zum Teufel", sagte Theo und bestellte zwei doppelte Whiskey.

„Zum Teufel."

„Magst du deine Zitate nicht?"

„Ich weiß es nicht", sagte Theo.

Paul sah einer Frau hinterher, die an ihm vorbei zur Toilette drängte. Der Junge lächelte, sah versonnen in sein Glas und trank.

„Man kann auch anders als mit der Waffe gegen die Nazis kämpfen", sagte Theo.

„Zu spät", sagte Paul.

„Im Allgemeinen ja, im Speziellen niemals. Niemals."

Theo mietete sich in einer Zweizimmerwohnung über einem Antiquitätenladen in Greenwich Village ein. Er hängte eine Wand mit Bildern voll und stopfte so viele Bücher wie möglich in Regale und Zimmerecken. Den Rest ordnete er in Holzkisten und brachte sie schweren Herzens in einem gemieteten Transporter zu Bobs Eisenwarenladen an der West Side. Bob saß am Schreibtisch und blätterte durch ein Buch über Blumen, das auf einem Aktenordner lag. Er zeigte aus dem Fenster auf den Hudson und das gegenüberliegende Ufer. Das sei ein Ausblick, was, sagte er. Er steige ganz dick bei der Navy ein.

„Kannst du dich an Charlotte erinnern?“, fragte Theo. „Aus Riverside? Die, die auch ab und zu an unseren Gelagen teilgenommen hat? Weißt du noch, wie die mit Nachnamen heißt?“

Bob hob den Zeigefinger, stellte Theo ein Glas Whiskey hin und verschwand aus dem Büro. Nach ein paar Sekunden war er wieder in der Tür und sagte, wenn Theo auf das Dach des Büros steige und sich weit auf die Straße hinauslehne, könne er von hier aus das Empire State sehen. Theo nickte. Er sah aus dem Fenster auf die Piers und den Hudson hinaus. Ein Kreuzer und zwei Zerstörer dampften nach Süden den Fluss hinunter. Theo dachte an seinen Sohn und an das, was er, Theo Mannlicher, ihm in den Kopf gesetzt hatte, ohne dass er sich jemals Gedanken über die Wirkung seiner Werke auf Paul gemacht hatte. Der Brief an Frau Henson in Oklahoma. Onkel Paul und Onkel Owen, die ihm so nahe gewesen waren, wohin waren sie aufgebrochen? Von Owen hatte er seit Jahren nichts gehört, der alte Spinner musste jetzt Ende 80 sein, und keiner wusste, wo er war oder ob er überhaupt noch lebte. Theo erinnerte sich an den letzten Brief von Owen, in dem er schrieb, er sei in Rio und wolle nun nach China aufbrechen. Nach Elsa Mannlichers Tod war Owen in wenigen Tagen um Jahre gealtert, sein Gesicht war grau geworden, sein Rücken krumm, und solange er noch in Riverside weilte, war seine Vitalität nicht zurückgekehrt. Aber sollte er es nach China geschafft haben, dann würde sich Owen auch wieder gefangen haben. China. Was war in China? Theo grunzte und prostete sich selbst zu. Krieg war in China. 1937 waren die Japaner eingefallen, und jetzt bekämpften sich auch Tschiang Kai-scheck und Mao Tse-tung, und Dutzende Warlords trieben das Grauen durch das große Land, und Menschen wurden gehäutet und Säuglinge an Wänden zerschlagen.

Bob kam mit Siri ins Büro. Theo umarmte Siri und dachte an Charlotte. Verhust, sagte Siri, Charlotte Verhust, sie wohne auf der Upper West Side, die genaue Adresse habe sie nicht. Ob Theo verliebt sei?

Bob grinste Theo an. „Du brauchst eine gute Frau an deiner Seite, Theo, sonst gehst du völlig unter."

„Was denkt ihr eigentlich von mir?"

„Du bist so ein bisschen ein Typ, um den man sich Sorgen macht", sagte Siri.

„Ich bin ein Typ, um den man sich Sorgen macht?"

Siri neigte den Kopf, drehte die Handflächen nach außen und sagte: „Du siehst irgendwie immer aus, als kämest du gerade von einer Reise zurück. Obwohl du so viel allein am Schreibtisch bist, wirkst du nicht gerade ruhig – wenn man dich näher kennt. Ich hab dich noch nie mit sauberen Schuhen gesehen, Theo."

Bob grinste. „Ich hab dir vor vielen Jahren in River-side gesagt, wie ich zu deinen Texten stehe“, sagte er. „Du rutschst immer tiefer da rein, mein Freund. Diese ganze Spaniensache. Ich meine, dass du wieder in den Krieg gefahren bist, hat schon was Besorgnis-erregendes.“

„Ich bin Schriftsteller. Ich muss so etwas sehen, wenn ich darüber schreiben will.“

„Du hast es gesehen, Theo. Kriege sind austausch-bar“, sagte Bob. Siri setzte sich auf seinen Schoß und legte ihm einen Arm um die Schultern.

„Such Charlotte, Theo. Vielleicht hast du Glück“, sagte Siri. Sie reichte ihm ein Foto.

Siri und Charlotte standen unter der Brooklyn Bridge, deren Trägerseile ein Fangnetz in den grau-en Himmel ritzten. Das Bild war unscharf und zu dunkel, aber Charlottes Gesicht wurde von der Sei-te angestrahlt, und wenigstens eine Augenbraue und eine Seite der Nase und die Hälfte des Mundes wa-ren deutlich gezeichnet. Theo nahm eine Schere vom Schreibtisch, schnitt das Foto zwischen Charlotte und Siri durch und reichte Siri die eine Hälfte zurück.

„Wir haben uns zufällig dort getroffen“, sagte Siri. Manchmal sei Manhattan auch nur ein Dorf.

Theo fuhr zu seiner neuen Wohnung zurück und ver-brachte die Nacht damit, seine Bücher zu ordnen und den Schreibtisch freizuräumen. Er stellte den hölzer-nen Zettelkasten in den Schein der Schreibtischlampe und blätterte ihn durch. Theo Mannlicher, der sich in seiner Jugend entschlossen hatte, niemals zu sterben, der umfangreiche Romane veröffentlicht hatte und ein gebildeter Mann war, hatte nur einen einzigen Zettelkasten. Auf dem Zettelkasten stand in Groß-buchstaben „TOD". Er blätterte durch die Zitate und Notizen. Er steckte sich eine Zigarre an, schloss den Kasten wieder und legte Charlottes Bild obenauf. *Wenn ich bin, ist der Tod nicht, und wenn der Tod ist, bin ich nicht –* so ähnlich hatte Epikur es gesagt. Theo blies Rauch ins Lampenlicht, und der Rauch war hellgrau, bevor er im Dunkel verschwand. *Verdammt,* dachte er. *Wie lange war es her, dass er zuletzt an dieses Zitat gedacht hatte?* Er kratzte sich am Ohr. „Niemals, niemals, niemals." – „Du bist so christlich mit dei-nem ewigen Sterben", hatte William gesagt. – „Nur Tod", hatte Kostolany gesagt. Charlotte hatte sich an die Stirn getippt, wenn sie ihn gesehen hatte. *Wenn ich bin … Verdammt.* Er stand auf und ging durch die Wohnung, er sah die Buchrücken im Dunkeln, er sah sein weißbezogenes Bett im Schein der Straßenlater-ne, er sah die Zettel am Boden, die leeren Flaschen in den Zimmerecken. Er stellte sich vor den Spiegel und sah eine dunkle, große, dünne Gestalt, in deren Gesicht eine Zigarre glomm.

„Was ist die Überschrift deines Lebens, Theo?"

Er ging zum Schreibtisch zurück und schlug den Zettelkasten wieder auf. Aus Pappe schnitt er eine Trennwand, fügte sie in die Mitte des Kastens und

begann die Zitate und Notizen nach pro und contra zu ordnen. Pro und contra Tod. Pro und contra.
Contra? Er runzelte die Stirn. Der Zigarrenrauch biss
in den Augen. Theo stand auf und suchte Hemingways „Indianerlager" aus dem Regal. Im Heck des
Bootes sitzend entschloss sich Nick Adams, niemals
zu sterben. Wie hatte der Held seiner frühen Geschichten geheißen, jener Junge, der nicht sterben
würde und den Theo in dem Häuschen von Marys
Tante oberhalb von Florenz in einen Papphefter mit
einem Fragezeichen verbannt hatte? Wie war der
Name? Paul Heinsen? Hein Paulsen?

Als Theo mit dem Sortieren der Zettel fertig war,
war es fünf Uhr morgens, und er brach auf zu einem
Coffee Shop auf dem South Broadway, wo um diese
Zeit bereits gebratene Eier mit Speck und Kaffee angeboten wurden. Er frühstückte ausgiebig, lief dann
hinab bis zum South Street Seaport, kaufte Fisch in
den Markthallen und trank draußen in der Morgen-
kühle noch einen Kaffee. In Little Italy besorgte er
Weißwein und spazierte zurück zur Wohnung, stellte
den Wein ins Wasser, schlug den Fisch in ein nasses
Handtuch und fuhr mit der nächsten Subway zur
Columbia University.

Am Tor der Riverside hing ein Gebäudeplan. Theo
ging zwischen den beiden Bibliotheken über den
Hauptweg und fand das Ziegelsteingebäude der Geologen im Schatten einiger Ulmen. Er fragte sich zu
dem Raum durch, in dem Dr. Verhust unterrichtete.

An der Tür hing ein Schild: BP3120 Earth Systems Science/W 3910 Advanced General Geology. Dr. Ch. Verhust. Theo wartete vor der Tür auf sie. Als sich die Doppeltür öffnete, kamen Dutzende junger Männer mit Schreibblöcken auf den Flur. Wie viele dieser Grünschnäbel nachts wohl an Charlotte dachten? Charlotte kam als letzte, war ebenso groß wie der größte ihrer Studenten und schloss die Türen. Sie hob die Brauen, als sie ihn sah. Sie griff sich ins Kreuz.

„Gutes Essen ist eine ganz wichtige Sache", sagte er.

„Die Freiheit anderer Menschen zu akzeptieren ebenfalls."

„Und die eigene, deshalb bin ich so frei, Sie für heute Abend zum Essen einzuladen. Ich koche gut."

Sie sah ihn an. Statt beider hatte sie nur noch eine Braue gehoben, und in Theo keimte Hoffnung. Dann lächelte sie und fragte, wann und wo.

Theo fühlte sich an dem Abend wie ein kleiner Junge. Er sah Charlotte an, und sein Herz klopfte, wenn für wenige Sekunden Spuren von Fett auf Charlottes Lippen glänzten und sie sich einmal mit Zeigefinger und Daumen eine Gräte aus dem Mund zog, auf den Tellerrand legte und um Verzeihung bat.

Theo hatte die Lampen in der Wohnung gelöscht und ein halbes Dutzend Kerzen aufgestellt. Charlotte gefiel die Wohnung, all die Bücher und Bilder, das sei interessant.

„Was halten Sie von meinen Romanen?"

„Sind mir zu traurig. Gut geschrieben, aber immer so furchtbar."

„Realistisch."

„Traurig. Ich denke, es war der Selbstmord Ihres Vaters, der Sie schon als Kind traurig gemacht hat."

„Nein, es war der Krieg. Als Junge war ich ganz anders, selbst nach dem Tod meines Vaters."

„Wissen Sie, dass ich eine der Ausstellungen Ihrer Mutter hier in New York besucht habe? Sie war eine gute Malerin."

„Ja", sagte Theo, „sie war ohnehin eine gute Frau."

Theo erzählte Charlotte von seiner Mutter und ihren Verhältnissen, von Paul und Owen, er erzählte ihr sogar, dass er früher gelauscht hatte, wenn andere erotisierten.

„Erotisieren?"

„Ja. Ich mach immer mal aus Substantiven Verben. Ist 'ne tolle Sache."

Er erzählte Charlotte die Geschichte, dass er seine Jungfräulichkeit auf einem Truppentransporter auf dem Atlantik verloren und dafür Geld gegeben hatte. Es sei eine Krankenschwester gewesen, älter als er, blond, deutschstämmig, Margarethe. Sie habe ihn auf einem Lokus entjungfert.

Theo und Charlotte saßen die ganze Nacht beisammen. Charlotte half ihm beim Abwasch, ging an den Bücherwänden vorbei, tippte auf Buchrücken, und Theo sagte ihr, ob ihm das jeweilige Buch gefallen habe oder nicht. Ob er ein Stubenhocker sei, wenn er sich nicht gerade völlig unsinnigerweise so einen blöden Krieg ansehe? Nein, sagte Theo, er gehe viel raus, sei eine Läufernatur. Dass er täglich bis zu 1 000 Liegestütze machte, erzählte er Charlotte nicht, denn was nützte der ganze Sport? Da machte er Liegestütze und trainierte mit Hanteln, die er unter dem Bett versteckte, und was war das sichtbare Resultat? Gewiss, er war kräftig, aber er blieb ein dünner Hering, Kraft hin oder her, er war lang und dünn, und niemand traute ihm auch nur 50 Liegestütze zu.

Theo nahm die Bilder von der Wand, stellte eine Kerze auf den Boden und bat Charlotte, sich davorzustellen. Sie begriff sein Vorhaben und fragte, wie sie die Arme halten solle und den Kopf. Arme hängenlassen, Kopf normal, sagte er und zeichnete den langen dünnen Schattenriss Charlottes an die Wand. Der Schatten zuckte und verzog sich, aber Theo fing ihn immer wieder mit dem Stift ein, kletterte auf einen Stuhl und vollendete das Werk an der Zimmerdecke, um die sich der Schatten knickte. Neben ihre rechte Schulter kritzelte er ein Auge.

„Das bin ich?"

„Auch das, ja."

Sie lasse sich gerne malen oder fotografieren, sagte Charlotte.

Warum?

Ob er wisse, warum er schreibe?

„Nein, um Himmels willen, nein."

„Sehen Sie."

Schließlich fragte Theo Charlotte, ob sie schon einmal den Sonnenaufgang von der Brooklyn Bridge aus beobachtet habe. Natürlich, sagte sie, na ja, sagte Theo, eine Wiederholung könne nicht schaden.

Sie gingen von der Wohnung aus die Bowery runter bis ins nächtliche China Town und bogen dann nach links zur Brücke ab. Nachdem sie den Sonnenaufgang angesehen hatten, begleitete Theo Charlotte zur nächsten Subway, die sie zur Universität brachte.

Hemingway hatte sich von Pauline Pfeiffer getrennt und war mit einer Journalistin namens Martha Gellhorn zusammen. Er lebte zurzeit auf Kuba. Theo schickte ihm ein Telegramm, ob er mit einer jungen Dame für einige Tage zu Besuch kommen könne.

Er solle die Lady einpacken und seinen Arsch nach Kuba bewegen, schrieb Hemingway zurück.

Theo holte Charlotte von der Universität ab und sagte ihr, er lade sie nach Kuba in die Finca eines Freundes ein.

„Ortswechsel tun gut", sagte er. „Ortswechsel sind auch immer gut für mein Schreiben."

„Und du würdest auch schreiben, wenn ich dabei bin?"

„Ich schreib eigentlich immer."

„Wer ist dieser Freund auf Kuba?"

„Ernest Hemingway."

„Was?"

Theo knurrte, als er Charlottes vor Erstaunen weite Augen sah. Was so Besonderes sei an dem Kerl, fragte er.

Charlotte legte ihm eine Hand auf die Schulter. „Ich komme sehr gerne mit dir nach Kuba Hemingway besuchen."

„Und wenn es nun Karl Arsch wäre?"

„Dann auch." Sie sah ihm in die Augen, und Theo wollte ihre Lippen küssen, ihren Hals berühren und die Bluse aufknöpfen.

„Lass uns was trinken gehen", sagte Theo stattdessen.

„Gehen wir zu dir und trinken in deinem Bett", sagte Charlotte. Theo schluckte. Er umarmte Charlotte, so fest er konnte, und hörte sie lachen, bis sie ihm auf die Schulter klopfte und ihn bat, sie nicht zu erdrücken. Sie verließen den Campus, und Theo winkte ein Taxi heran.

Charlotte schlief auf dem Rücken. Theo stand vorsichtig auf, entkorkte eine Flasche Wein, setzte sich wieder ins Bett und sah Charlotte an. Er zog die Decke bis auf ihre Schenkel hinab, sah die Augenbrauen an, diese sagenhafte Nase, die Lippen, und dann trank er einen tiefen Schluck und betrachtete die dunklen Brustwarzen auf den flachen Brüsten. Er berührte sie mit den Fingerspitzen. Er erinnerte sich an die papierene Martha mit der schwarzen Kurzhaarfrisur. Bei ihr war Erotik ein seltsam technischer

Akt gewesen, „Pack mich da an, küss mich dort, greif da fester zu, mach dies, mach das." Ricarda hatte sich in neun von zehn Fällen auf ihn gesetzt und es sich selbst gemacht, Mary und er waren sehr zärtlich gewesen, bis Mary sich nach einigen Minuten verwandelte und gierig wurde und ihn antrieb und stöhnte und am Ende, wenn es ihr kam, laut lachte. Und Charlotte? Es war das erste Mal gewesen, und sie hatten ihre Körper gegenseitig erkundet, waren mit Fingerspitzen und Zunge über Linien und Vertiefungen gefahren, Schenkel an Schenkel, und Theo hatte minutenlang Charlottes Brustwarzen geküsst und ihren Atem gehört. Er war so begierig nach ihr, dass es ihm sofort kam, als er in sie eindrang, und er schämte sich, aber Charlotte sagte, sie fasse das beim ersten Mal als Kompliment auf und wolle augenblicklich von vorn anfangen. Öfter dürfe so etwas natürlich nicht vorkommen.

Jetzt schlief sie und drehte den Kopf zur Seite, und die Haut spannte sich über ihren Kieferknochen, und sie legte eine Hand auf ihren Bauchnabel.

Am nächsten Mittag stand Silvia mit einem Korb voller gebratener Hühnerbeine, Rotwein und Brot vor der Tür. Als Theo sie sah, wie sie dort in der Tür stand, den blätternden Hausflur mit den abgestellten Antiquitäten im Hintergrund, meinte er, seine Mutter stünde vor ihm. Er schloss Silvia in die Arme. Sie hatte einen jungen Mann bei sich, den sie als Clint vorstellte. Er sei Patient bei ihr im Krankenhaus gewesen. Theo grinste, und Silvia legte ihm die Hände auf die Wangen und küsste ihn auf die Stirn. Charlotte war noch im Morgenmantel, und Silvia sagte erst: „Ach nein", lachte dann und schüttelte Charlotte die Hand.

Sie deckten den Tisch und setzten sich zum Essen hin. Clint sah sich nach den Büchern um, die die Wände bedeckten, und kratzte sich am Kopf. Theo fragte, was er beruflich mache.

„Bin bei der Army. Infanterie, Scharfschütze."

„Machen Sie lieber was Vernünftiges", sagte Charlotte.

„Ich glaub, Mr. Mannlicher versteht mich ganz gut", sagte der Junge. Theo sah ihn an und stellte sich vor – *Der Scharfschütze hatte das linke Auge schon so lange zugekniffen, dass ihm die Tränen über die Wange liefen. Durchs Zielfernrohr sah er den Soldaten, der am Panzer lehnte und mit der einen Hand seine Eier hielt und mit der anderen seine Erektion rieb. Der Scharfschütze hatte schon viele Männer getötet, aber jetzt konnte er den Zeigefinger nicht krümmen. Er musste warten. Eros und Tod, dachte er, ohne das Gewehr abzusetzen oder sich die Tränen wegzuwischen, Eros und Tod, das war doch immer dasselbe, das war doch alles. Als der Mann im Zielfernrohr fertig war, ließ er einen Moment lang den Kopf hängen, dann schüttelte er seine erschlaffende Erektion aus, stopfte sie in die Hose zurück und zündete sich eine Zigarette an. Der Scharfschütze ließ das Gewehr sinken, sicherte es, drehte sich auf den*

Rücken und sah in den Himmel – wie Clint ein Auge zukniff und mit dem anderen durchs Zielfernrohr einen Mann anvisierte. Er trank Wein und blickte seine Schwester an. Sie trug ihr Haar jetzt lang und offen, und es war pechschwarz mit grauen Strähnen, und ihre Augenbrauen schienen es zu berühren. Es belustigte ihn noch heute, dass seine Schwester tiefschwarzes Haar hatte und er blond war und niemand sie je für Geschwister gehalten hatte.

Seit Wochen wurde Theo von Erinnerungen an seine Jugend verfolgt, er dachte an Riverside, an Mutter, an Owen und Silvia, als sie ihren ersten Sex mit Bob hatte, er dachte an den roten Pyjama an der Wand in der Hamburger Wohnung und an Buck Henson. Er dachte an Silvias Ausflug in die Gläubigkeit, und er fragte sich, ob William Theologe geworden wäre, wenn er damals statt Bob ein Verhältnis mit Silvia gehabt hätte. „Eine ungläubige Frau kann einen gläubigen Mann schnell ungläubig machen", sagte er. Alle sahen ihn an und ähnelten sich in ihrem Erstaunen.

„Wenn es so weit ist, Theo", sagte Silvia nach einer Weile, „geh ich wieder in den Krieg. Ich habe mich niemals so gebraucht gefühlt wie damals. Und Krieg wird es geben. Wir haben immer nur Krieg."

„Ohne mich", sagte Charlotte. „Ich wette wider besseres Wissen gegen einen Kriegseintritt Amerikas."

„Naiv", sagte Silvia.

„Willensstark", sagte Charlotte.

„Wie auch immer, Amerika ist nicht zu schlagen", sagte Clint.

Charlotte sah Theo an. Der hob die Brauen und sagte, man könne auch über etwas anderes reden, zum Beispiel über chinesische Philosophie.

„Gott, Theo", stöhnte Silvia.

Theo sah Clint an. Der Junge sah gut aus, sah immer wieder zu Silvia hinüber, blickte in ihr Dekolleté, und Theo stellte ihn sich ohne Unterkiefer vor. Theo trank mehr von dem Wein, zündete sich einen Zigarillo an und erzählte Clint von den marokkanischen Söldnern in Spanien und davon, wie diese Männer geschrien hatten, als ihnen klar wurde, was in den nächsten Minuten mit ihnen geschehen würde.

„Keine Details, Theo", sagte Charlotte. „Außerdem hat wahrscheinlich jeder hier dein Buch über Spanien gelesen."

„Clint nicht", sagte Silvia, klopfte dem Jungen auf die Schulter und begann über Tagespolitik zu reden, über Roosevelt und New Deal und acht Millionen Arbeitslose, und Theo hörte zu, sah sich bewegende Lippen und Charlotte, und irgendwann stand er auf und ging in sein Arbeits- und Schlafzimmer, rauchte, machte ein paar Notizen und trommelte mit den Fingern auf die Schreibtischplatte. Er hörte die Stimmen, besonders Charlottes energische Stimme, und schob die Lippen vor und glotzte die Tür an. Nach einer Viertelstunde öffnete Charlotte die Tür, sah ihn an, und Theo hoffte auf ein paar liebe Worte von ihr. „Schmollen oder zu uns kommen. Deine Schwester sagt, sie kennt das seit eurer Kindheit. Entscheide dich." Sie zog die Tür wieder zu. Als Theo Minuten später wieder bei ihnen am Tisch saß, sagte er: „Weg mit der Politik, weg, weg, weg. Lasst uns trinken, lasst uns rausgehen und durch die herrlichen Straßen New Yorks ziehen. Wir haben uns so lange nicht gesehen, Silvia."

Stunden später verabschiedete Theo sich von seiner Schwester im Morgengrauen vor der Tür einer Bar in Greenwich. Sie standen unter einer Ulme, deren Geäst um eine Straßenlaterne griff. Silvia nahm ihn fest in die Arme, presste ihn an sich und wiegte ihn ein wenig hin und her.

„Mach weiter, Theo. Immer weiter. Wer weiß, wohin uns der Krieg diesmal verschlägt. Ich erwarte noch viel von dir."

Theo verbrachte die nächsten Tage in Charlottes Wohnung an der West Side. Die 85. Straße war eine begrünte Straße mit dreistöckigen Häusern, die Balkone hatten. Vom Balkon der Wohnung aus konnte man bis zum Museum of Natural History sehen. Ihre beiden Zimmer erschienen Theo wie ein Naturkundemuseum, sie waren vollgestellt mit hölzernen Setzkästen, in denen Steine und Fossilien aufgereiht waren. An den Wänden hingen Stiche von Pflanzen und alte Landkarten. Über dem Klo hing eine Akt-

aufnahme, die Charlotte mit einem Arm auf einen
großen Globus gestützt zeigte.

Bevor sie heimkam, zog Theo sich aus und kochte, und wenn sie die Wohnung betrat, blieb er wie
versteinert stehen, und sie ging mehrmals um ihn
herum, küsste seinen Rücken, streichelte seine Knie-
kehlen und küsste seinen Kieferknochen.

Theo kratzte sich am Ohr. „Stell dir mal vor", sagte
er bewegungslos und nackt, „ich würde ewig so stehen bleiben."

„Versteinern mit einem Herzen in dir?"

„Ja."

15

Hemingway und Hitler

Hemingway empfing sie am Tor der Finca. Vom Tor aus führte ein Weg einen Hügel hinauf zu dem weißen, bröckeligen Haus mit grünen Fensterläden. Als kenne Hemingway Charlotte schon seit Jahren, nahm er sie in den Arm, sagte Theo, dem er kurz die Hand schüttelte, er solle die Koffer nehmen, und ging bei Charlotte untergehakt den Hang hinauf.

Hier wüchsen 18 Arten von Mangos, sagte er, und Charlotte sah sich über die Schulter nach Theo um und zuckte die Achseln. Auf halbem Weg kamen Theo Dienstboten entgegen und nahmen ihm die Koffer ab, Mr. Hemingway habe gar nichts von Gästen gesagt.

Während Ernest Charlotte das Haus und den Garten mit dem Swimmingpool und dem Tennisplatz zeigte, machte Theo einen schnellen Rundgang, stolperte über eine der Katzen, die in der Finca lebten, und setzte sich in den Schatten der Terrasse, rauchte eine Zigarre und bat einen Angestellten um einen Gin Tonic mit viel Zitrone.

Hemingway musste sehr reich sein. Theo dachte, dass dieses alte Haus hier auf Kuba erschwinglich war und er sich so etwas auch leisten könnte, aber er war Sprössling einer deutschen sozialistischen Familie, und er dachte bei Luxus stets an Betrug. Die Zweizimmerwohnung in Greenwich war gut für ihn, er fühlte sich wohl und inspiriert zwischen den Büchern, die die Wohnung beherrschten, und Charlottes Schattenriss. Hemingways Wohnzimmer in der Finca maß 15 mal 5 Meter, und überall hingen Jagdtrophäen an den Wänden, und Felle lagen abgetreten am Boden. Hirsche, Antilopen und Kudus beobachteten Theo aus gläsernen Augen.

Aber Hemingway hatte höchstens 5 000 Bücher, so schätzte Theo die Regale im Wohn- und Schlafzimmer. Damit lag er um die Hälfte hinter Theo. Ha! Er prostete Hemingway und Charlotte zu, als sie auf die Terrasse kamen.

„Aber wirklich, Mr. Hemingway ...", sagte Charlotte.

„Ernest."

„Ernest, gut. Das mit den Trophäen ist schrecklich."

„Theo, was sagst du dazu?"

„Ihr Jäger seid Freunde des Todes", sagte Theo.

„Gottverdammt, Mannlicher, was soll das? Wir Jäger sind Freunde des Todes?"

„Du hast auch Kampfhähne hier, hab ich gesehen."

„Ja", sagte Hemingway. „Kampfhähne sind zum Kämpfen da, was verdammt sollen sie sonst tun?" Er rief den Boy nach kalten Drinks.

„Und Stierkampfbilder."

„Sag mal, Mannlicher, willst du mich ärgern?"

„Ein Todeshaus, Ernest, ein Todeshaus."

„Eigentlich", sagte Hemingway und sah Theo an, „treffen wir uns immer nur im Krieg. Erst war es der Weltkrieg, dann Spanien. Ich glaub, es ist jetzt das erste Mal, dass wir uns sehen, ohne dass uns die Kugeln um die Ohren fliegen. Eine etwas seltsame Freundschaft."

Zum Abendessen kamen ein kubanischer Frachterkapitän und ein ehemaliger spanischer Priester auf die Finca. Der Priester war seiner Heimat verwiesen worden, weil er bei Kriegsausbruch seiner Gemeinde befohlen hatte, zu den Waffen zu greifen und auf Faschisten zu schießen. Die Männer redeten den ganzen Abend über den Bürgerkrieg. Manchmal sah Theo Charlotte an und fragte sich, ob sie die Geschichten langweilten, und als er sie später danach fragte, sagte sie, nein, im Gegenteil, sie sei nur besorgt, dass das jetzt jeden Abend so sein könne, denn wer im Krieg war, habe oft die Gewohnheit, über nichts anderes mehr zu reden.

Theo sei eine Ausnahme. „Obwohl ich heute Abend etwas in deiner Stimme gehört habe, das ich bisher nicht kannte."

Die Sonne schien von Tag zu Tag, und Theo und Charlotte verbrachten ihre Zeit auf der Finca. Während des Sonnenuntergangs setzten sie sich an den Swimmingpool in die Abendröte, die das Haus rosa machte und auf den Palmblättern lag.

Die Sonnenstrahlen, sagte Charlotte, bräuchten für sie hier jetzt einen längeren Weg durch die Erdatmosphäre. Nur das Rotlicht komme an. So einfach lasse sich Schönheit erklären.

„Und deine Schönheit?", fragte Theo.

„Eine Summierung von Mittelmaß. Augenbrauen, Augen, Nase, Wangen, Mund: Jedes Einzelteil ist mittelmäßig, und das summiert sich dann zu Schönheit."

„Nein", sagte Theo, „Augenbrauen, Augen, besonders diese Nase, Mund und Wangen: Jedes Einzelteil ist bei dir schön. Die Summe ist Charlotte Verhust."

Theo arbeitete vormittags und traf sich zum Mittagessen mit Charlotte und Ernest im Esszimmer oder auf der Terrasse.

Theo versuchte sich an einer Liebesgeschichte, aber immer wieder drückten die Kriege auf seine Hand und ließen den Stift auf dem Papier stehenbleiben. *Nicht schon wieder Krieg,* dachte Theo, *doch,* dachte ein anderer Theo.

Warum einen Toten nicht wiederauferstehen lassen, fragte er sich, warum nicht einen Mann für die Frau, die er liebt, wieder auf die Beine bringen? Er war Schriftsteller, er konnte so etwas. Charlotte sagen, dass er, wenn es ihn dann erwischte, wieder aufstehen würde, um ihretwillen? *Nein,* dachte er, *das war albern.* Er sah aus dem Fenster, konnte aber über die Terrasse und die Wiese hinweg nur Charlottes nackte Füße sehen.

Charlotte las viel, spazierte manchmal um die Finca herum und kam mit Steinen und toten Käfern zurück, für die sie sich von Ernest Schachteln und kleine Tüten geben ließ.

„Gesunde, satte Natur", sagte sie. „Stein, Erde und Gewächs."

Eines Nachts, Theo konnte nicht schlafen, weil er am Vormittag in der Geschichte steckengeblieben war, stand er auf und ging durch das Haus, wie er in seiner Kindheit durch die Wohnung in Hamburg gegangen war. Der Vollmond schien durch die Fenster und weißte die Holzdielen. Eine Kakerlake krabbelte über die Dielen und wirkte im Mondlicht pechschwarz und groß. Theo ging ins Bad und setzte sich zum Urinieren aufs Klo. Er betrachtete all die Blutdruck- und Pulsdaten, die Hemingway hier an die Wände schrieb. Der Badezimmerschrank stand offen, und Theo sah Dutzende Medikamenten-packungen, die meisten waren aufgerissen, und auch auf dem Kachelboden lagen Pillen. Theo tupfte sich mit einem Stückchen Papier den Penis ab, der gefühllos zwischen seinen Beinen hing. So gefühllos war er nur, wenn es reichlich Sex gab.

Theo wollte in den Garten hinaus, um seine Zigarre zu rauchen, als er aus dem Wohnzimmer eine Stimme hörte. Er schlich zu dem Rundbogen, der das Wohnzimmer abteilte, und sah Hemingways massige Gestalt auf einen Antilopenkopf einreden. Er vermochte nicht zu verstehen, was Ernest sagte, glaubte aber etwas von Leid und Tod und Unabänderlichkeit zu hören. Ernest wischte sich über die Augen, dann tätschelte er die Schnauze des Tieres und verließ den Raum am anderen Ende.

Theo ging hinaus und rauchte eine Havanna. Die Nacht war warm und windstill. Er setzte sich an den Rand des Swimmingpools und ließ eine Hand durch das Wasser gleiten. Die Hand stieß gegen etwas Hartes, und Theo schrak zurück. Er sah in den Pool. Da dümpelte ein faustgroßer Käfer mit schwarzem Panzer auf dem Wasser. Einen so großen Käfer hatte Theo noch nie gesehen. Er scheute sich, das Tier anzufassen, überwand sich aber, packte es am Panzer und legte es auf die Wiese. Ihn schauderte, aber er musste auch lachen, weil ein Mensch sich von einem so kleinen Tier erschrecken ließ und die Berührung mied. Der Käfer bewegte schwerfällig die Beine und kroch zeitlupenartig in die Dunkelheit. Vielleicht ein ehemaliger Buddhist, dachte Theo.

Charlotte kam über die Wiese und setzte sich zu ihm.

Sie schlafe besser, wenn er bei ihr sei, sagte sie. Theo küsste sie.

„Schöne nackte Frau im Mondschein."

„Kitschig?"

„Nein. Das ist das Leben. Du bist eine schöne nackte Frau im Mondschein. Ob wir das kitschig finden oder nicht, ist unsere Sache. Es ist unsere Sache, ein Ereignis so oder so zu sehen. Du bist willentlich gegen den Krieg. Das ist gut, Charlotte. Das ist so mit das Beste, was ich je gehört habe. Und ich will das hier jetzt nicht als kitschig empfinden."

Sie streckte ihm die Hand entgegen, langfingrig und gerade, und sie gingen ins Gästezimmer zurück.

Als sie am nächsten Morgen frühstückten, sagte Hemingway ihnen, dass Robert Jordan tot sei.

„Er ist tot, Theo, aber er hat sich nicht selbst gerichtet, obwohl es ihn verdammt gejuckt hat. Nein, er ist kein Selbstmörder wie sein Vater."

Charlotte hob die Brauen und sah zwischen den beiden Männern hin und her. Ob Theo diesen Robert Jordan kenne?

Er habe in Madrid mal von ihm gehört, sagte Theo.

„Tut mir leid", sagte Charlotte.

„Er war einer von den Guten", sagte Ernest, „einer von uns."

„Warum hast du das dann getan?", fragte Theo.

„Was hat er getan?", fragte Charlotte.

„Es ging nicht anders", sagte Ernest. Theo lehnte sich zurück und sah aus dem Fenster in den Garten. Die Sonne war überall.

Sie fuhren in Hemingways Wagen hinunter nach Havanna und gingen durch die Stadt. Theo kaufte sich zehn Kisten Havannas, roch daran und sagte zu Charlotte und Ernest, dass sie gar nicht ahnten, was ihnen entgehe. Gegen Mittag lud Ernest sie zu einer Angeltour ein, und sie fuhren auf einer gecharterten Motoryacht aufs Meer hinaus. Ernest fing einen kleinen Schwertfisch und schoss mit einer Maschinenpistole auf Haie. Er lachte und trank dabei. Charlotte tippte sich an die Stirn.

„Gibt es irgendeinen vernünftigen Grund, diese Fische umzubringen?", fragte sie.

„Das ist die Natur", sagte Ernest. „Das ist ein fairer Kampf zweier Kräfte. Dieser Fisch hat tapfer um sein Leben gekämpft, und ich habe gewonnen und ihm sein Leben genommen."

„So einen Schwachsinn hab ich selten gehört. Wir könnten hier auf dem Meer so einen wunderbaren Nachmittag verleben, und du tötest Kreaturen, die leben wollen. Was soll das?"

„Erklär du es ihr, Theo."

„Nein."

Theo sah Charlotte an, die in hellblauer Bluse und grünen Shorts im Heck der Yacht saß und eine Zigarette rauchte. Sie war braun geworden in den Tagen auf Kuba, und sie sah ernst aus, während sie auf Hemingway einredete. Wenn sie ernst war, wurden ihre Wangen schmaler, und sie machte den langen Rücken gerade. Theo hatte Lust, seinerseits einen Fisch zu fangen, aber da mischte sich etwas in diese Lust, das ihn abhielt. Vielleicht war es die Lust, jetzt und hier mit Charlotte zu schlafen. Die Jagd auf den Fisch jedenfalls schien ihm zu einer Theorie der Lust

300

zu verblassen, während seine Vorstellung davon, den Fisch an der Leine zappeln und kämpfen zu spüren und zu hören, wie man später seinen Schädel brach, eine sehr lebendige Vorstellung war.

Er schlug vor, zurückzufahren. Hemingway knurrte und gab dem Skipper ein Zeichen, und das Boot wendete sich der Küste zu, und Theos Blick wurde vom Meerhorizont abgelenkt auf eine anbrandende weiße Wasserlinie und auf die sich grün auftürmende lang-gestreckte Insel Kuba.

In der Finca wurden sie von Martha Gellhorn empfangen, die von einer Reportagenreise zurück war. Hemingway ging sofort mit ihr ins Schlafzim-mer, kam aber nach zehn Minuten wieder heraus, setzte sich eine Sonnenbrille auf, mischte sich ei-nen Gin Tonic und verschwand im Garten. Theo sah Charlotte an, und sie nickte, und sie gingen ins Gästezimmer und legten sich nackt auf die Laken. Charlotte machte einen Vorschlag.

Nachher sagte sie, sie habe das schon öfter so gemacht. Schmerz und Verzückung – das gehe gut miteinander. Ab und zu mal, ganz selten nur, nicht immer, aber, jaja, na ja.

„Eros", sagte Theo. „Ich hab das früher mit zwei r geschrieben. Ich war ein richtiger Spion. Ich könn-te dir genau sagen, was meine Eltern getan haben, und meine Mutter mit ihren Liebhabern. Ich kann dir auch schildern, wie die Entjungferung meiner Schwester gelaufen ist."

Er solle es bleiben lassen, sagte Charlotte und fügte hinzu, dass er sicher viele Frauen gehabt habe.

Nein, es seien nicht viele gewesen. Sie hätten allerdings allesamt gut ausgesehen. „Ich mag die Schönheit", sagte Theo. „Ich könnte dich stundenlang ansehen. Ich liebe Botticellis Venus. Die Schöne ist etwa 450 Jahre alt. Ich würde mich freuen, in 450 Jahren Bilder von dir angucken zu können."

„Dann fang an, Theo. Mach Bilder von mir. Fotografier mich nackt, fotografier mich, wie immer du es willst."

Theo stand aus dem Bett auf, zündete sich einen Zigarillo an und trat an das Fenster, das zum Garten hinausging. Die Luft war warm auf seinem Körper, und er spürte, dass das Blut in seinem Penis wieder zu pulsieren begann. Eine Kakerlake krabbelte unter der Kommode hervor, „bäh", sagte Charlotte, und Theo nahm eines der dickwandigen Wassergläser von der Kommode, setzte es über die Kakerlake und schob ein Blatt Papier darunter.

So ein Riesenvieh habe er noch nie gesehen, sagte er, öffnete das Fenster und kippte die Kakerlake hinaus.

Theo und Charlotte blieben bis zum Abendessen im Bett. Hemingway war immer noch verstimmt. Als Theo ihm sagte, dass er Riesenkakerlaken im Haus habe, sagte er, dass man diese Viecher hier nicht loswerde. Die seien überall, die reinste Pest und zum Verrecken nicht totzukriegen.

„Die überleben alles. Einfach unausrottbar."

„Tja", sagte Theo, „gar nicht so schlecht."

„Was halten Sie als Deutschamerikaner von Hitler?", fragte Martha Gellhorn unvermittelt.

„Im letzten Weltkrieg sind unvorstellbar viele Menschen umgekommen. Hitler war an der Front. Er ist nicht umgekommen. Der Tod sucht sich Männer wie Hitler, die des Todes sind und sich ihrerseits ein Volk suchen, das des Todes ist. Jede Feier der Nazis ist eine Todesfeier, jede Uniform, jede Rede, alles ist Tod. Was auch immer geschehen wird, ich garantiere Ihnen, dass Deutschland in Schutt und Asche versinken wird. Millionen von Menschen werden sterben, weil sie sterben *wollen.*"

„Und vorher werden die, von denen du sagst, dass sie sterben wollen, Millionen andere umbringen, Theo", sagte Charlotte. „Millionen, die nicht sterben wollen. Aber Hitler muss weg. Ich rede nicht von Heldentum oder so einem Zeug, ich sage nur, Hitler muss weg, und dafür werden Menschen, die gerne lebten, sterben."

„Hitler hätte gar nicht erst sein dürfen", sagte Theo. „Und Hitler ist nur, weil es Todessehnsucht gibt. Vielleicht schließt sich der Kreis also doch in gewisser Weise so, wie ich es denke."

„Das klingt ein bisschen arg simpel", sagte Martha Gellhorn.

„Manchmal sind die Dinge ein bisschen arg simpel. Suchen Sie keine Intellektualität hinter Hitler und

seinen Männern. Der Tod hat ein Haus in Deutschland.“

„Darf ich diesen Satz zitieren?“

„Machen Sie das. Sie werden viel Arbeit kriegen.“

Theo sah die Trophäen an, und die Trophäen äug-
ten auf seinen Teller und sein Weinglas, und Theo
sah Hemingway an, der mit hängenden Schultern am
Kopf der Tafel saß und den ganzen Abend noch kein
Wort gesagt hatte. Dann sah Theo aus dem Fenster
hinaus auf die Terrasse und den Garten, und überall
waren Sonnenflecken, auf den Pflanzen, den Steinen,
dem Wasser, und die Flecken bewegten sich, wenn
es ein wenig windete, und Theo machte Charlotte
einen Heiratsantrag.

Sie heirateten im Sommer 1941 in New York. Sie
mieteten ein Restaurant auf der 57. nahe der Carnegie
Hall, bestellten eine sechsköpfige Band, ein italieni-
sches Buffet und luden alle Freunde und Verwandten
ein. Die Wände des Restaurants schmückte Charlotte
mit Auszügen aus Mannlicher-Romanen und anderen Texten: Bierce, Proust, James und Thoreau.

„Ich denke, meine Romane sind dir zu traurig.“

„Ich hab die schönen Stellen rausgesucht. Wenn
du über etwas Schönes schreibst, dann reißt es einen
glatt vom Hocker.“

Ihr Lieblingszitat von Bierce malte sie in großen
Buchstaben auf eine lange Reihe von Schreibmaschi-
nenblättern: „Schicksal: Die Rechtfertigung eines Ty-

rannen für seine Verbrechen und eines Narren für sein Versagen."

Theo kannte das Zitat nicht, wies mit dem Zeigefinger darauf und wölbte die Lippen vor.

„Ich denke zwar, dass Bierce ein mieser Typ war", sagte Charlotte, „aber wo er recht hatte, hatte er recht. Es gibt kein Schicksal. Ich kenne eine Menge Menschen, die ans Schicksal glauben. Sie sind Feiglinge, allesamt."

Theo wunderte sich über die Härte, mit der Charlotte manchmal ihre Positionen vertrat. Schicksal, Nörgeleien, Unzufriedenheit. Er erwartete immer, dass sie mit der Faust auf den Tisch hauen würde, aber sie vertrat ihre Härte lächelnd und stemmte sich jedes Mal, wenn sie so etwas sagte, die Hände ins Kreuz und bog den Rücken gerade.

Theo ließ eine Hälfte des Restaurants leerräumen und bat darum, den Holzboden dort extra zu bohnern, damit das Tanzen lustig werde. Er staunte, wie viele Bekannte Charlotte auf die Einladungsliste schrieb. Das müsse die halbe Uni sein, sagte er, und Charlotte sagte, sie habe schon sehr ausgewählt. Silvia sagte ab, sie fahre drei Tage vor dem Termin in die Levante, wo sie als Rote-Kreuz-Schwester wieder in den Krieg gehe.

Am Abend vor der Trauung saßen Theo und Charlotte nebeneinander im Bett, Schulter an Schulter, hielten sich bei den Händen und warteten. Irgendwann begann Charlotte zu kichern, leise erst, sie versuchte es zu unterdrücken, wurde aber immer lauter, und ihre Schultern begannen zu zucken, und ihre Brüste bewegten sich. Theo versuchte, ruhig zu bleiben, spürte aber seinen Atem lustig werden, und schließlich lachten sie beide, lachten und lachten, umarmten sich und schliefen ein, immer wieder kichernd.

Als die Feier in vollem Gange war, das Buffet geleert und die Männer der Band ihre Jacken ausgezogen hatten, trat Paul zu Theo und Charlotte. Er war fast zwei Meter groß, sonnengebräunt in weißer Marineuniform. Er müsse morgen sehr früh raus. Das hier heute sei Sonderurlaub. Er solle Theo von seinem Kapitän grüßen, ein großer Mannlicher-Bewunderer.

„Ich muss jetzt los."

„Wohin geht es?", fragte Theo.

„Darf ich nicht sagen. Es ist alles ein bisschen unruhig, weißt du."

„Ach, sag es mir doch, Junge." Theo sah zu seinem Sohn hinauf. Da gab es etwas, das dem Sohn gegen den Vater zu schweigen befahl, und Theo spürte sein Herz.

„Zum Teufel, Junge, schön, dass du überhaupt hier warst. Einen Gruß und Dank für den Sonderurlaub an deinen Kapitän. Ist er ein guter Mann? Ist er mutig genug, Fersengeld zu geben, wenn es sein muss?"

„Ich hoffe, dass ich das nie erfahren werde. Aber wenn es dazu kommt …"

„Scheiß drauf, Paul", unterbrach Theo ihn. „Pass auf dich auf und halt den Kopf über Wasser. Und jetzt hau ab, sonst fang ich auf meiner Hochzeit noch an zu heulen. Warst du übrigens noch bei deiner Mutter?"

„Ja, gestern. Es geht ihr gut. Sie bedankt sich für die Einladung, aber ganz so weit sei sie noch nicht. Ich soll euch von Herzen grüßen."

Theo brachte Paul zur Tür.

Sie umarmten sich, und Paul ging in die Nacht hinaus, die auf der gegenüberliegenden Straßenseite von den hellerleuchteten Schaufenstern eines Schuhgeschäfts abgeschnitten wurde. Theo ging zurück in den Saal, wo unvermindert getanzt wurde. Bob und Siri waren nassgeschwitzt und nahmen ihn in die Mitte und tanzten mit ihm kreuz und quer über die Dielen.

„Ach Theo", sagte Bob, „wenn es diese Frau Siri Höffken, verheiratete Riverside, nicht gäbe, dann wäre ich nur ein halber Mann. Ich wünsch dir Glück mit Charlotte."

Theo klopfte ihm auf die Schulter und ging zur Garderobe, wo er eine Zigarre aus der Innentasche seiner Jacke nahm. Das gelbe Licht der Deckenleuchter tauchte Tanzpaare und Musik und Leute, die Teller vor sich hertrugen, in Sonnenuntergangsschimmer, und für eine Weile war es Theo, als verlangsame sich alle Bewegung, und er sah Charlotte in ihrem bordeauxroten Kleid und mit den hochgesteckten Haaren, und er zündete sich eine Zigarre an, und mit dem ersten Zug geriet die Zeit wieder ins Lot.

William kam von der Toilette neben der Garderobe und wischte sich über die Augen.

Was los sei?

„Der ganze Mist, Theo. Schon wieder Krieg. Warum lernen die Menschen nicht?"

„Ihr Kirchenmenschen wollt sie doch gar nicht lernen lassen. Aber verschon mich mit dem Scheiß. Ich heirate gerade eine wundervolle Frau. Das Leid der Welt, mein Lieber, das ist nicht nur für dich da, und das nimmst du nicht gekonnter wahr als andere. Der Unterschied ist, dass du als Kirchenmensch nur ein einziges denkerisches Fundament hast, das des Leids. Ihr seid nicht frei genug, um das zu ändern. Aber William, das hatten wir alles schon. Du bist, was du bist. Und du wirst es bleiben. Die Kirche weiß, und weil sie weiß, entwickelt sie sich keinen Deut weiter. William, alter Freund, du wirst scheitern."

„Nein, Theo", sagte William, und Theo sah Wut in seinen Augen, „du wirst scheitern. Du."

„Interessierst du dich immer noch für die Geschichte der Folter, William? Kennst du immer noch all die Geräte, die entwickelt worden sind, um Menschen zu schinden? Ist das deine Welt, William?"

William holte zu einem Schlag aus. Theo fing den Schlag ab, und William taumelte dem unkontrollierten Schwung seines Armes folgend in die Garderobe und riss einige Jacken zu Boden. Theo packte ihn bei den Oberarmen und half ihm hoch.

„Geh tanzen, William. Leg dich nicht mit mir an, ich mach immer noch täglich Liegestütze. Geh tanzen. Such dir ein Mädchen. Du rennst mit offenen Augen in die Verzweiflung."

„Aber um Himmels willen, Theo, was hast du denn vor?"

„Ich geh pissen", sagte Theo. „Das Leben ist kein Versehen des Todes." Er sah in Williams großes, vernarbtes Gesicht und dachte an New Riverside und die Wälder. „Notier dir ruhig mal einen solchen Satz von deinem alten Freund", sagte er. „Komm her." Theo zog William an sich und umarmte ihn, und er spürte den Freund immer härter werden, und dann umarmte William Theo, dass der befürchtete, ihm brächen die Knochen. William klammerte sich an Theo, hielt ihn fest, atmete, hielt ihn. Dann ließ er ihn los. Theo räusperte sich. „Ich muss mal", murmelte er.

Als Theo von der Toilette zurückkam, sah er William nirgends mehr. Charlotte kam ihm mit ausgebreiteten Armen entgegen und sagte, sie habe ihn minutenlang nicht gesehen und furchtbar vermisst, und mal so ganz nebenbei, ob er wisse, dass der Heilige Lorenz 258 nach Christus auf einem Rost gebraten worden sei.

Die Flitterwochen verbrachten sie in Kanada. Charlotte wollte mitten in die Wildnis, und Theo überließ es ihr, die Reise zu organisieren. Er wollte den Namen des Ortes nicht wissen. Sie lebten in einem hölzernen dreistöckigen Hotel an einem See. Sie wanderten durch die Wälder, beobachteten Hirsche und angelten Lachse, die Theo mit einem schweren geschnitzten Knüppel in Sekundenschnelle totschlug. Der Hotelkoch bereitete ihnen den Fisch und fachsimpelte mit Theo über die Zugabe von Dill und Sahne.

Die Zimmer hatten einen Balkon zum See, der eingebettet war in dichtbewaldete Ufer, die nur am gegenüberliegenden Ende eine Furt bildeten, eine Lichtung, über die Füchse zogen. Es gab ein großes Sofa mit Vögeln auf dem Bezug. „Ein Vögelsofa", sagte Charlotte. Die Luft, die durch die offenstehenden Fenster kam, war klar und sauber, und das viele Wandern und Miteinanderschlafen machte Charlotte und Theo müde. Jetzt im Spätsommer waren nur wenige Gäste im Hotel, und manchmal gingen Theo und Charlotte zum Abendessen in die Hotelküche und speisten mit dem Personal an einem langen Tisch.

Auf Bills Anraten machte Theo aus der Rede, die er während des Antifaschisten-Kongresses in der Carnegie Hall gehalten hatte, einen Essay, der in einer Anthologie veröffentlicht wurde. „Der Faschismus", hatte Theo gesagt, „ist der sich mehr und mehr einengende Weg einer Sprache bis zu dem Punkt, an dem die Sprache nur noch aus einem einzigen Wort besteht. Das Wort hat drei Buchstaben. Der erste ist ein T. Wird Sprache willentlich und wissentlich so

stark verwüstet und auf ein einziges Ziel ausgerich-
tet, wächst die Gefahr der absoluten Realisierung
dieses Ziels. Absolut und total, das sind die bevor-
zugten Vokabeln des Faschismus. Der Faschismus ist
geschickt genug, das Wort mit den drei Buchstaben
nicht auszusprechen. Dieses Wort ist sein Gott. Ich
meine übrigens ein deutsches Wort, hier bei uns in
Amerika hat es fünf Buchstaben und beginnt mit D."

Theo ließ sich alle Berichte über Adolf Hitler
schicken, die die *New York Times* und die *Washington Post* veröffentlicht hatten. Außerdem schrieb er
weiter an der Liebesgeschichte, von der er Bill erzählt
hatte und an der er auf Kuba gearbeitet hatte. Bisher
habe jeder seiner Texte ein klares Ziel gehabt, dachte Theo. „Aber diesmal?" Er dachte an seinen zwei-
geteilten Zettelkasten. Charlotte brachte ihm eine
Tasse Tee und einen Schnaps an den Tisch vor dem
Fenster und massierte ihm die Schultern. „Idylle",
säuselte Theo.

„Immer gelassen bleiben, Theo", sagte sie. „Und
vergiss nicht, diese Flitterwochen hier sollen eine
Zeit des Eros und der ausgestreckten Beine sein."

„Und des Essens und Trinkens und Hinausgehens.
Aber auch des Schreibens. Ich werde zu einem uner-
träglichen Mann, wenn ich nicht schreibe."

Theo nahm Charlottes Hand, verließ den Waldweg
und zog sie hinter sich her durchs Unterholz. Wenn
er wandere, verlasse er immer mal den Weg, sagte er.

Sie gingen fast eine Stunde quer durch den Wald, stellten sich auf einer Lichtung in die Sonne und gelangten schließlich auf einen Holzfällerweg mit tiefen Reifenspuren. Sie folgten eine Zeit lang dem Weg und trafen drei Waldarbeiter, die auf einem Baumstamm saßen und Corned Beef aßen. Theo und Charlotte grüßten die Männer und gingen weiter. Abends im Hotel sagte Theo, das sei ein interessantes Gespräch gewesen. Charlotte sah ihn fragend an.

„Vor allem, was der alte Mann gesagt hat."

„Da war kein alter Mann, Theo. Da waren drei sehr junge Männer. Ganz nett, übrigens."

„Er hat gesagt, der einzige Ehrgeiz, der ihn umtreibe, sei der, der älteste Mann seiner Familie zu werden. Und das bei einem Großvater, der es auf 103 Jahre gebracht hat. Tolle Geschichte."

Charlotte legte Theo eine Hand auf die Stirn. Fieber habe er nicht. Wovon um alles in der Welt er rede?

„Tolle Geschichte", wiederholte Theo.

DER EHRGEIZ

Erzählung von Theo Mannlicher, erschienen 1949. – Theo Mannlicher, der nach seinen Kriegserlebnissen in China überlegt hatte, seinen Namen zu ändern, beschreibt in der berühmten Erzählung „Der Ehrgeiz" die simple Geschichte eines kanadischen Farmers, der der älteste Mann seiner Familie werden will. Sein Großvater ist 107 Jahre alt geworden. Der Farmer ist ein bescheidener Mann ohne Frau und Kinder, der täglich neun Stunden arbeitet und dann „draußen sitzt und sieht". Sitzen und sehen sei sein Lebensmotto.

Mannlicher gelingt es, die von der Natur der Geschichte her flache dramaturgische Kurve durch grandiose seitenlange Landschaftsbeschreibungen, die Bewegungen am Himmel und durch von immensem Frieden getragene innere Monologe des Farmers auszugleichen. Obwohl in der Erzählung beinahe nichts geschieht, fand sie viele Leser und zählt zu den wichtigsten Werken Mannlichers. Das Wort Tod kommt in der Geschichte nicht einmal vor, denn es sei nicht nötig, den Ehrgeiz, der Älteste werden zu wollen, durch den Tod abzugrenzen.

Ausgaben: NY 1949. – NY 1951. – Ldn. 1958. – Oxford 1962. – NY 1970. – Harmondsworth 1975. – NY 1980. – NY 1986. – Ldn. 1990. – NY 1995.

Kindlers Literaturlexikon

16

Der neue Mannlicher

Er saß im Arbeitszimmer und sah zu, wie der Schnee über New York trieb, als Charlotte, ohne anzuklopfen, hereinkam und ihm sagte, was passiert sei. Sie setzte sich auf seinen Schoß. In Pearl Harbor brannte das Wasser. Hawaii, dachte Theo, solch ein schöner Ort.

„Deine Heimat wird untergehen, Theo. Jetzt haben die Deutschen keine Chance mehr."

Selbst Charlotte, dachte er, *selbst Charlotte ist eine amerikanische Patriotin.* Er dachte an Paul. Er dachte an Hamburg, an die Ostsee, Georg Forster, Büchner, Heine, Brecht.

Theo wollte von außen an den Planeten herantreten, die Kugel in die Arme schließen, seine Wange an sie legen und sie streicheln, bis es ihr wieder bessergehe.

„Man kann die Sonne auch lieben", sagte Theo unvermittelt, „ohne die Nacht zu kennen. Dieser Überzeugung war ich als kleiner Junge auf dem Schoß meines Onkels Paul."

Theo und Charlotte zogen in eine Dachwohnung auf der East Side mit Blick auf den Central Park. Theo richtete sich ein Arbeitszimmer ein, Schreibtisch und

Stuhl und drei Bücherregale mit Nachschlagewerken, keine Bilder, kein weiterer Stuhl, keine Vorhänge.

In Charlottes Zimmer war vor lauter Setzkästen kaum noch Platz, und die Wohnzimmer- und Flurwände waren bis unter die Decke mit Bücherregalen bedeckt, auf den Fensterbänken standen Bücher, am Boden stapelten sie sich, eingeschlagen in beschriftete Papiertüten lagen sie unter dem Bett. Das Schlafzimmer war klein, und Charlotte hängte ein Moskitonetz über das Bett, nicht weil es in New York so viele Mücken gab, sondern weil sie solche romantischen Verschleierungen gernhatte.

Gerade als Charlotte nackt und in ein Moskitonetz gehüllt durch den Flur auf Theo zukam, rief William an und erzählte, dass er als Feldprediger zu den Soldaten gehe. Er habe Angst, aber er wolle das überwinden und Gott zu den Männern bringen. Im Gegensatz zu Theo sei er noch nicht im Krieg gewesen, und dass Gottes Wege unergründlich seien, sei ihm in der Theorie klar, aber er habe den Willen, jetzt zu sehen, wohin sie führen konnten. Der Earl of Atholl sei 1437 mit glühenden Zangen zerrissen worden, und man habe ihm eine glühende Krone aufgesetzt, weil er versucht haben soll, James I. von Schottland umzubringen. Man müsse sich in die Haut dieses einzelnen, einsamen Menschen versetzen. Das Individuelle – er wisse nicht genau, er werde viel sehen und nachdenken.

Was Theo vorhabe.

Er habe Angebote von mehreren Zeitungen, Berichterstattung zu machen. Noch nichts Konkretes, aber immerhin. Martha Gellhorn habe da etwas für ihn vermittelt. Er gehe wieder in den Krieg. Aber er wechsle die Schuhe.

Theo besuchte Bob und sagte, er halte es für sehr gefährlich, dass solch ein Todeskandidat wie William in den Krieg wolle. Bob war besorgt um seinen Zwillingsbruder und hatte ihm abgeraten, sich zum Militärdienst zu melden, aber Will sei stur gewesen.

„Der arme William", sagte Theo, „hat nie eine Frau gehabt."

„Doch, doch", sagte Bob. „Deine Schwester. Du weißt ja, dass man uns im Dunkeln kaum auseinanderhalten kann. Ich meine, wenn deine Schwester heiß drauf ist, geht es ihr eh nicht um Feinheiten. Sie hat nie darüber geredet. Wir wissen nicht, ob sie es weiß."

Paul stand blutüberströmt in der Tür zum Bungalow. Die Uniform hing in Fetzen an ihm herab, und Pauls Augen waren große weiße Kugeln in dem rußgeschwärzten, verkrusteten Gesicht.

„Mein Gott, Junge", sagte Theo.

„Vater. Vater?"

Theos Großmutter kam auf ihren zwei Stöcken aus einer Koje. „Kinder sterben vor ihren Eltern. Wie blöd", sagte sie. Paul weinte, er drehte sich um und verschwand. Theo schlug die Hände vors Gesicht.

Der Himmel über China, dachte er, *der Himmel über China war hellblau und wolkenlos. Und plötzlich war er braun und laut, rankten braune Rauchsträucher um in Sekunden verblühende Blitze, aber die Bräune blieb, verformte sich und wuchs in den Bombenhimmel.*

Theo schüttelte sich und ging auf die Terrasse hinaus. Vom Meer kam Wind, und Charlotte kam aus dem Wasser. Kopf, Brust, Bauch, Schenkel, Füße. Theo rieb sich die Augen. Er konzentrierte seinen Blick auf einen Käfer, der vor seinen Füßen herumkrabbelte, und mit den Bewegungen des Käfers, der schnell die Richtung änderte, als Theo ihn mit den Zehen antippte, geriet Theo wieder zu sich zurück, allein und 99-jährig in einem Bungalow im Norden Balis. Er atmete aus.

Der alte Chinese kam mit einer Kanne Tee und zwei Schalen und setzte sich zu Theo.

„Du bist alt geworden in den letzten Tagen, Theo Mannlicher."

„Mein Leben bestürmt mich. Ich mach das alles noch einmal mit, ein zweites Leben, verstehst du. Eigentlich bin ich nicht 99, sondern 198. Die Dinge geraten ein wenig durcheinander. Nein, sie geraten ziemlich durcheinander, ich bin ja auch nicht mehr der Jüngste. Aber im besten Alter."

Sie tranken Tee und sahen auf das Meer. Wegen der Wolken war es heute von dunklerem Blau, stellenweise grau und sah härter aus als im vollen Sonnenschein. Nach einigen Minuten sagte Theo: „Gegen ‚Apocalypse Now‘ hab ich nicht demonstriert."

„Das ist ein brillanter Film", sagte der Alte.

„Coppola, 1979, Storaro an der Kamera", sagte Theo, „Martin Sheen in seiner besten Rolle als Captain Willard. Robert Duvall, alias Colonel Kilgore, am Surfstrand – das hat mich an ein Ereignis in meinem Leben erinnert. ‚Apocalypse Now‘ kann man sich nicht … Dem Film ‚Apocalypse Now‘ kann man sich nicht entziehen. Und dann so ein Scheiß wie ‚Missing in Action‘, 1984. Drei Teile, alle mit Chuck Norris. Mir fiel nichts Besseres ein, als folgendes auf mein Plakat zu schreiben: Chuck Norris ist ein Arschloch. Nun ja, die Bullen, die mich holten, waren ziemliche Chuck-Norris-Fans, in allen drei Fällen. Da steh ich also im Regen am Times Square mit meinem ‚Chuck-Norris-ist-ein-Arschloch‘-Plakat, und die Bullen bezeichnen mich als durchgeknallten Spinner.

‚Ich reiß dir den Arsch auf, Opa‘, sagt der eine.

Darauf ich: ‚Du bist intellektuell minderbemittelt.‘

Er: ‚Was hast du gesagt?‘

Ich: ‚Intellektuell minderbemittelt.‘

Er: ‚Spinnst du? Was soll denn das heißen?‘

Ich: ‚Das hat etwas mit Denkfähigkeit zu tun. Das Denken selbst ist eher ein Feld als ein Prozess. Die Wahrnehmung kann solch ein Feld füllen. Was ich meine, ist, dass du saudoof bist.‘

Er: ‚Sag mal, wer bist du denn?‘

Ich: ‚Theo Mannlicher.‘

Er: ‚Müsste ich dich kennen?'

Ich: ‚Ich steh ziemlich weit vorn auf dem Feld. Weiß nicht, ob du da jemals ankommen wirst.'

Er: ‚Ich fass es nicht. Ich fass es einfach nicht.'

Ich: ‚Siehst du, genau das meine ich.'

Mein schönes Plakat haben sie vor meinen Augen in einer Pfütze zertreten. Ich war dann kurz im Gefängnis." Theo kicherte.

„Und 1968 machte John Wayne ‚The Green Berets', nach dem Buch von Robin Moore. Der Wilde Westen in Vietnam. Das ist nichts anderes als Propaganda im besten nazideutschen Sinne. Kennst du den Film?"

„Natürlich. So schlecht, dass man fast lachen muss."

„Du bist und bleibst ein komischer Chinese."

„Heute Nacht um zwölf schlägt's 100 bei dir. Dazu wird es donnern, Theo. Da kommt ein Sturm auf."

„Herrlich", sagte Theo.

Während der ersten Wochen in der neuen Wohnung auf der East Side las Theo viel. Er hatte die Wohnzimmerfenster zum Central Park bis auf den Boden vergrößern lassen und sich einen Sessel dorthin gestellt, in dem er stundenlang las und ab und zu, um die Augen zu entspannen, hinaussah auf die Stadt und den Park mit dem Wasserreservoir, das wie ausgegossenes Blei zwischen den Bäumen lag. Der Central Park war für Theo der schönste Teil Manhattans, die rechteckige Lunge voller gesunder Bäume, und über den Baumkronen sah man die Hochhäuser in den Himmel steigen, spitz oder flachdachig, und auf manch einem Dach wuchsen Bäume und Sträucher, als wolle sich der Park in den Himmel hinein fortsetzen.

Charlotte kam meist gegen fünf Uhr heim, und Theo kochte dann italienisch und erzählte ihr von dem, was er gelesen hatte. „Weißt du, warum Zeus Äskulap getötet hat? Weil Äskulap einen Toten wieder zum Leben erweckte."

Ob er darüber schreiben wolle?

„Jedenfalls schlug mir das Herz, als ich diese Geschichte nachgelesen habe. Da muss einer sterben, weil er Tote lebendig gemacht hat."

Theo entkorkte eine Weinflasche, roch am Kork, goss einen Schluck in sein Glas und füllte dann Charlottes Glas auf.

„Wein ist mein Ambrosia. Ambrosia sollte man zum neuen Lieblingswort machen."

Charlotte trank den Wein und hielt Theo das Glas hin, auf dass er es erneut füllte.

„Platon war ein Dummkopf", sagte Theo. „Ideenlehre. Das ist genau das, was jetzt in Deutschland geschieht. Sogenannte Ideen zermalmen Leiber. Ideen lassen Augen auslaufen."

„Theo, bitte."

Er räusperte sich. „Bleiben wir griechisch: Was war die wirklich überragende Tat des Herakles? Die einzig herausragende? Ich werd es dir sagen: Schönheit.

Herakles ist Gast im Palast des Admetos, als Thanatos die Alkestis holen will. Herakles hält gar nichts davon, die Schöne verschwinden zu sehen, und jagt Thanatos hinterher. Er kämpft mit ihm und: Er besiegt ihn. Er holt Alkestis zurück. Er besiegt Thanatos. Dagegen sind die berühmten zwölf Taten ein Kinderspiel. Was bedeutet schon die Bezwingung des nemeischen Löwen oder die lächerliche Reinigung der Augiasställe im Vergleich zum Sieg über Thanatos?"

„Also fehlt uns in diesem Krieg ein Herakles?"

„Nicht nur in diesem Krieg."

Charlotte trat ans Bücherregal und zog Theos Romane und Erzählungssammlungen hervor. „Abgeknicktes Leben", Tod, „Das Schlauchgesicht", Tod, „Der Einschlag", Tod, „Nach der Titanic", Tod, „Die Inselerzählung", Tod, „Der Bericht", Tod. Sie ordnete die Bücher auf dem Boden vor dem Fenster an. Theo stand auf und nahm sein Weinglas mit und stellte sich vor die Bücher, die vor dem Fenster mit Blick über New York lagen. Er trank, nahm die Bücher und stellte sie wieder in der Reihenfolge ihrer Erscheinungsdaten ins Regal zurück.

„Paul hat mich vor einiger Zeit mit einigen Mannlicher-Zitaten erschreckt", sagte er. Er sah aus dem Fenster. Charlotte lehnte sich an seinen Rücken.

Auch sie an der Uni würden da reingezogen, sagte sie. Sie erstickten in Anfragen nach Bodenproben und Kartenmaterial. Auf der ganzen Welt seien Geologen und Geographen unterwegs, um Informationen für Sprengkommandos und so ein Zeug zu liefern. In New York werde nie eine Bombe fallen, und trotzdem sei der Krieg hier, in jedem Gesicht, in jedem Fenster, in jedem Gespräch.

„1918 bin ich von hier in den Krieg aufgebrochen", sagte Theo. „Danach begann in meinem Leben etwas völlig Neues, dem ich bis heute nicht traue, dem ich mich aber auch nie entziehen konnte. Ich werde nach China gehen. Ich wollte schon immer dorthin. Onkel Owen, weißt du. Ich mach diesen Artikel, von dem ich dir erzählt habe, und dann werde ich nach Kwei Lin gehen. Das soll der schönste Ort der Welt sein, hat Owen gesagt. Ich beherrsche einige Schriftzeichen und kann ein paar Wörter sprechen, und ich kann mich jederzeit mit Kenntnissen über Konfuzius, Laotse, Tschuangtse und einigen anderen schmücken. Wer sich nur in der europäischen Antike und der klassischen Literatur auskennt, ist noch lange kein gebildeter Mensch."

„Bildung ist eher eine Sache des Herzens als des Lesens", sagte Charlotte. „Es hat wahrscheinlich keinen Zweck, dich abhalten zu wollen?"

Theo lächelte. „Mir passiert nichts." Er sah hinaus und dachte an den Tag seiner Ankunft vor nunmehr über 30 Jahren, als er genau diesen Satz zu seiner Mutter gesagt hatte, nachdem der Stuhlturm auf Ellis Island unter ihm zusammengebrochen war. Wie viele Leben führte er? War er dieser Junge? Wer war er?

Charlotte trank ein Glas Wein, aß etwas Käse und sagte, dass sie noch einmal zur Uni müsse. Eine Stunde später war sie mit einem Arm voller zusammengerollter Landkarten wieder in der Wohnung. „China", sagte sie. Sie breitete die Karten auf dem Wohnzimmerboden aus und lief mit nackten Füßen über die Gebirge Tibets, die Wüste Gobi und die Flusslandschaft im Osten Chinas. Theo hockte sich auf die größte Karte und umkringelte mit dem Bleistift Kwei Lin.

„Seit über 20 Jahren", sagte er, „begleitet mich dieser Ort, ohne dass ich je dort gewesen wäre. Gute Vorbereitung ist wichtig, aber noch bin ich nicht fort, Charlotte. Erst muss ich noch einen Roman schreiben, muss mehr Chinesisch lernen, und dann werde ich gehen."

„Bei dir klingt immer alles nach ‚sofort'."

„Sofort ist der beste Augenblick. Aber auch das Sofort in einem Jahr ist immer noch ein Sofort."

Theo las alles, was in den Zeitungen über den Kriegsverlauf an den deutschen und amerikanischen Fronten veröffentlicht wurde. Die Wehrmacht rückte in Russland vor, Monate vergingen, die Japaner brachten nach dem Fall von Corregidor die Philippinen in ihre Hand, Wochen, Monate, die Schlacht bei Midway wurde geschlagen, Tage. Theo dachte an seinen Sohn Paul, der ihm so oft wie möglich schrieb. Aber manchmal brauchten die Briefe Monate, um erst durch die Zensur und dann bis nach New York zu gelangen, und manch ein Brief versank auf einem Frachter, verbrannte in einem abstürzenden Flugzeug oder verfing sich irgendwo im Wind.

Theo schrieb Essays über Sprache und Krieg und arbeitete parallel an einem Roman über Herakles, der Thanatos verprügelte. Und wenn er bei der Liebesgeschichte, die er von Kuba nach Kanada und von dort nach New York getragen hatte, nicht gewusst hatte, was ihr Ziel war, so hing nun ein Zettel über seinem Schreibtisch, auf dem das Ziel der Herakles-Geschichte definiert war: Leben.

Er hatte tagelang mit sich gerungen, hatte den Zettel wieder abgenommen und in den Müll geschmissen, hatte ihn neu geschrieben und in der Hosentasche mit sich herumgetragen. Er hatte kubanische Zigarren geraucht und den einzigen Karteikasten angesehen, den es im Leben des Autoren Theo Mannlicher gab. Niemals, niemals, niemals. Theo spürte die feuchten Lippen am Ohr und kratzte sich.

„Nun mach schon, Theo", hatte Charlotte gesagt, „häng den Zettel über den Schreibtisch. Kleb ihn an die Wand, kleb ihn fest, dann bekommst du ihn so schnell nicht wieder ab."

Charlotte warf ihm eine Dose mit Kleber und einen Spatel zu, und Theo klebte „Leben" an die Wand vor dem Schreibtisch.

Die Liebesgeschichte nagelte er an die Wand rechts des Schreibtischs, um sie nicht aufzugeben. Ein schrei-

bender Mensch musste das Wort „Aufgeben" aus seinem Vokabular streichen. Wenn es auch die Arbeit
des Schreibenden war, das Vokabular zu vergrößern,
musste er einzelne Wörter doch streichen. „Aufgeben"
musste gestrichen werden …, und „Tod" … Fragezeichen, Fragezeichen, Fragezeichen.

Er schrieb eine Kurzgeschichte über einen Kriegs-
heimkehrer, der ein Bad nahm, sich rasierte, einen
Anzug wählte, Hemd und Krawatte, und an einem
regnerischen, aber warmen Tag zum Krankenhaus
ging, um seine Frau mit dem Neugeborenen abzuholen. Frau und Kind waren wohlauf, und die Krankenschwestern gratulierten dem Mann.

Bill fragte an, was der Unsinn solle. Diese Geschichte habe er doch schon einmal von Theo gelesen, aber damals seien Frau und Kind in die ewigen
Jagdgründe eingegangen, und das sei was Feines gewesen, aber so?

In den ruhigen Monaten an seinem Schreibtisch,
während die Welt brannte und blutete und Theo
schrieb und sich reckte, durch New York spazierte
und Charlotte liebte und sich freute, dass in New
York trotz der vielen Autos die Luft so frisch roch,
dachte er an Buck Henson zurück.

Der letzte Weltkrieg lag über 20 Jahre zurück, und
doch fragte Theo sich, ob es nicht mehr Jahre sein
müssten, ihm jedenfalls erschien die Zeit länger, le-
bensfüllend, fast unüberschaubar, und er fragte sich,

wo er gewesen war in den Jahren, und da gab es Fetzen von Menschenfleisch, aber auch so viel Sonnenschein und Meeresrauschen und immer einen langen dünnen Mann mit einem Stift in der Hand.

Er holte das Buch „Krieg dem Kriege" wieder hervor, das er bei Ricarda in der Buchhandlung in Funchal gekauft hatte. Das Buch war mittlerweile in Dutzenden von Ländern verboten, ein gutes Buch also. Er sah sich die Bilder mit den Gesichtsverstümmelten an. Schwarzweiß-Bilder, weiße Zähne, feucht blinkende Adern, Halbes. *Totgeschrieben,* dachte er. Der Brief an Frau Henson. Ein Auftrag zwar, von Buck selbst erbeten, aber Aufträge konnte man ablehnen. Theo hatte ihn ausgeführt.

Er sah die Bilder an, fuhr mit flacher Hand über das Papier, und sofort schoss ihm die Idee zu einer weiteren Geschichte durch den Kopf: Die des Fotografen. Was musste das für ein Mann sein, der da die unerahnbaren Gesichter postierte, für gutes Licht sorgte, für einen tauglichen Hintergrund, und den Gesichtern sagte, wenden Sie sich bitte ein wenig nach links, sehen Sie in die Kamera, drehen Sie den Oberkörper etwas zum Licht. Was für ein Mann war das, und warum tat er, was er tat? *Der Verstümmelte weinte. Der Fotograf legte ihm eine Hand auf die Schulter. Er sei manchmal ein wenig hart in der Ausdrucksweise, sagte er, aber er müsse diese Fotos machen. Dafür gebe es einen einzigen glasklaren Grund: „Sie leben. Sie sind ein Mann. Sie leben."*

Der Verstümmelte nahm einen Zettel und schrieb:
„Sie sind ein Freund." Der Fotograf nickte.

Charlotte klopfte an, trat an den Schreibtisch und klappte das Buch zu. So etwas, sagte sie, müsse man sich nicht mehr als einmal ansehen. Einmal reiche. Dann wisse man, was los sei. Die ‚Venus' des Botticelli, die er so liebe, die könne er sich so oft ansehen, wie er wolle, diese Bilder dort aber nur einmal.

„Post von Paul." Theo riss den Umschlag auf, diesmal war es nur eine kurze Notiz, Paul wundere sich, dass es ihm gutgehe, er fühle sich gesund und gut und sei braun geworden, wo doch um ihn herum nur Elend und Leid sei. „Daddy, ich hab noch nie mit einer Frau geschlafen. Daddy, es ist so seltsam, meinen Atem zu hören, wenn neben mir ein Kamerad umfällt. Ich bin so unverschämt gesund. Allerherzlichste Grüße, Dein Sohn." Darunter stand ein PS: *„Johnston,* Zerstörer der Fletcher Klasse, Kenn-Nr. 557, 12,7 cm Einzeltürme, 20 bis 40 mm Flak, 6 Wabo Werfer und 5 TR Fünflinge, erst am 25. März '43 in Seattle Tacoma vom Stapel gelaufen, ein Klasseschiff, Daddy. Komisch, wofür man sich alles begeistern kann. Du weißt, dass ich ebenso gerne in den Wald gehe wie du, und doch hat mich dieses neue Schiff völlig in seinen Bann gezogen. Ich werde bald Zweiter Offizier sein. Verstehst du, Daddy, ich kann dieses Schiff dann eigenverantwortlich durch die Ozeane fahren. Du müsstest mal für einige Tage hier bei mir sein, das wär wirklich schön. Nochmals beste Grüße und sorge Dich nicht. Paul."

Nachdem Charlotte den Brief gelesen hatte, fragte sie Theo, was ein Wabo sei, was ein TR Fünfling, was Flak.

Theo sagte es ihr.

„Woher weißt du so etwas eigentlich?"

„Die Frage ist wahrscheinlich eher, *warum* ich das weiß."

Mitten im Krieg wurde Theos Herakles-Roman ein großer Erfolg.

Kostolany fragte in seiner Rezension, was mit Mannlicher geschehen sei. Der Autor sei nicht wiederzuerkennen, zwar immer noch der große Stilist, der wie kein anderer mit Verben umzugehen wisse und der die Adjektive aus seiner Sprache verbannt habe, aber inhaltlich sei das alles ein ganz anderer Entwurf. Der Leser verlasse diesen Roman nicht, wie sonst, mit einem verächtlichen Blick auf die Welt und dem Willen, selbst durchzuhalten und weiterzukämpfen, sondern mit einem Lächeln. Ihn wundere aufs Neue, dass Theo Mannlicher nie in China war. In Interviews, in Artikeln über Mannlicher und in seinen Schriften tauche immer wieder China auf, ein Weiser, ein Schreibender, der an einem fast leeren Schreibtisch sitzt. China irrlichtere an Mannlichers Denkhorizont. Nicht nur, dass Mannlichers Protagonisten – Helden seien es nie – stets auf einem Schiff entjungfert würden, nein, jeder von ihnen habe auch immer eine vage Ahnung von chinesischer Philosophie oder kenne jemanden, der Konfuzius oder Tschuangtse zitiere. Diese beiden Motive seien bei Mannlicher nach wie vor ungeklärt.

Theo nickte. Beim Niederschreiben des Herakles hatte er geschmunzelt und immer wieder an der Ernsthaftigkeit des Projekts gezweifelt, er trieb sich aber weiter und überzeugte sich, dass er erneut einen guten Text verfasst hatte. Man konnte durchaus ernsthaft lächeln. Das Lächeln vor einem ernsten Hintergrund trug viel weiter als Albernheit. Kunst war nicht Krieg, wie er früher gesagt hatte, Kunst war freudevolle, ernsthafte Arbeit.

Theo hatte gelacht, als er beschrieb, wie Herakles' rechte Gerade und linke Aufwärtshaken im Gesicht des Thanatos landeten und er seine Treffer mitzählte wie ein Punktrichter beim Boxen.

Und dann war Herakles übermütig geworden, als er merkte, dass Thanatos ihm sportlich weit unterlegen war. Er war um ihn herumgetänzelt, hatte gesagt: „Früher aufstehen, mehr trainieren", und hatte ihn mit seinen Schlägen zermürbt und immer schneller in das anschwellende, schweißnasse Gesicht des Todes geschlagen. Thanatos prallte gegen Säulen, stürzte in eine irdene Vase, strauchelte und versuchte einmal sogar vor Wut und Verzweiflung, den Herakles anzuspucken, schaffte aber auch das nicht, sondern rotzte sich erschlafft auf die eigenen

Sandalen. „Du willst dich mit einem richtigen Mann anlegen?", spottete Herakles. „Mit einem vollwertigen Menschen, der frei zu denken weiß. Ich mach dreimal täglich 100 Liegestütze und Kniebeugen, du aufgeblasener Popanz." Alkestis, obschon verheiratet mit dem Gastgeber Admetos, war erregt und rotwangig, vielleicht die einzige Frau in der griechischen Mythologie, die je rote Wangen bekam, und sie stellte sich in einen Erker und zeigte dem Herakles ihre Brüste, die diesem gut gefielen, denn sie waren mittelgroß und rund und hatten dunkle Spitzen, und Alkestis sagte: „Mach weiter so, mein Retter", und Herakles war einen Moment lang abgelenkt, was Thanatos auszunutzen versuchte, indem er ihn von hinten ansprang. Aber auch das Ohr des Herakles war wohltrainiert und hörte Thanatos' Umhang im Sprunge rauschen. Thanatos landete auf den Steinen. „Du feige Sau", sagte Herakles, nicht ohne bei Alkestis um Verzeihung für den rüden Tonfall zu bitten. Da fiel dem Thanatos eine Lanze zu, und so bewaffnet ging er auf Herakles los, der ihm mit Leichtigkeit auswich, ihm ein Bein stellte und zum letzten Akt ansetzte. Er schlug Linksrechts-Kombinationen und Aufwärtshaken, und wenn Thanatos sein Gesicht schützte, waren die kurzen Rippen dran, und dem Tod blieb der Atem weg, und mit einem finalen Arschtritt beförderte Herakles Thanatos aus dem Palast des Admetos und wandte sich mit warmen Muskeln der halbentblößten Alkestis zu, die die Hände unter ihre Brüste gelegt hatte und sie ihm darbot wie Weintrauben.

Theo fragte Charlotte, ob sie eine wirklich gelungene Szene lesen wolle. Charlotte las die Szene und fragte, ob da Herakles gegen Thanatos kämpfe oder Theo Mannlicher gegen Theo Mannlicher.

„Charlotte, Paul wird nicht sterben“, rief Theo durch die Wohnung, und die gerufenen Worte flogen an Tausenden Büchern vorbei zu Charlotte, die mit Schneckenhäusern jonglierte.

„Ich hoffe es.“

„Man müsste es wissen.“

„Kann man nicht. Das ist die Natur.“

„Ich bin Natur. Ich sage es.“

Theo sah sich in einer Schwimmweste im Pazifik treiben, er sah Hunderttausende Menschen sterben, Hunderte Schiffe versinken und Tausende Flugzeuge in die See stürzen. Er wollte seine Hand um die Schiffe legen und sie an Land setzen, wollte die Flugzeuge auffangen und sanft wassern lassen, und er sah, dass durch den Tod weiterer Zehntausend mehr und mehr amerikanische Flaggen in den Pazifik zurückgebracht wurden, und er sah das Gesicht MacArthurs mit der großen Sonnenbrille, der nochmals Zehntausend warf und ein Fähnchen setzte. Es gab Paradiesinseln im Pazifik, auf denen sich nicht ein einziger Japaner ergab, sie starben im Kampf oder brachten sich selbst um, sie sprangen von den Klippen, und Theo hielt seine Hände hin, aber die Männer flutschten ihm zwischen den Fingern durch.

Von Silvia kam ein Brief. Sie habe Paul getroffen. Mitten im Krieg lief ihr der Sohn ihres Bruders über den Weg. „Ich hab mich so gefreut, den Jungen zu sehen, Theo. Mein Gott, ich konnte ihn gar nicht aus den Armen lassen. Ich soll dich herzlich grüßen. Hoffentlich ist all das hier bald vorbei. Die Zeichen stehen ja nicht schlecht. Ich sagte dir mal, dass ich mich nie so gebraucht gefühlt habe wie im Krieg – das stimmt zwar immer noch –, aber ich will das jetzt nicht mehr. Das alles hier muss aufhören. Ach Theo, sie sind alle weg, Vater und Mutter und Onkel Paul und Owen und Großmutter und Tante Agnes. Clint, der Junge, mit dem du mich beim letzten Mal gesehen hast, ist tot. William ist Feldprediger, Bob ein Schraubenlieferant. Die Zwillinge sind die letzten. Aber alle anderen sind weg. Ich bin jetzt Mitte 40, und allmählich möchte ich meine Ruhe und auch einen Mann – nur noch einen, Theo, nicht mehr so wie früher, sondern nur noch einen zum Liebhaben und Schlafen und Zusammenleben.

Ich hab gehört, dass es von dir einen neuen Roman gibt. Ich bin untröstlich, dass ich ihn noch nicht gelesen habe, und werde das nachholen, sobald der ganze Mist hier vorüber ist. Ich muss jetzt Schluss machen. Bis bald. Deine Silvia."

Eine Woche später traf die Nachricht vom Tode Silvia Mannlichers ein. Sie sei bei einem Bombenangriff auf einen Geleitzug in der Sulusee umgekommen. Ihr Grab sei das Grab eines Seemanns.

„An den Tod eines mir bekannten Menschen", sagte Theo und schlug mit der Faust auf den Tisch, „glaube ich erst, wenn ich dessen Leiche gesehen habe."

Im Krieg gehe so viel drunter und drüber, vielleicht sei Silvia verwechselt worden, vielleicht seien ihre Papiere durcheinandergeraten, vielleicht sei sie gefangen, vielleicht, vielleicht, vielleicht.

„Die größte Beleidigung, die es gibt, ist, jemanden für tot zu erklären, der vielleicht noch lebt. Lass uns was trinken. Lass uns gar nicht mehr darüber reden, lass uns trinken, Charlotte. Komm, hier, trink."

„Theo ..."

„Nein, nein. Lass ..."

„Ein Seemannsgrab, Theo."

Paolo im Schützengraben, zwei Waden mit Füßen daran, der Junge in der Kiste in Madrid, Buck Henson. Eine Witwe, die keine Witwe war.

„Es wird Zeit, nach China zu gehen", sagte Theo.

Theo zog seine Wanderschuhe an und lief für den Rest der Nacht durch die Stadt. Er ging am East River hinab, umrundete die Spitze Manhattans, irrte durch den Financial District, wo er auf den Stufen zur Börse einen Clown schlafen sah, ging am schwarzen Hudson wieder hinauf und sah hinüber auf das andere dunkelgraue Ufer, wo New Riverside gewesen war. Silvia war die ganze Zeit bei ihm untergehakt, und erst als Theo die Wohnung wieder erreichte, war sie verschwunden.

17

Todesdiener

China war immer weit weg. Es begleitete Theo seit seiner Jugend, war aber eher ein theoretisches Konstrukt als ein Land. Owen hatte ihm stundenlang von China erzählt, von der Geschichte, der Kunst, der Philosophie und den Religionen.

„In Asien, Theo, hat es nie einen Glaubenskrieg gegeben." Theo hatte immer ein Auge auf China gehabt, hatte die Vorgänge in jenem Land seit den 20er Jahren verfolgt, 1921 die Gründung der kommunistischen Partei in Shanghai, 1926 und 1927 den Gegenschlag Tschiang Kai Scheks, 1931 und 1932 die japanischen Angriffe auf China und dann 1934 den langen Marsch dieses Mannes Mao Tse-tung und seiner Anhänger und das ganze Hin und Her des Krieges, und auch in China lachte sich der Tod in die vollen Fäuste. In jenem Land asiatischer Geistigkeit, von der, laut Onkel Owen, der westliche Mensch mehr lernen könne als der Chinese vom Westen, fielen stündlich Köpfe, und Haut wurde von Körpern gezogen.

„China, Theo, das sind weitentfernte Gedanken", hatte Onkel Owen gesagt. „Wohl dem Menschen, der solche Gedanken hat und ihnen irgendwann nachgeht. Aber wie schon einmal gesagt, das gleiche gilt womöglich für Island oder Chile. Es mag Zufall sein, der einen Menschen wie mich oder dich seine entfernten Gedanken in China finden lässt. Es ist müßig, darüber nachzudenken. Im Grunde hat jeder von uns intelligenten Menschen sein China in sich. China bedeutet nur etwas mehr Konzentration, etwas mehr Ruhe im Magen, weniger Ablenkung."

Theo fühlte sich wie ein lebendiges Klischee, als er die halbhohen Stiefel zuschnürte, das Taschenmesser mit dem Korkenzieher schliff und ölte, dasselbe Messer, das er 1918 eingesteckt hatte, den Rucksack packte und das Tagebuch in Folie schlug, damit die Wetter ihm nichts anhaben konnten.

Es war Frühjahr 1944, Theos letzte Veröffentlichungen hatten seine Popularität vergrößert, und der Krieg hatte sich gegen die Achse gewendet. Dass die Deutschen nicht kapitulierten, während die Russen die Ostfront aufrollten und die Alliierten Italien befreiten, war nur mit einem einzigen Wort zu erklären: Hitler.

„So eine dicke Nase hat der Tod", schrieb Theo. Er sah Hitler lange an, stellte Bilder von ihm auf den Schreibtisch, lehnte sich zurück und betrachtete den Mann. Unglaublich, dass dieser Mann einst ein kleiner Junge war, der nach seiner Mama rief und sie liebhatte und mit hölzernem Spielzeug spielte, wie Paul es getan hatte.

„China ist meine ungezeichnete Landkarte des Denkens", sagte Theo. „Owen hätte wahrscheinlich abgestritten, dass es einen Hitler auch in China geben könnte. Aber ihn kann es überall geben."

Als Charlotte Theo in den Geländekleidern sah, bekam sie rote Wangen und kicherte wie ein kleines Mädchen. Dieser lange Mann da vor ihr in den seltenen Klamotten reize sie doch ganz erheblich. Da sei man nun intelligent und gebildet, und dann reichen ein Paar Stiefel und so eine Tarnjacke, um … Charlotte lachte. Sie bekam dann immer sehr tiefe Falten in den Wangen und wäre einfach zu zeichnen gewesen, wegen der Linien in ihrem Gesicht.

Im Juli 1944 war Theo bei General Smith und der 27. Infanteriedivision auf Saipan. Im Norden der Insel, an der Marpi-Spitze, wurde noch gekämpft, während Theo am Strand von Charan Kanoa spazieren ging und sich von einigen Soldaten beschreiben ließ, wie es hier nach der Landung ausgesehen hatte.

„Sie können sich nicht vorstellen, Sir, dass ein so schöner Strand hier die Hölle sein kann. Es gab hier keinen Quadratmeter mehr, auf dem nicht eine Leiche oder irgendwelcher Schrott rumlag. Der Sand war rot."

„Doch, doch, Junge, das kann ich mir schon vorstellen. Außerdem sind die Palmen stumme Zeugen. Eigentlich sind das meine Lieblingsbäume, aber so …" Er zeigte auf die Stämme, die sich kronenlos im Wind bewegten. Viele waren feuergeschwärzt, einige waren entwurzelt und lagen im Sand. Es gab Schnei-

337

sen im Wald, die aussahen, als seien Dutzende Panzer nebeneinander hindurchgestoben und hätten jeden Baum plattgewalzt. „So schöne Bäume", murmelte Theo.

„Der Sand war gar nicht rot, du übertreibst", sagte ein anderer Soldat.

„Der Sand war braun und schwarz von der Bombardierung", sagte wieder ein anderer.

„Der Sand war so, wie er jetzt ist. Der eigentliche Kampf hat doch erst im Dschungel begonnen."

„Ich sage, der Sand war rot", sagte der erste Soldat.

Theo verteilte Zigarillos an die Soldaten. Die Männer trugen Karabiner über der Schulter und Handgranaten und zwei Patronengurte um die Hüfte. Der Himmel war hellblau, das Meer dunkler und hinter dem Riff türkis, und der Sand war gelb und die Uniformen grün, und die toten Palmen waren grau. Die meisten Soldaten kannten Theos Bücher, viele fragten aber auch nach Ernest Hemingway. Theo spuckte in den Sand. Von Theo Mannlicher würden die Jungs noch mehr Bücher lesen können als von Hemingway, sagte er, Hemingway sei traurig, und wer traurig sei, der würde nicht alt.

„Unser Feldprediger war auch traurig. Hat sich nach dem Angriff da hinten mit Benzin übergossen und verbrannt. Unglaublich."

„Er hieß nicht zufälligerweise William Riverside?", fragte Theo. Er dachte nicht daran, dass es wirklich William gewesen sein könnte. Ein Feldprediger, der sich verbrennt, das hätte noch gepasst, ein Kenner der Geschichte der Folter, ein Kenner des Leids, einer, der an seines Zwillingsbruders statt eine Frau erschleicht, der nie gute Bücher las, das wär noch was, das wär 'ne Geschichte. *William, alter Freund, mach keinen Scheiß.*

„Doch, Sir, genau so hieß er. Ein völlig verrückter Kerl. Kennen Sie ihn?"

Theo blieb stehen und starrte den Soldaten an. Er hörte die Brandung rauschen, und der Zigarillo fiel ihm aus dem Mund. Er schloss einen Moment die Augen, und die Brandung wurde lauter, dann öffnete er die Augen wieder, und der Sonnenglanz auf dem Wasser blendete ihn.

Er ließ sich die Stelle zeigen. Es war eine Landzunge, flach wie eine Sandbank und fast vom Wasser überspült, die bis an die Korallenriffe heranreichte. Auf der Spitze der Landzunge habe William sich mit gekreuzten Beinen hingesetzt und verbrannt. Anfangs habe er nicht einmal geschrien, dann aber seien seine Schreie fürchterlich gewesen. Als die Männer bei ihm ankamen und ihn ins Meer warfen, war er schon tot.

Major Lerner kam zwischen den Palmen hervor, redete mit einem Melder und trat dann zu Theo.

Ob er mit in den Norden wolle, das Ende der Kämpfe beobachten? Die Japsen da oben starteten ein Selbstmordkommando nach dem nächsten. Die begriffen einfach nicht, wann Schluss sei. „Wir haben hier bisher so um die 3 000 Mann verloren, die

Japsen über 25000. Also, wollen Sie mitkommen? Sie sind unser Gast, Mannlicher."

„Danke, Major. Sie führen eine verräterische Sprache, Sir", sagte Theo und hatte Lust, mitten in Lerners Gesicht zu schlagen.

„Was führe ich?"

„Schon gut. Ich bleibe hier am Strand und schreibe meinen Bericht über Ihre Jungs. Und über den Feldprediger."

„Riverside? Der war nicht ganz dicht. Furchtbar, sich auf diese Weise umzubringen. Sie sind verdammt blass, Mannlicher. Na ja, ich zieh dann mal ein bisschen in den Kampf, Japse schießen."

„Sie sind ein harter Kerl, Major, große Klasse."

„Irgendwas nicht in Ordnung, Mannlicher? Über das mit der Sprache reden wir noch mal."

„Ja, sicher."

Theo ging auf die Landzunge. Das Meer war hier Türkis und der Himmel wolkenlos blau, und es war heiß, und manchmal lief eine Welle über die Landzunge. Theo setzte sich, wo William gesessen haben mochte, und sah auf das Korallenriff hinaus, über dem sich die Wellen in einer langen weißen Linie brachen. Wohin hatte William geblickt? Hatte er aufs Meer hinausgesehen oder auf den Strand mit den Krüppelpalmen und den sich dahinter auftürmenden Bergen? Hatte er Wind im Gesicht gehabt? Und Wasser am Hosenboden? Die Augen geschlossen?

Dein Gott hat dich brennen lassen, William, er hat

dich bei lebendigem Leib brennen lassen. Er mische sich nicht ins alltägliche Leben ein, sagtest du immer, aber er hat dich in den 45 Jahren deines Lebens nirgends anders hingeführt als in den Feuertod. Du hast dich mit Benzin übergossen und angezündet, und die Flammen haben dich zerfressen, haben dich zu Tode gequält, um Himmels willen, deine Füße, deine Beine, dein Bauch, alles brennt, dein Gesicht verbrennt, dein Herz verbrennt, deine Hände, William, es waren doch deine Hände, deine guten Hände. Theo schossen Tränen in die Augen. Er ließ den Kopf hängen. Er hörte den Donner der Artillerie vom Norden der Insel. Rauchwolken wehten über den Ozean, wurden von der Sonne durchschienen und lösten sich rasch auf.

Als Theo aufstehen und zum Strand zurückgehen wollte, saß der Tod auf der Landzunge und versperrte ihm den Weg. Er trug eine zerfetzte amerikanische Uniform und hatte eine Zigarette im Mundwinkel. Er saß in einer flachen Mulde, in der sich Wasser sammelte, und er runzelte die rußgeschwärzte Stirn und blinzelte in die Sonne. Theo erschauderte. Er biss die Zähne aufeinander und ging durch den Tod.

Die Soldaten gruppierten sich wieder um ihn und fragten nach seinen Erlebnissen an der italienischen Front und in Madrid.

„Verdammt noch mal, Jungs, fragt mich, wie man Nudeln kocht, ohne dass sie verkleben, fragt danach, wie man aus Substantiven Verben macht, fragt nach …"

Am nächsten Tag waren die Kämpfe auf Saipan beendet, und Theo zog mit einer Pionierkompanie in den Norden. Der letzte Widerstand der Japaner sei gebrochen, sagte ein Sergeant zu Theo.

„Sie meinen, Sie haben sie in Stücke geschossen, bis ihre Därme in den Palmen hingen", sagte Theo. „Bis Beine ohne Männer am Boden lagen, bis Köpfe ihre Gesichter verloren." Der Soldat sah ihn ungläubig an. „Euphemismen", sagte Theo, „eines der bösesten Sprachverbrechen."

Major Lerner war tot, sein Nachfolger, Captain Nools, zeigte Theo die Stelle, an der Lerner von einer Handgranate zerrissen worden war. Nools führte ihn zu den Klippen und deutete mit dem Kinn ins Wasser hinab. Die Brandung warf Dutzende von Leichen gegen die Felsen, zog sie zurück und warf sie wieder gegen den schwarzen Stein. Einige der Toten winkten, manche mit beiden Armen. Andere bewegten sich, als wollten sie sich umarmen.

„Japaner, Sir. Die haben sich wieder nicht ergeben wollen. Ich hab mehrere Unterhändler geschickt, immer wieder, aber nein. Mein Gott, die hätten sich doch ergeben können. Weiterleben. Ich begreif das alles nicht. Sie sind hier runtergesprungen, einfach so."

„Einfach so?"

„Ja, Sir. Großer Gott. Raus aus dem Graben und rein in den Tod. Zack, einfach so. Ohne ein Wort. Das hätten Sie mal sehen sollen."

„Es reicht, wenn Sie es mir erzählen."

„Was hätte ich denn tun sollen? Hinterherspringen und sie wieder heraufbringen?"

„Wäre einen Versuch wert gewesen", rutschte es Theo heraus. Nools sah ihn mit gerunzelter Stirn und verzogenen Lippen an. „Schon gut", sagte Theo.

Er notierte und beobachtete die Soldaten, die den Leichen Patronengurte, Waffen und Erkennungsmarken abnahmen und die Toten zusammenlegten für die Räumpanzer.

Er schrieb an Charlotte. „Wenn wir hier weg sind, meine Geliebte, und die Pflanzen nachwachsen, dürfte das einer der schönsten Flecken der Welt sein. Ich denke, in diesem Klima werden die Pflanzen schnell nachwachsen. Ich hoffe es sehr."

Ein Räumpanzer schob die Leichen in einen Bombentrichter, und die Hitze trug einen süßlichen Geruch. Am Rande des Bombentrichters saß William und hatte einen Arm um Silvias Schulter gelegt.

„Fotografieren Sie die beiden für mich?", fragte Theo Nools. Nools schwieg und zündete sich eine Zigarette an. „William Riverside aus New Riverside, das einst bei New York lag, und Silvia Mannlicher aus Hamburg, das mittlerweile zertrümmert sein dürfte." Und Nools machte tatsächlich ein Foto von der Stelle, auf die Theo wies.

Theo blieb den gesamten August hindurch auf Saipan, bewohnte ein Einmannzelt und schrieb an der Liebesgeschichte, die er in den Flitterwochen in Kanada begonnen hatte. Nebenbei schrieb er Berichte für verschiedene Zeitungen. Sein Notizblock war bald gefüllt, und Theos Kopf war in der Luft der Pazifikinsel.

Er fuhr zu den Klippen im Norden, von denen sich die Japaner gestürzt hatten, und sah hinunter in das tosend anbrandende Wasser mit den weißen Schaumkronen. Er setzte sich hin und ließ die Beine über die Klippen baumeln und sah auf das Meer. *Die Gefallenen tauchten aus dem Meer auf, verbrannte Köpfe, halbe Köpfe, blau aufgedunsene Köpfe, und sie schwammen auf den Mann zu, der da am Meer saß, und sie riefen ihm etwas zu, alle gemeinsam, ein Chor Tausender Schwimmer, deren Körper der Mann nicht sehen konnte, sie riefen ihm etwas zu, und einige schüttelten im Näherkommen die Faust.*

Er bekam einen Brief von Bob. Bob war für drei Tage zur Beobachtung ins Krankenhaus geschickt worden, nachdem er vom Tod seines Zwillingsbruders erfahren hatte. Ein Kamerad von William habe ihm geschrieben, William sei auf eine Mine getreten und sofort tot gewesen. Ob Theo irgendwas darüber gehört habe, schließlich habe der Teufel es ja gewollt, dass Theo zu Williams Einheit gestoßen war. Ja, schrieb Theo zurück, William sei auf eine Mine getreten. Theo wisse, dass ein Mensch nicht einmal mehr merkt, dass er stirbt, wenn eine Mine unter seinen Füßen explodiert.

Er saß mit hängendem Kopf vor seinem Zelt und sah den Soldaten zu, die mit Ziehraupen die Landebahn für die Flugzeuge ausbesserten. William brauchte er nicht totzuschreiben, ihn musste er schmerzlos lügen. William selbst hätte das nicht gewollt, die Wahrheit sei das oberste Gebot, hatte er stets gesagt, Wahrheit gehe vor, immer und unbedingt.

„Ich will die Wahrheit, und wenn die Welt untergeht. Die Wahrheit muss ans Licht."

„William, das ist Faschismus", hatte Theo gerufen. Aber William hatte das nie verstanden.

„Der Mensch ist des Todes, Theo."

„Der Mensch ist des Lebens, William."

Wahrheiten waren Irrtümer, und die gefährlichsten Menschen waren die, die behaupteten, die Wahrheit zu kennen. Wirklichkeit war ein viel bedeutenderes Wort, mannigfaltiger, menschlicher, aber William, der Theologe, hatte Wahrheit haben wollen.

Theo freundete sich mit Captain Nools an. Der Mann, glatzköpfig und dickbäuchig mit vernarbten Wangen, war zum Offizier nicht geeignet. Wahrscheinlich hatte er das früh genug erkannt und jede weitere Beförderung ausgeschlagen. Er war Mitte 50, das beste Alter, wie Theo ihm sagte, und immer noch Kompanieführer, wenn er auch jetzt eine weitaus größere Einheit befehligte. Nools schrieb Gedichte, und eines Tages, nach genügend Whiskey, gab er Theo welche zu lesen, und Theo klopfte sich vor Lachen auf die Schenkel. Aus dem Mädchen im Sandkasten sei eine Frau geworden, stand da, oder, dass die gerade Nase einer Frau ein Fingerzeig von Gottes äs thetischem Bewusstsein sei. In seinem Tagebuch hatte Nools den Namen jedes einzelnen Mannes notiert, der unter seinem Kommando gefallen war. Neben den Namen standen die Geburtsdaten, Familienstand, Wohnort, Angewohnheiten, Fehler und Vorzüge. Eine Aufzählung, ohne jedes Adjektiv. Das sei keine schlechte Literatur, sagte Theo.

Kurz bevor Theo im September nach China aufbrechen wollte, kam ein Brief von Charlotte. Er solle, wenn es irgend möglich sei, zu ihr nach New York kommen. Es gebe etwas, dass sie ihm Aug in Aug sagen müsse. Er sah die offenstehende Tür des Flugzeugs an, setzte seinen Rucksack wieder ab und winkte dem Piloten, der aus dem Cockpit sah.

Er sagte Nools, dass er zurückmüsse in die Staaten. Schon nach zwei Tagen hatte der Captain ihm einen Flug nach San Diego besorgt, von dort gebe es mehrere Möglichkeiten, durchs Land zur Ostküste zu reisen.

„Ich bin schwanger", sagte Charlotte.

Schwanger, dachte Theo. Ein neues Paar Augen für die Welt. Eine Frau, aus deren Schoß ein Mensch gewunden würde, und sollte dieser Mensch weiblich sein, würde womöglich einst ein weiterer daraus hervorkommen. Charlottes Schoß, in den Theo so oft eindrang, der so oft nach ihm verlangte. Charlottes Brustwarzen, die er so oft im Mund hatte oder auf die er sein Sperma verspritzte, diese Brustwarzen würden in einem anderen Mund sein und ihn nähren.

Charlotte malte sich mit Lippenstift ein lachendes Gesicht auf den Bauch. „Das Ergebnis von gutem Sex", sagte sie. Es gebe so viele Leute, die Probleme mit Sex haben, sagte sie, einfach machen und fertig.

„Mit dir", sagte Theo, „ist es viel zu schön, als dass ich darüber nachdenken würde. Sex ist ein grübelfreier Raum."

Etwa einen Monat später erreichte Theo die Nachricht von Pauls Tod auf der *Johnston* in der Schlacht im Leyte Golf.

Jetzt war es endgültig Zeit, nach China zu gehen.

Theo kehrte nach Saipan zurück, wo er Nools noch einmal traf. Es gehe ja ziemlich hin und her bei Theo, sagte Nools.

Ja, sagte Theo, hin und her und her und hin, Liebe und Tod, Kunst und Krieg. Eigentlich sei er der ideale Protagonist für einen Roman.

Theo sagte Nools, dass sein Sohn Paul tot sei. Er, Theo, habe drei Tage beinahe ununterbrochen geweint, und er fühle sich, als trüge er Dutzende Gürtel aus Blei. Er schlafe so gut wie gar nicht mehr, weil Paul vor seinen Augen auftauche, sobald er sie geschlossen habe. „Ich bin wütend", sagte Theo.

„Wut ist eine hilflose, aber gute Reaktion auf den Tod", sagte Nools.

Grauenhaft sei gewesen, sagte Theo, dass er allein in der Wohnung war, als die Nachricht kam. Seine

347

Frau sei zu einer Untersuchung im Krankenhaus gewesen, sie sei schwanger. Nools schüttelte Theo die Hand und sagte. „Herzlichen Glückwunsch, Theo. Und herzliches Beileid."

„Ein so enger Satz", sagte Theo. Nools nickte, und Theo dachte, dass Nools ihn verstanden hatte.

„Die Klippen oben im Norden", sagte Nools, „du weißt schon, die, von denen sich die Japaner hinabgestürzt haben, die Klippen werden bereits Suicide Cliff genannt. Ein Wort, das in die Geschichte eingehen wird."

„Kein gutes Wort."

„Nein, Theo, kein gutes Wort."

Von Saipan aus flog Theo in einer Superfortress nach Burma und von dort weiter nach China, dessen Ostregionen von den Japanern besetzt waren. Die Ichi-Go-Offensive der Japaner war in vollem Gange, und die 23. japanische Armee unter General Okamura drang von Kanton und Changsha in Südchina vor, um die Flugplätze der 14. amerikanisch-chinesischen Air Force zu erobern. Einer dieser Flugplätze lag nahe Kwei Lin. „Genau dorthin möchte ich", sagte Theo zu General Stilwell, „das soll einer der schönsten Orte der Welt sein."

In einer Fußnote seiner Memoiren schrieb Joseph W. Stilwell, er habe in Mannlicher einen Mann getroffen, wie er ihn nie erlebt habe. Einerseits habe Mannlicher erstaunliche militärische Fachkenntnis gezeigt – „Blablabla", sagte Theo, als er das Jahr später nachlas –, andererseits sei Mannlicher wohl der am wenigsten militärische Mann gewesen, der dem General je unter die Augen gekommen sei. Nach Stilwells Meinung habe jeder Mann irgendwo eine verborgene militärische Ader, nur Mannlicher nicht. Der General habe Mannlicher sofort geglaubt, als der sagte, er müsse kotzen, wenn ihm jemand Befehle gebe.

Theo hatte gehofft, direkt nach Kwei Lin fliegen zu können, denn jetzt, da er sich jenem Ort endlich näherte, durchzog eine ihm unbekannte Ungeduld seinen Körper. Das Flugzeug wurde jedoch umgeleitet nach Chongqing, ohne dass Theo jemals erfuhr, weshalb. In Chongqing wartete ein Patrouillenboot auf ihn, und Theo sagte dem Bootsführer, dass er solch einen Service von der Army nicht erwartet habe. Es regnete in Strömen. Das gegenüberliegende Ufer des braunwässrigen Flusses war nicht zu erkennen, und in der regenbraunen Stadt verschlammten nicht nur die Seitenwege, sondern auch die größeren Straßen im Zentrum, und es tropfte von den ausladenden Dächern.

„Sie sind ein bekannter Mann, Sir", sagte der Lieutenant. „Wir tun etwas für die Leute, die über uns schreiben. Hier in China hat man Respekt vor schreibenden Menschen." Der Lieutenant trug einen chinesischen Strohhut und hatte abgeknickte Räucherstäbchen in der Brusttasche seines durchweichten Hemdes. „Ich bringe Sie den Yangzi hinauf nach Yichang, von dort können Sie einen Lkw nach Kwei Lin nehmen, Sir."

Theo kletterte über eine Planke auf das Boot, trat an der Bordwand den Schlamm von den Stiefeln und grüßte die drei anderen Soldaten, die rauchend unter dem Dach des Führerhäuschens standen. Trotz des Regens war es heiß. Die Männer trugen Unterhemden. Einer hatte sich in Piratenmanier ein Tuch um den Kopf gebunden. Unter dem Dach stand ein kleiner Schrein, und in einem Netz hing die größte Teekanne, die Theo je gesehen hatte. Er stellte seinen Rucksack ab, zündete sich einen Zigarillo an und sah zu, wie die Männer das Boot vom Steg losmachten, den chinesischen Händlern mit ihren Bauchläden und fahrbaren Garküchen zum Abschied winkten, der Lieutenant am Steuerrad kurbelte und das Boot in die Mitte des Flusses brachte. Von dort aus war keines der Ufer mehr klar zu erkennen.

„Gemütlich bei euch", sagte Theo.

„Hier in China, Sir, sind es die kleinen Dinge ...", setzte der Lieutenant an.

„Die angeblich kleinen Dinge", unterbrach ihn der Mann mit dem Piratentuch. „Der Lieutenant heißt bei uns Sunzi. Ich bin Ren. Bruce hier ist Dao, Ben ist Feng-Shui, weil er der einzige Mann ist, der zum Schwimmen in diesen Fluss steigt."

„Sunzi", sagte Theo, „hat die ‚Kunst des Krieges' geschrieben, in der es nicht um die Vernichtung des

Feindes geht, sondern darum, seinen Widerstand zu brechen. Aber wer oder was ist Ren?"

„Mitmenschlichkeit", sagte Ren.

„Und wie heißt das Boot?", fragte Theo.

„Zheng He", sagte Lieutenant Yin.

„Nach dem Seefahrer. Ein Eunuch", sagte Theo.

Die Männer lachten, und Feng-Shui goss Theo eine Schale Tee aus der Kanne ein.

„Ich habe all Ihre Bücher gelesen, Sir", sagte Feng-Shui. „Sie sind sehr gut. Aber Sie, Sir, werden China als ein anderer Mann verlassen."

Theo schnürte den Rucksack auf und holte die Zigarrenkiste mit den Havannas heraus und gab jedem der Männer eine Zigarre. Er habe sich selten auf Anhieb irgendwo so wohl gefühlt wie bei ihnen, sagte er.

„Aber bitte schreiben Sie nicht über uns", sagte der Lieutenant. Theo verstand ihn. Er war selber oft genug allein, zog sich zurück und vergaß die Welt und ihre Widerstände, und nie redete er über diese Einsiedelei. Sie rauchten Zigarren, und die Zheng He tuckerte durch den Fluss, und der Regen wurde immer stärker, und die Wolken senkten sich auf das Wasser.

„Lass sie fahren, Sunzi", sagte Dao. „Lass sie einfach fahren." Lieutenant Sunzi hielt das Ruder mit dem kleinen Finger und sah in den Nebel.

Zur Nacht vertäuten sie das Boot an einem dichtbewaldeten Ufer und rollten Bambusmatten an Deck aus. Dao hatte Reis gekocht und mit Trockenfisch vermischt, und dazu tranken sie Tee und Reiswein.

„Ich hab immer gesagt, dass ich niemals Soldat werden würde, aber wenn ich euch so sehe …", sagte Theo.

„Wir sind nicht das, was man repräsentativ nennt, Sir", sagte Ren.

„Lassen Sie das Sir mal weg. Ich bin Theo."

„Nun, Theo", sagte Sunzi, „hier auf dem Yangzi sind wir keine Soldaten, hier sind wir nicht einmal Amerikaner. Aber das hier ist auch nicht die Welt, in der wir eigentlich leben. Wenn der große Kampf vorüber ist, werden wir versuchen, hier Fuß zu fassen. Vielleicht können wir der Army das Boot abkaufen und Reisende durch die drei Schluchten fahren. Wir waren schon in Burma zusammen und sind von dort hierhergeschickt worden. Wir haben eine Gemeinschaft gegründet. Wir sind eins mit dem Boot und dem Fluss."

„Na, jetzt wird's ein bisschen pauschal."

„Nein", sagten die vier Männer gleichzeitig.

Theo dachte an Owen. Auch der hatte immer abwehrend reagiert, wenn Theo seine Weisheiten als flach und schnell bezeichnet hatte. Owen, dachte Theo, hätte gut hierher auf das Boot gepasst. Er zog sich die Decke um die Schultern und trank noch etwas Reiswein aus einer kleinen Porzellanschale.

Sie löschten die Kerzen und legten sich schlafen.

Vor Sonnenaufgang am nächsten Morgen fuhren sie weiter. Der Regen hatte nachgelassen, und ab und an schien die Sonne durch die Wolken. Einige Kormorane flogen über das Boot hinweg, und kurz danach zerriss eine Staffel Jagdflugzeuge den Himmel. „Mustangs", sagte Dao. „Himmelsreiter."

„Mir wird ganz lyrisch", ulkte Theo. Er trank seinen Tee und aß kalten Reis vom Vorabend. Er setzte sich ins Heck der Zheng He und schlug den Notizblock auf. Die vier Männer sahen ihn an, und Theo dachte an ihre Bitte, nicht über sie zu schreiben. Da es ihm unmöglich erschien, die Flussfahrt zu beschreiben, ohne das Boot mit seiner merkwürdigen Besatzung in den Text einfließen zu lassen, schlug er den Block wieder zu und zuckte die Achseln. „Vielleicht geht es auch ohne das Schreiben", sagte er.

Die Berge rückten jetzt näher an den Fluss heran, die Ufer wurden steiler, und gegen Mittag erreichten sie die erste der drei Yangzi-Schluchten.

„Die Chinesen sagen, es sei einfacher, in den Himmel zu kommen, als durch die Schluchten des Yangzi", sagte Dao. Er legte die Handflächen aneinander und verbeugte sich nach links und rechts vor den Bergen.

„Die Chinesen fahren allerdings auf zusammengebundenen Bambusbooten auf diesem Fluss", sagte Sunzi. „Wir haben die Zheng He."

Theo spürte durch den Holzboden des Bootes hindurch die Strömung schneller werden. Er hielt sich am Dachrand fest und spähte auf den enger werdenden Strom hinaus. Das Boot schlingerte, und einmal führte Sunzi es nah ans rechte Ufer, um Untiefen auszuweichen, wie man Theo sagte, und Theo glaubte, Affen in den Bäumen schreien zu hören. Wieder flogen Flugzeuge über das Boot hinweg, diesmal hoch und brummend und in dieselbe Richtung wie gestern die Jagdflieger.

„Fliegende Festungen“, sagte Sunzi. „Voll mit Bomben. Wo Heere lagen, können nur Disteln und Dornen gedeihen.“

„Laotse“, sagte Theo. Der Lieutenant schaute ihn erstaunt an.

Theo schwang sich auf das Dach des Führerhäuschens, atmete tief die frische Luft, legte sich auf den Rücken und sah in den Himmel. Dunkelgraue Wolken, graue Wolken, weiße Wolken und dazwischen helles Blau.

Als sie die Schlucht passiert hatten, kletterte Theo wieder vom Dach herunter und sagte, dass das doch sicher zehn Kilometer gewesen seien. Dao fragte, was Kilometer seien. Da wurde Theo klar, dass er nach all den Jahrzehnten immer noch einige deutsche Wörter mit sich rumtrug, die er nie seinem Amerikanisch einverleibt hatte.

Er griff in die Hosentasche und holte den Bleisoldaten hervor, dessen Beine nach hinten an den Körper gedreht und mit ihm verwachsen waren. Gewehr und Farbe hatte der Preuße längst verloren, und er sah eher aus wie ein unförmiger Bleiklumpen denn wie ein Soldat Friedrichs des Großen.

Den ganzen nächsten Tag hindurch, an dem sie die Hexenschlucht durchfuhren, sahen sie kein einziges Flugzeug, auch der Yangzi blieb ihnen allein vorbehalten, kein Boot, keine Dschunke, nichts. Am übernächsten Tag sahen sie auf einer Uferstraße einen kilometerlangen Lkw-Treck, und stündlich dröhnten Flugzeuge über sie hinweg. Sie begegneten einem anderen Patrouillenboot, und während die Männer des anderen Bootes militärisch grüßten, verbeugten sich die Männer auf der Zheng He mit aneinandergelegten Händen. Sunzi trug seinen Chinahut.

Schließlich fuhren sie in die Xiling-Schlucht ein, die längste der drei Yangzi-Schluchten. Links und rechts türmten sich die Berge grau in den grauen Himmel, und die Wolken sanken wieder tief, und die Flugzeuge blieben unsichtbar, aber ihr Dröhnen war laut und unbestimmbar. Einmal meinte Dao sogar Artillerie- oder Bombenfeuer gehört zu haben. Irgendwo zwischen den Bergen hallten Gewehrschüsse.

„Japaner?", fragte Theo.

„Nein", sagte Sunzi.

„Das sind Chinesen, die gegen Chinesen kämpfen", sagte Ren. „Kuomintang und Rote Armee. Das Volk ist zerrissen und traurig."

Es begann zu regnen, und Theo duckte sich unter das Führerhäuschen. Er war zu groß, um aufrecht darunter stehen zu können. Sunzi sah ihn an und lächelte. „Die Chinesen nennen uns manchmal weiße Riesen. Ich frage mich, wie sie dich nennen werden."

„Theo Mannlicher."

„Nein", sagte Dao, „in China bekommst du einen neuen Namen."

In der Einsamkeit der Schlucht war Paul wieder ganz nah bei Theo. Besonders schlimm war es, wenn der Nebel sich auf das Boot senkte. Dann fühlte Theo sich so allein, als seien die vier Männer um ihn herum Stoffpuppen und er den Launen des Flusses ausgesetzt. Manchmal weinte er heimlich. Aber die Männer merkten es ihm an, und Ren sagte, er solle ihnen sagen, warum er traurig sei. Dann nahmen sie ihn in die Arme, umringten ihn, allesamt einen Kopf kleiner als er, bildeten eine Hülle um seinen Körper, und tatsächlich schien ein Teil seines Schmerzes in sie abzufließen, denn er fühlte sich leichter in den Armen der Männer. Dann ließen sie ihn abrupt wieder los und verloren kein Wort mehr über Pauls Tod.

Als sie die Schlucht verließen, sahen sie Rauchwolken am östlichen Horizont. Theo verließ die Zheng He in Yichang. Er verabschiedete sich von den Männern und beobachtete vom Steg aus, wie ein Offizier auf das Boot stürmte und die Männer anschrie, wie sie denn verdammt noch mal aussähen und was der ganze Scheiß überhaupt solle. Die vier legten die Hände aneinander und verbeugten sich vor dem Offizier. Der Offizier schrie weiter, wies hierhin und dorthin und zupfte Sunzi am Hemd, und die vier Männer verneigten sich wieder. Der Offizier verließ das Boot und schnauzte im Uferschlamm einen Soldaten an, der sofort stillstand und salutierte.

Mehrere Militärkonvois rollten durch die Stadt, Schlamm spritzte, Häuser vibrierten, und Teeschalen fielen von Tischen, und Theo fragte sich zu einer Kolonne nach Kwei Lin durch. Ein Captain sagte ihm, dass er bei ihm im Jeep mitfahren könne. Sie fuhren aus der Stadt heraus an einem Markt vorbei, auf dem sich Dutzende von Chinesen prügelten. Zwei Schüsse fielen, und Theo sah einen Mann umfallen, und dann bog der Konvoi durch das Stadttor auf eine Landstraße ab und fuhr nach Süden. Der Captain versuchte mehrmals, mit Theo zu sprechen, aber Theo war nicht nach Reden zumute, und er lächelte freundlich, sagte aber kein Wort. Er war gespannt auf Kwei Lin.

Sie fuhren eine schlammige Straße durch Reisfelder hinab, die im verschleierten Licht der Sonne silberten. Im Süden sah Theo bereits erste Ausläufer der Kalksteinberge von Kwei Lin, und es begann wieder zu regnen. Sie fuhren durch ein Dorf, das aus etwa einem Dutzend Hütten bestand, die sich vor der Nässe duckten. Am Ausgang des Dorfes stand ein Galgen, an dem ein Erhängter in Wind und Regen pendelte und tropfte. Wenig später waren links der Straße zwei Pfähle in den Boden gerammt, und auf den Pfählen waren Köpfe, einer mit offenen, einer mit zugekniffenen Augen. Der Regen hatte alles Blut weggewaschen.

„Lassen Sie mich aussteigen", sagte Theo.

„Oh, gerne", sagte der Captain, hielt an und gab schon wieder Gas, als Theo gerade seinen Rucksack gegriffen hatte. Theo band sich ein Tuch um den Kopf und suchte die Landkarte aus dem Rucksack. Er hatte sie in Folie eingeklebt und verfolgte mit dem Zeigefinger die Straße von Yichang Richtung Süden, während der Konvoi an ihm vorbeifuhr und Theo, gedankenversunken, kaum spürte, dass er mit Schlamm bespritzt wurde. Theo bewegte sich von der Straße weg auf die Trampelpfade zwischen den Reisfeldern. Es hörte auf zu regnen. Nachdem er einige Stunden marschiert war, befand er sich mitten in den Kalksteinbergen von Kwei Lin. Wie verbogene grüne Fingerhüte hoben sich Hunderte von Bergen aus grünen Tälern in den Himmel, und die verdampfende Feuchtigkeit machte den Himmel grün, und die Bäche schimmerten grün. *So grün,* dachte Theo, *war es überhaupt noch nie in meinem Leben.* Grün, das war die Farbe Kwei Lins.

Als er in ein Dorf der Dong kam, brach die Sonne die Wolkendecke auf, und es wurde sofort heiß. Das Dorf bestand aus etwa 30 Häuschen, mit ausladenden Dächern, die sich um eine Kreuzung scharten. Es gab einen überdachten Marktplatz, und in einem Wäldchen am Ende der Querstraße sah Theo einen Tempel machtlos gegen Äste und Schlingpflanzen ausharren. Theo sah auf seine Karte. Das Dorf war nicht eingezeichnet. „Um so besser", murmelte er. Vor einigen der Häuser hockten Leute und tranken Tee, wuschen Reis und nahmen Fische aus. Der Li-Fluss schlängelte sich am Westrand des Dorfes vorbei, und ein kleiner Ausläufer führte durch das Dorf und wurde von einigen schmalen Stegen gequert. Einige Sampans lagen hinter Bambuswedeln am Ufer, und Kormorane staksten über die Dächer der Boote. Körbe voll Fisch standen am Ufer, ein Räucherofen qualmte. Die Dorfbewohner starrten Theo an, als sei er ein Geist. Sie hielten in ihrer Arbeit inne, ließen die Teeschalen sinken und sahen ihn an, wie er allein und groß auf der Mitte der Wegkreuzung stand und sich nach allen Seiten umsah.

Vor Tausenden von Jahren, dachte er, *muss dieses Dorf genauso ausgesehen haben wie jetzt.* Zwei Männer in weiten grauen Jacken und wadenlangen Hosen kamen auf ihn zu, sahen zu ihm hinauf und sagten etwas. Monatelang hatte Theo Chinesisch gelernt, aber er verstand kein einziges Wort. Die Männer lachten. Theo versuchte sein Glück mit Amerikanisch und fragte nach einer Unterkunft. Die Männer lachten. Theo legte die Hände aneinander, führte sie an seine rechte Wange und neigte den Kopf gegen die Hände, so wie Paul es als Junge gemacht hatte, wenn er schlafen wollte. Die Männer lachten. Sie winkten ihn hinter sich her unter das laubgedeckte Vordach eines Hauses, wo einige Frauen und Kinder saßen, und boten ihm eine Schale Tee an. Theo setzte sich, grüßte und bedankte sich für den Tee. Die Leute redeten miteinander, und dann deutete einer Theo an, sitzenzubleiben, er komme gleich zurück. Theo sah den Mann zum Fluss laufen und einen der Sampans betreten. Er hörte jemanden schrill lachen und einmal „Amerikaner" schreien. Der Mann kam mit einem anderen Mann zurück, einem dünnen Kerl mit pechschwarzem Haar und winzigem Gesicht. Der Schwarzhaarige taumelte eher, als dass er geradeaus ging. In akzentfreiem Amerikanisch sagte er: „Ich bin der Narr von Kwei Lin."

„Ich bin Theo Mannlicher." Alle lachten.

Woher er komme?

Er sei Deutschamerikaner.

Was Deutsch sei?

„Das weiß ich auch nicht so genau", sagte Theo.

„Du suchst einen Platz zum Schlafen. Auf meinem Boot ist eine Ecke frei", sagte der Narr.

„Gut", sagte Theo und folgte dem Mann.

Sie gingen den Weg hinab, der immer schlammiger wurde, je näher sie dem Fluss kamen. Die Bambuswedel standen still, und es surrte von Mücken und anderem Getier, das Theo nicht zu bestimmen wusste. Schließlich gingen sie über ausgelegte Bretter aufs Boot. Die Kormorane sahen ihnen zu. Unter dem Dach des Bootes konnte Theo wieder nicht geradestehen. Es gab zwei Lagerstätten und einen kleinen Ofen mit einem verkrusteten Wok darauf. Zahlreiche Schüsseln und Körbe waren auf dem Boot verteilt. Ein Hund beschnüffelte Theos Stiefel, und mindestens 20 junge Enten fiepten um seine Füße herum. Räucherstäbchen ließen dünne graue Bänder in die windstille Hitze steigen.

„Du kannst bei mir wohnen. Wir hier haben gern ruhige Gäste. Du bist ein ruhiger Mann."

„Woher kennst du unsere Sprache?"

„Es ist die Sprache eurer Soldaten. Blut, überall Menschenteile. Ich war Soldat. Jetzt bin ich der Narr, weil die Leute glauben, mein Geist habe sich verirrt und findet nicht zurück. Aber es macht den Leuten hier nichts."

Theo stellte den Rucksack ab und setzte sich ins offene Heck des Sampan. Das Boot lag so tief im Wasser, dass Theo im Sitzen eine Hand ins Wasser senken konnte. Er war müde vom langen Marsch und der satten Luft und dem wenigen Essen. Der Narr reichte ihm eine Schale grünen Tee, und der bittere, dickflüssige Tee belebte Theo.

„Sei mein Gast, deutschamerikanischer, ruhiger Theo Mannlicher", sagte der Narr.

„Gern", sagte Theo.

Theo blieb in den ersten Tagen auf dem Boot und im Dorf. Er saß stundenlang und betrachtete die Landschaft der Karstberge und des Flusses. Manchmal fanden die Dorfbewohner ihn, wie er auf einer Wiese lag und in den Himmel sah. Er ernährte sich wie sie von

Reis, Fisch, Brot, Eiern, Tee und Reiswein. Der Narr und Theo redeten anfangs kaum miteinander, sie lächelten sich an, aßen gemeinsam, und Theo ließ sich zeigen, wie man mit den Kormoranen fischte, wie man ihnen den Ring um den Hals legte, damit sie die aufgeschnabelten Fische nicht hinunterschluckten.

Der Narr musste schwer getroffen worden sein, dachte Theo. Mehrmals am Tag brüllte er Namen in die Luft, schrie Warnungen aus, äffte das Knattern eines MGs nach, um Sekunden später wieder völlig ruhig und freundlich zu sein und in die Landschaft zu sehen. Manchmal saß der Narr stundenlang im Schneidersitz und sah auf den Fluss. Theo ahmte ihn nach, und schon nach wenigen Tagen schliefen ihm die Beine dabei nicht mehr ein. Theo saß, sah und atmete. Das konnte er bald stundenlang.

Die Dorfbewohner beachteten Theo kaum, sie grüßten ihn, sie boten ihm Tee oder etwas Reis an, wenn er sich irgendwo niederließ, und arbeiteten weiter, als gebe es den großen schlanken Mann mit dem hellen Haar nicht.

Nach einer Woche ließ Theo sich den Weg zum Flugplatz der 14. amerikanisch-chinesischen Air Force in Kwei Lin weisen und marschierte dorthin. Nach zwei Tagen geschriener Befehle und dem Lärm landender und startender Jagd- und Bomberflugzeuge kehrte Theo auf den Sampan des Narren zurück. Er begann, dem Narren von seinen Erlebnissen zu erzählen, aber der hob abwehrend die Hände, sagte etwas zu einem Kormoran und bot Theo Gebäck und Tee an.

Am Nachmittag hatten sich die Kinder des Dorfes vor dem Boot versammelt. Es waren etwa 20, und der Narr sagte, sie wollten von Theo ein paar Wörter Amerikanisch lernen.

„Wieso nicht von dir? Du sprichst beide Sprachen."

„Von mir will niemand etwas lernen. Das ist gut so."

Theo trat zu den Kindern, die dünnbeinig waren und lachend zu ihm hinaufsahen und Sonnenglanz auf dem Haar hatten. Er sah sich um, sah die Felder, die Wiesen, den Fluss und die bizarren Berge Kwei Lins und dachte, dass er die Landschaft als Vokabeln nehmen könnte. Und das Dorf und das Essen und seinen Körper. Das alles würde ohne sein Wissen vom Chinesischen bestens funktionieren. Das würde sein menschliches Wörterbuch sein. Er notierte sich das: Das menschliche Wörterbuch.

„Kommt mit", sagte er und winkte die Kinder hinter sich her ins Dorf. Eine Fliegerstaffel dröhnte über sie hinweg, und die Kinder zeigten den Flugzeugen hinterher.

„Scheißdreck", sagte Theo, ohne zu ahnen, dass die Kinder seinem Beispiel so spontan folgen würden. Die Kinder sprachen ihm nach. „Scheißdreck."

„Genau", sagte er und ballte lachend die Faust.

„Scheißdreckgenau", sagten die Kinder und verschliffen das r zu einem langen l.

Er ging mit der ihm folgenden Schar auf einen Wiesenhügel vor einem der nahen Kalksteinberge, setzte sich, und die Kinder setzten sich im Halbkreis vor ihn. Sie waren still und sahen ihn aufmerksam an, auch ihr Haar und die Wiese bewegten sich im Wind.

„Die Missionare haben euch was von ihrem Gott erzählt. Sie haben euch gesagt, was die Wahrheit ist. Ich sage euch: Das", er wies auf den Berg in seinem Rücken, „ist ein Berg."

So lernten sie Tag für Tag ihre Vokabeln. Theo staunte über die Konzentration und das Gedächtnis der Kinder. Obwohl sie nichts aufschreiben konnten, wussten sie beinahe alle Wörter, die er ihnen beibrachte. *Berg, Wiese, Scheißdreckgenau, Beine, Bauch, Augen, Stift, Papier, Himmel, Fluss, Mann, Frau, Brüste, Enten.*

Brüste, dachte er abends, im Heck des Sampan liegend. *Brüste.* Er hatte am Wegrand eine Chinesin gesehen, die halbnackt in einem Bach stand und ihr Haar wusch. Als sie mit geschlossenen Augen den Kopf zur Seite legte und ihr Haar auswrang, hatte Theo auf die Brüste gezeigt und den Kindern das Wort gesagt. Die Szene hatte ihn erregt, und erst in diesem Moment war ihm klargeworden, wie viele Wochen er keinen Sex mehr gehabt hatte. Als Charlotte ihm gesagt hatte, dass sie schwanger sei, hatten sie wochenlang mehrmals täglich miteinander geschlafen, dann war Paul tot, und alle Erotik war fort.

Bei der Chinesin in dem Bach dann hatte sein Blick auf den hellen Brüsten mit den dunklen Brustwarzen geklebt, und Theo hatte in Sekunden eine Erektion bekommen. Bob hätte jetzt gesagt, dass Theo, wolle er wirklich in China ankommen, mit einer Chinesin schlafen müsse.

Der Narr taumelte auf das Boot. Theo hatte im Wok Reis mit Schweinefleisch zubereitet, und der Narr bediente sich kichernd. Theo wusste immer noch nicht, was der kleine Mann mit diesem seltsam winzigen Gesicht den ganzen Tag lang machte. Oft verschwand er morgens, mittags sah Theo ihn dann manchmal im Dorf, bevor er wieder fort war und am frühen Abend auf den Sampan kam. Manchmal presste sich der Narr die Hände vor die Ohren, dann brüllte er, warf sich zu Boden, schützte den Kopf unter den Armen und kam Sekunden später wieder hoch, lächelte und fragte, ob es Theo denn auch gutgehe und er sich wohl fühle auf dem Boot.

„Wie ist dein Name?“ fragte Theo jetzt von seiner Lagerstatt im Heck des Bootes, während die Sonne sich auf den Li Fluss senkte.

„Tschuangtse“, sagte der Narr.

„Der ist lange tot.“

„Konfuzius.“

„Der ist auch schon längst tot.“

„Warum hältst du dich mit solchen Nichtigkeiten auf, Theo Mannlicher? Vielleicht heiße ich auch Li Tai Po.“

Theo sah den Narren an. Das Alter des Mannes war schwer zu schätzen, in dem kleinen Gesicht zogen sich Falten von der Nase bis tief ins Kinn, und auch die Stirn war gefurcht, die Augen aber flitzten oftmals hin und her, und die Bewegungen des Mannes waren flink und sicher. Wenn er ruhig und ausgeglichen war, strahlte sein Gesicht Zufriedenheit und Gleichmut aus, die Augen hafteten auf dem Gesprächspartner, intensiv, aber höflich, die Hände lagen bewegungslos im Schoß, niemals gestikulierte er. Wenn ihn aber „der Kriegshund anpisste", wie Theo sagte, war der Mann ein Bündel an Stress, die Falten wurden tiefer, die Augen waren aufgerissen, und die Hände suchten Halt oder schützten das Gesicht.

„Was tust du?"

„Ich tue nichts."

„Wu wei?"

„Das sind so Wörter, die ihr lernt. Einer der amerikanischen Offiziere, unter denen ich Soldat war, war Sinologe. Ein feiner und gebildeter Mann. Aber ich habe nie einen Mann kennengelernt, der weniger von China verstand als dieser Colonel. Hast du dich auf China vorbereitet?"

„Ja."

„Du verbirgst das gut, Theo Mannlicher, du bist ein angenehmer Gast. Bleib hier bei uns, solange du willst. Auf irgendeine Art wirst du etwas lernen."

„Ich hätte Lust, mich zu betrinken", sagte Theo.

Der Narr scheuchte die kleinen Enten beiseite,

kramte im Bug des Sampan und kam mit einem Ton-
krug zu Theo zurück. Zwei der Enten hatten es sich
auf Theos Brust bequem gemacht, eine war ihm in
die Brusttasche des Hemdes gekrabbelt und schnat-
terte jetzt aus dieser sicheren Stellung den Narren an.

„Reiswein, mein Freund. Es ist nicht unweise, wenn
ein Mensch mal trinkt."

„Werd's mir merken", sagte Theo.

Er legte sich zurück und sah in den mittlerweile
dunklen Himmel, an dem erste Sterne auftauchten.
Wenn er nach rechts blickte, konnte er die Silhou-
etten der Karstberge sehen, die sich krumm und jäh
in den Himmel hoben. Ein leichter Wind kam auf
und wiegte den Bambus und machte runde Wellen
auf den Li. Der Reiswein half gegen die stürmenden
Gedanken an Charlotte. In spätestens einem Monat
würde Theo nach Amerika zurückreisen, um Charlottes Schwangerschaft zu begleiten. Den Artikel
über den Flughafen von Kwei Lin würde er hier auf
dem Sampan zu schreiben versuchen, obwohl ihm
das Schreiben in China zum ersten Mal in seinem
Leben fern war.

Bei Sonnenaufgang am nächsten Morgen stand
Theo auf und begann sofort, an dem Artikel zu arbeiten. Er schrieb über das Anlegen von Rollbahnen,
über amerikanische Flieger und Soldaten und über
den nervösen Kommandanten des Flughafens von
Kwei Lin. Nach anderthalb Stunden am Morgen legte er den Stift nieder und bereitete das Frühstück.

Vormittags erschienen dann seine Kinder, und er ging mit ihnen los, die Welt zu beworten. In den letzten Tagen waren vermehrt Scheißdreckgenau über das Dorf geflogen, und einmal kam eine Patrouille von drei Jeeps in das Dorf. Die Offiziere waren Amerikaner, die Soldaten Chinesen. Ein Captain fragte Theo, was für ein seltsamer Kauz er denn sei. Der Captain sah auf die Kinderschar um Theos Beine.

„Großer Gott", sagte er, „Sie sind Missionar. Mann, dafür tragen Sie aber seltsame Tarnkleider."

„Missionar?" Theo blies die Wangen auf und musste lachen, als er Wut in sich brodeln fühlte, instinktiv die Fäuste ballte und die Armmuskeln hart werden spürte. „Das ist eine Beleidigung."

„Wieso? Ohne unsere Missionare wären die hier doch am Arsch, Mann."

„Der einzige, der hier am Arsch ist, sind Sie."

„Vorsicht, Kauz."

Und wieder musste Theo lachen, als er Lust verspürte, sich jetzt und hier auf der Kreuzung mit dem Captain zu prügeln. *Ach,* dachte er, *wäre das herrlich gewesen.* Ein Faustkampf, bei dem er gegen einen ausgebildeten Soldaten sicher keine Chance gehabt hätte, und anschließend ein kühles Bier.

„Wie auch immer, machen Sie, dass Sie hier wegkommen. Die Japaner sind nicht mehr aufzuhalten. Mit dieser scheiß Ichi-Go-Offensive werden sie noch einmal Glück haben. Danach, das schwöre ich, versohlen wir denen den heidnischen Arsch."

Theo sah einige chinesische Soldaten mit den Dorf-ältesten reden. Weit im Osten stiegen Rauchwolken in den Himmel. Ein Kind zupfte an Theos Hosenbein und wies auf den Captain. „Todesdiener", sagte Theo.

„Todesdiener", wiederholten die Kinder.

„Mann, Sie sind ja verrückt", sagte der Captain. „Wir sind hier, um denen zu helfen. Wissen Sie, wie die Japaner mit Gefangenen umgehen? Mann, wir sind hier die Guten."

„Führten Sie eine andere Sprache, hätte ich den Kindern auch ein anderes Wort genannt. Ich glaube nicht, dass Sie ein guter Soldat sind."

„Sie schimpfen auf die Missionare, bringen den Kindern hier aber Ihre ganz persönliche Sprache bei. Das ist nicht besser als Missionierung."

„Die Kritik höre ich wohl."

Die chinesischen Soldaten kamen kopfschüttelnd zu den Jeeps zurück und setzten sich hinein. Der Captain ließ den Motor des Wagens anspringen und sah Theo an. „Machen Sie, dass Sie hier wegkom-men. Und sagen Sie den Leuten, sie sollen ebenfalls verschwinden. Das alles hier wird nicht gutgehen."

Die Kolonne wendete auf der Kreuzung und fuhr wieder aus dem Dorf hinaus. Theo sah den Ältesten an, der bei seiner Frau saß und Tee trank.

Der Himmel über China, dachte Theo, der Himmel über China war hellblau. Die Verneigung des Büffels war zu tief.

18

Lebenswille

„Meine Tochter Helen wurde am 6. August 1945 geboren", sagte Theo zu dem Alten, der zum Mittagessen bei ihm auf der Terrasse saß. „An diesem Tag schrie die Welt einmal besonders laut auf", sagte Theo.

Die drohenden Wolken vom Vormittag waren über die Bucht hinweggezogen, und jetzt war es warm und das Meer wieder von weichem Blau, aber der Alte beharrte darauf, dass der Sturm kommen würde, und wirklich bewegte sich zwischen Meeresklinge und Himmel eine dritte Farbe, dunkelgrau und über den ganzen sichtbaren Erdball gestreckt.

„Ein seltsames Datum für eine Geburt. Sie hätte viel früher zur Welt kommen müssen. Aber offensichtlich fühlte sie sich bei Charlotte zu wohl, um herauszukommen. Die Geburt musste eingeleitet werden. Teufel, als hätte Helen bis zu diesem Tag warten wollen. Und obwohl sie so lange bei Charlotte war, ging dann während der Geburt einiges schief. Die Nabelschnur hatte sich um Helens Hals gewickelt, und das Mädchen war ganz blau, als es endlich aus Charlotte herausgezerrt worden war. Sie kam sofort auf die Intensivstation. Die Ärzte sagten mir und Charlotte, dass die Chancen auf ein Überleben schlecht stünden. Noch in der ersten Nacht ihres Lebens würde sich entscheiden, ob sie es schaffen würde oder nicht."

Mit geschlossenen Augen und gebeugt durch die Krankenhaustür, und dann direkt in Charlottes Zimmer, in dem eine Schwester ihn fragte, ob alles in Ordnung sei, er sei ja nassgeschwitzt und kreidebleich. „Krankenhausallergie", murmelte Theo. Charlotte weinte. „Umarm mich jetzt nicht", zischte sie. Ihr Haar war verklebt, ihr Gesicht nass. Theo holte ein feuchtes Tuch und fuhr über Charlottes Augenbrauen, über die Wangen, die Lippen und die Nase und küsste sie. Nach einigen Minuten war er wieder ruhig, spürte seinen Körper, und China war bei ihm. „Oh-GottoGottoGott", sagte Charlotte. „Das arme kleine Mädchen, Theo. Das arme kleine Mädchen. Oh Gott, Theo."

Theo lächelte Charlotte an und nahm ihr Gesicht in beide Hände. „In diesen Fällen", sagte er, „setzt sich das Leben durch. Ganz von allein und bestimmt von einem Lebenswillen, den das Kind noch nicht zu formulieren weiß. Das Leben hat seinen eigenen Willen. Wir werden in diesen Willen hineingeboren. Wenn schon Gott, dann das Leben."

Schon am nächsten Tag wurde Helen von der Intensivstation entlassen. Die Ärzte sagten, solch eine schnelle Normalisierung eines höchst kritischen Zustandes hätten sie selten erlebt. Die Mannlichers sollten in den nächsten zwei Jahren regelmäßig Nachuntersuchungen machen lassen, um eventuelle Folgeschäden des kurzzeitigen Sauerstoffmangels bei Helen feststellen zu können, aber alles in allem spreche der Kampf des Mädchens für einen ungeheuren Lebenswillen.

„Das ist ja nun auch eine recht einfache Entscheidung", sagte Theo. Die Ärzte sahen ihn an. „Jede Menge Stirnfalten", ulkte Theo. Ein Arzt sagte, er solle sich das nicht so einfach vorstellen. Theo lächelte. Als sie wieder allein waren, sah Charlotte ihn lange an. Ihr Blick wanderte die Linien seines Gesichts entlang und dann über seinen Körper bis hinab zu den Füßen.

„Du hast es gewusst, Theo."

„Ja."

„So wie in Kwei Lin?"

„Ja, so wie in Kwei Lin. Vielleicht. Ich weiß es nicht. Man kann es nicht wissen. Es gibt kein Wort ..."

„Ist schon gut, Theo", unterbrach Charlotte und sah ihn wieder eindringlich an. Sie blinzelte, sah kurz an die Zimmerdecke und dann wieder Theo an. Sie knöpfte ihren Pyjama auf und legte Helen an die Brust.

Theo sah den Alten an.

„Was hältst du von ,Die durch die Hölle gehen', Michael Cimino, 1978? Zsigmond an der Kamera?"

„Ein guter Film. Der Krieg ist nicht in Vietnam, er ist überall, selbst in diesem Stahlarbeiternest, aus dem die Figuren des Films kommen. Lässt man sich einmal darauf ein, bleibt der Krieg für immer."

„Ja", sagte Theo. Er sah auf die Bucht hinaus. Das junge Paar aus dem Nachbarbungalow spielte im Wasser, sie spritzten sich nass, fielen sich in die Arme und ließen sich in die Brandung plumpsen. Er hatte Lust, spazieren zu gehen, aber seine Beine waren müde, und er blieb lieber im Schatten sitzen, trank Tee, rauchte und sah aufs Meer. Es war gut, dass der Alte da war. Er sah ihn an. Wenn der Narr noch lebte, müsste er heute so aussehen wie der Alte. Das kleine Gesicht war von Falten durchzogen wie die Haut eines Elefanten, das schwarze Haar war schütter und grau durchzogen, und der Körper war dünn und beweglich. Der Alte stand schweigend auf, verließ die Terrasse und kam kurze Zeit später mit vier gekühlten Flaschen Bintang-Bier für Theo zurück.

„Du bleibst heute daheim, nicht wahr", sagte er.

„Ja", sagte Theo und bedankte sich für das Bier. Der Alte ging. Theo trank eine Flasche Bier in einem Zug und öffnete die nächste. Bei der Hitze spürte er das Bier sofort, und das gefiel ihm. Theo griff nach einem der Fotoalben und schlug es auf.

Einige Briefe fielen heraus und landeten auf dem Terrassenboden, und Theo ließ sie liegen. Er sah Fotos von Venedig, wo er und Charlotte gestorben waren und tagelang gut und lachend gelebt hatten. Das war ein Spaß, dachte er, dem Tod solch ein Schnippchen zu schlagen. Ein anderes Foto zeigte ihn hinter

Gitterstäben. Er hatte wieder demonstriert und war erneut eingesperrt worden. Einmal, so erinnerte er sich, hatte man ihn sogar in eine psychiatrische Anstalt stecken wollen, nur weil er gesagt hatte, Peter Macdonald, der Regisseur von „Rambo III", müsse geistig verkümmert sein, ebenso wie sein Schützling Sylvester Stallone. *Großmutter.* „Kuchen." Er lachte. Welch eine herrliche Lebenseinstellung musste man haben, wenn das letzte Wort „Kuchen" war.

Luftaufnahmen vom Golfkrieg: Irgendein nicht identifizierbares Silo, ein Bunker oder sonst eine große Anlage, verschwommen, nicht viel besser als der Ultraschall eines Kindes im Mutterbauch. Und das nächste Foto zeigte eine Explosionswolke, ein vermeintlicher Volltreffer, von dem niemand wusste, ob er in einem Filmstudio gemacht worden war oder wirklich im Krieg.

Während des Golfkrieges hatte Theo in Hamburg gewohnt und dort mit Mitgliedern des Schriftstellerverbandes Demonstrationen gegen den Militäreinsatz organisiert. „Eine Rede halten, ja, an einem Umzug teilnehmen, ja", hatte er gesagt, „aber den Behördenkram macht ihr."

In der Nacht, in der der Livekrieg losbrach, standen Theo und Charlotte in einer Kneipe im Schanzenviertel, in der zwei Fernsehgeräte aufgehängt worden waren, und Theo flüsterte Charlotte ins Ohr, sie seien hier die Dinos und wahrscheinlich älter als die Leute hier alle zusammen. In dem raucherfüllten Gedränge der Kneipe wurde gewettet, ob es nun zum Krieg kommen würde oder nicht. Ein junger Mann am Tresen sagte, er wette willentlich dagegen. Er wisse, dass es zum Krieg komme, aber er wette willentlich dagegen. Theo sah ihn an und dachte an Charlottes Worte kurz vor dem Eintritt Amerikas in den Zweiten Weltkrieg. Theo nickte, zündete sich einen Zigarillo an und dachte, welch ein kluger besoffener Junge das doch war. Der junge Mann wurde als Spinner bezeichnet. Der Krieg gehöre zur Welt, sagte ein anderer Mann, groß und sportlich und ganz in Schwarz. Der Krieg sei schon immer da gewesen.

„Unsinn", sagte Theo, „Menschen machen den Krieg. Menschen wie du, die entweder selbst sterben wollen oder anderen beim Sterben zusehen."

„Willentlich gegen etwas zu sein, das sich nicht verhindern lässt, ist Dummheit", sagte der Mann.

„Intellektuelle Freiheit höchsten Grades", sagte Theo.

„Ach, Opa", sagte der Mann.

Theo sagte laut genug, dass jeder in der Kneipe ihn hören konnte, der Barkeeper solle dem Mann, der willentlich gegen den Krieg wette, zu trinken geben, was immer er verlange, Theo würde diesen Jungen einladen, er sei der einzige vernünftige Mensch in dieser Scheiß-Szenekneipe, die von großmäuligen Möchtegernkünstlern bevölkert werde. Diesmal sagte der Sportler nicht „Ach, Opa", sondern „Vorsicht, Opa". Charlotte sagte zu dem Jungen, er solle sich lieber nicht mit Theo anlegen, wenn er nicht heftig eine draufbekommen wolle, und zeigte ihm ihre alte, kleine Faust mit den Ringen und dem langen Daumen.

Eine Stunde später begann die Übertragung. „Wenn ihr so klug seid, wie ihr tut, schaltet ihr jetzt sofort ab", sagte Theo, bot Charlotte den Arm und verließ mit ihr die Kneipe.

Theo kratzte sich am Ohr. Er legte das Album beiseite und sah wieder auf den Strand. Er trank einen Schluck Bier und ließ den Arm mit der Flasche baumeln. Dann sah er Charlotte. Sie kam durch den Sand auf die Bungalowanlage zu und winkte ihm. Die Flasche fiel ihm aus der Hand und zersplitterte. Charlotte kam durch den Garten. Sie trug einen Strohhut und ein langes helles Kleid, in dem sich eine Bö verfing. Theos Herz raste.

„Lass mal, Daddy, ich mach das schon", sagte Charlotte. Da erkannte Theo seine Tochter, die zu ihm auf die Terrasse trat und ihn umarmte.

„Helen", sagte er.

„Du hast morgen deinen 100. Geburtstag. Denkst du, da lasse ich dich allein?" Sie schob mit dem Fuß die Scherben zusammen, schichtete sie auf einen Papierbogen und warf das Ganze in den Papierkorb.

„Na, du hast ja sogar ein Bier für mich", sagte sie.

Theo sah sie an. Sein Herz pochte, als er beobachtete, wie Helen mit einem Feuerzeug eine Bierflasche öffnete, die Beine ausstreckte und auf die Bucht hinaussah. Helen hatte große Ähnlichkeit mit Charlotte und die gleiche wunderbare Nase. Sie sah die Alben, Tagebücher und Notizblöcke an, nahm einzelne Zettel, las, sah Fotos an und dann Theo.

„Dein Leben, Daddy?"

„Ja", sagte er, „mein ganzes Leben. Woher wusstest du, dass ich hier bin?"

„Mama und du, ihr habt immer gesagt, dass euer Urlaub nahe Kalibukbuk der schönste Urlaub war, den ihr gemacht habt. Ihr wart mehrere Monate hier, während ich in New York versuchte, meine ersten Bilder zu verkaufen. Ich wollte dich unbedingt sehen. Ich möchte bei dir sein, wenn du hundert wirst."

„Ich freu mich so sehr", sagte Theo, und sein Oberkörper zuckte, als er merkte, dass ihm die Tränen kamen, und er versuchte, die in ein Lachen umzuleiten.

„Ist hier noch ein Bungalow frei?"

„Ganz am Ende der Anlage ist gestern einer frei geworden", sagte Theo. „Wie geht es deinem Mann und den Kindern?"

„Sehr gut, Daddy. Sie wollten mitkommen, aber ich hab gesagt, dass du sicher allein sein willst. Ich konnte mich dann selbst allerdings nicht wehren."

„Gut, dass du dich nicht gewehrt hast."

Er stand auf, griff sich ins Kreuz und sah zu der Palme auf der Landzunge. An ihrem Wipfel hingen kaum noch zehn Blätter. Im Moment war es windstill, aber der graue Streifen am Horizont war breiter geworden. Charlotte hob den Bleiklumpen von einem Stapel Blätter.

„War das mal der Zinnsoldat?"

„Ja, das war mein Zinnsoldat. Sieht ziemlich lädiert aus, was?"

„Man muss schon wissen, dass es ein Zinnsoldat war."

„Ein ganz besonderer Soldat, ja, das muss man schon wissen, wenn man ihn erkennen will."

Im Dorf starb eine alte Frau. Sie ging über die Kreuzung, trug zwei an eine Stange gebundene Körbe über den Schultern, fiel auf die Knie, kippte seitlich weg, streckte die Hand haltsuchend aus und war tot, als Theo gerade mit seiner Kinderschar durchs Dorf ging. Einige Leute versammelten sich um die Frau, redeten miteinander und trugen die Leiche in den Schatten eines Hauses. Die Kinder zeigten auf die Frau. Theo steckte die Hände in die Hosentaschen und dachte nach. Welche Vokabel für das da? Er sah die Kinder an, die Hand in Hand zu ihm hinaufsahen, und schwieg. Er dachte an Paul. Der Tod der anderen. Es konnte keine Philosophie über den Tod geben, denn der war so situativ wie sonst nichts auf der Welt. Man war allein mit seinem Tod. Er, Theo, konnte nur schweigen. Die Kinder müssen hier weg, schoss es ihm durch den Kopf.

Er verabschiedete sich von den Kindern, zeigte auf die Sonne und sagte: „Sonne". Er wanderte durch die

Wiesen und Felder zwischen den Karstbergen, überquerte Bäche, schlug sich durch Bambus am Ufer des
Li. Er aß etwas Brot und ein gekochtes Ei und versuchte einmal, auf einen der Berge zu klettern, aber sie
waren allesamt zu steil. Gerne hätte er Kwei Lin von
oben betrachtet, die weite grüne Landschaft mit den
Flussläufen und den grob in den Himmel geschlage-
nen Bergen mit dem weichen grünen Überzug. Das
alles hier, dachte er, war mal unter dem Meer. Es war
der Meeresboden, der ans Tageslicht kam, und wo
ich jetzt stehe, schwamm einst ein Fisch.

Abends auf dem Sampan fragte er den Narren erneut nach seinem Namen.

„Menzius.“

„Der ist tot. Wer bist du?“

Der Narr lächelte ihn an, und sein Gesicht zerfiel in lauter kleine Teile zwischen Falten. Die Enten
scharrten sich um Theo, und er fütterte sie mit Brot-
krumen. Der Hund bekam etwas von der gebratenen
Ente, die der Narr bereitet und mit Reis vermischt
hatte. Eine Bomberstaffel flog tief über das Dorf
hinweg, die Motoren dröhnten laut, und in der un-
tergehenden Sonne schimmerten die Maschinen rot,
und ihre Rücken glänzten golden. Der Narr sah den
Flugzeugen hinterher.

„Es wird immer gesagt, der Mensch habe das Fliegen gelernt“, sagte der Narr, „aber er hat nicht das
Fliegen gelernt, er hat sich Maschinen gebaut, die
fliegen können. Ihr Amerikaner verbessert die Geräte

immer weiter, aber ihr verbessert nicht den Menschen. Warum arbeitet ihr so unklug? Es geht um die Vervollkommnung des Menschen, nicht um die des Geräts. Welcher Amerikaner kann schon in solch einem Dorf hier wohnen, auf solch einem Boot und dabei zufrieden oder gar glücklich sein? Selbst eure Millionäre sind unglücklich."

„Ich kann so leben", sagte Theo, zündete sich einen Zigarillo an und blies den Rauch in die Nacht. Der Rauch vermischte sich mit den Fäden aus den Räucherstäbchen und vertrieb die Mücken.

„Kein Glück so groß wie: Sorglos bleiben; kein Reichtum groß wie: Sich bescheiden", sagte der Narr.

„Laotse", sagte Theo.

„Du weißt immer gleich, wer was gesagt hat, du weißt immer gleich, wer tot ist. Es spielt keine Rolle, dass meine Worte gerade ein Zitat waren. Schmücke dich nicht mit Zitaten. Wenn dir ein wirklich guter Satz auffällt, dann mach ihn dir zu eigen." *Onkel Owen kam über den wippenden Steg auf den Sampan, warf Theo eine Zigarre zu und schüttelte dem Narren die Hand. „Freunde haben, die aus fernen Gegenden kommen: Ist das nicht auch fröhlich. Eins, eins." Owen begann, mit dem Narren über die Unterschiede zwischen Laotse und seinem Nachfahren Tschuangtse zu reden, der, wie Owen meinte, dem Tod nicht so missachtend gegenüberstehe wie Laotse.* Theo freute sich, Owen zu sehen. Er schaffte es gerade noch, den Zigarillo über Bord zu werfen, dann schlief er ein.

Er träumte von Charlotte, von Mutter und Owen und von der Landzunge, auf der sich William verbrannt hatte. Er wälzte sich auf der Matte hin und her, schlug nach Mücken, schob den Hund weg, der ihm die Wange ableckte, döste wieder ein, und ein ungeheures Brummen erfüllte ihn, fast schien sein Körper zu zittern, seine Ohren juckten, und das Brummen wurde immer lauter. Eine Welle schloss sich über Pauls Kopf. Charlotte streckte die Hand nach Theo aus. Dann wachte er auf.

Die Sonne stieg gerade zwischen den Bergen in ein Tal, und im Osten, scheinbar direkt bei ihr, bebte der Himmel, Rauchwolken wischten in den Morgen, Blitze zuckten vom Boden in den Himmel, ein dumpfes Grollen bildete die Hintergrundmusik zu den Eruptionen. Theo warf sich einige Hände Flusswasser ins Gesicht und stand auf. Der Narr lag klein und zusammengerollt unter seiner Decke und rührte sich nicht. Theo stieg auf das Dach des Sampan, wo einige der kleinen Enten schliefen, und blickte nach Osten, wo Kwei Lin war und der Flughafen. Von hier aus sah er die Flugzeuge, die aus dem Himmel kippten und auf Ziele am Boden zustürzten und wieder abdrehten, und er sah Flugzeuge in der Luft explodieren und als Feuerklumpen ins Land rasen, und unter das Sausen und Krachen mischte sich ein fernes tiefes Dröhnen, das von Bombern kommen musste, die sich dem Stützpunkt näherten. Theo sprang vom Dach und schnürte sich die Stiefel. Der Hund und die Enten waren mittlerweile allesamt wach und liefen zwischen den Töpfen, Kleidern, Körben und Säcken auf dem Sampan hin und her. Die Kormorane waren fort. *Nur nicht auf dem Wasser bleiben,* dachte Theo, *Land unter die Füße kriegen.* Er weckte den Narren.

„Ich hab es bereits gemerkt, ruhiger Theo Mannlicher, aber es ist jetzt nicht meine Zeit aufzustehen", sagte er und zog sich die Decke wieder über den Kopf. Theo packte seine Kleider und Schriften zusammen und schüttelte sich den Rucksack auf dem Rücken zurecht. Dann stieg er wieder auf das Dach des Sampan. Kwei Lin bebte und zuckte, Hunderte Einschläge warfen die Erde auf und wurden umrankt von schwarzen Rauchwolken. Theo erkannte eine Bomberstaffel, die eingerahmt war von zwei Jagdfliegerstaffeln, und ganz fern dröhnten die nächsten Bomber heran. Flak feuerte, MGs hämmerten. Dann strich ein erstes Jagdflugzeug über das Dorf und schoss auf die Straße. Die Kugeln rissen eine Reihe Fontänen aus dem Dorfweg, ließen einen der Stege zusammenklappen, stocherten durch die Erde und fegten dann in den Bambus am Flussufer. Das Flugzeug drehte ab, schob sich in den Himmel über den Karstbergen, und dann kamen die nächsten Jäger, und die trugen ihre Bomben noch unter dem Rumpf. Theo sprang vom Dach, sah noch einmal nach dem Narren und lief über den Steg vom Boot, als ein Flugzeug auf ihn zukam. Es war Theo, als flöge die Maschine nur einen Meter über dem Boden und donnere direkt auf seine Augen zu und würde immer größer und lauter. Theo sprang seitlich in den Bambus und schrie, als seine Schulter das gesamte Körpergewicht abfangen musste. Das MG krachte, und Theo sah zuckende Mündungsblitze, und Kugeln zerschmetterten den Steg, donnerten quer über den Rumpf des Sampan. Einige der kleinen Enten zerplatzten, als hätten sie Knallkörper fressen müssen, dem Hund wurde der Leib zerfetzt. Er flog über Bord und versank. Ein Topf klirrte gegen das Dach, Holz splitterte. Das Jagdflugzeug hatte gedreht und zerhämmerte einen anderen Sampan und kam in Sekunden zurück, und diesmal ging die Garbe längs des Kiels durch das Boot, und die Fetzen flogen. Theo wollte nach dem Narren schreien, aber er kannte dessen Namen nicht. „Wie heißt du? Wie heißt du?" Der Sampan sank. Der Narr war nirgends zu sehen. Theo rannte zum Dorf, wo die Hälfte der Häuser bereits versuchte, Flammen abzuschütteln. Körper bluteten auf dem Weg. Ein Wasserbüffel verbeugte sich schreiend, die Vorderbeine fehlten ihm. Theo sah ein Kind über den Weg rennen, und dann fiel es um, hatte keinen Kopf mehr. Aus einem Haus kamen brennende Menschen, und die Flugzeuge machten Wind und Lärm und waren millimeterdicht über den Menschen und Häusern und Teeschalen. Fontänenreihen stocherten durch Weg und Haus und Wiese, stocherten durch Leiber, um dann unbeirrt ihren Weg fortzusetzen, bis das Flugzeug in den Himmel stürmte, um sausend zurückzukehren und zu spucken. Theo stand auf der Kreuzung, auf der er am Tag seiner Ankunft gestanden und die Karte studiert hatte, und um ihn herum explodierte und schoss es und krachte und loderte und schrie. Ein Mann trug einen Korb voller Hühner auf dem Rücken, und sie wurden getroffen, und der Mann tanzte und starb in einer Wolke aus weißen Federn und schrillem Gegacker. Ein anderer Mann zog eine Frau hinter sich her, bis ihm die Arme blutig vom Körper rutschten. Bomben explodierten und warfen mit einem Schlag ganze Häuser fort, Türen zu Höllenfeuern wurden auf- und zugeschlagen, und Menschen flogen durch die brennende Luft. Theo stand auf der Kreuzung. Er konnte nur noch seinen Kopf bewegen, den Blick kreisen lassen, den Tod sehen und die Vernichtung und die Angst. Seine Kinder starben. Eines rannte mit ausgebreiteten Armen auf ihn zu. „Scheißdreckgenau, Scheißdreckgenau", schrie es, bis seine Brust aufplatzte, etwas Rotes herausquoll und das Kind mit dem Gesicht auf die zerschundene Straße fiel. Theo stand auf der Kreuzung. Und da war es. Da war für den Bruchteil einer Sekunde dieses Wissen, das nicht hinterfragt, das nicht erwähnt werden durfte. Eine Millisekunde lang war es da, eine Millisekunde lang wusste er. Dann war es sofort wieder weg. Theo blieb stehen. Alle Häuser brannten, die Straße war mit Leichen und Sterbenden übersät, Mensch und Tier schrie, und Theo hustete den Rauch aus und wollte sich gegen die Feuerhitze die Hände vors Gesicht halten, aber er konnte sich nicht bewegen, und die Flammen reichten fast bis an seine Haut heran. Die Flugzeuge kreisten wild über dem Dorf, stießen immer wieder herab, und der Lärm und die Explosionen und die Hitze wollten nicht enden, nur das Schreien wurde leiser und weniger. Ein Flugzeug flog genau über die Straße hinweg, und die Kugeln brachen Zentimeter neben Theo die Erde auf und bewarfen ihn mit Steinchen und Brocken, und er spürte den Luftzug der großkalibrigen Projektile und meinte sogar, das Gesicht des Piloten hinter der Brille gesehen zu haben. Dann begann allmählich das Knistern der Feuer den Lärm zu überlagern, und in der Luft wurde es leiser, und die Flugzeuge waren fort. Der Horizont bei Kwei Lin stand in Flammen und bebte. Theo stand auf der Kreuzung. Er sah in den Himmel. Zwischen den Rauchwolken war er hellblau, und die Sonne wischte durch den Rauch, und die Berge Kwei Lins waren da.

Dann fiel alles von Theo ab, und er sackte zusammen, hockte auf der Kreuzung, sah nach dem Jungen, der auf ihn zu gerannt war und ausgeblutet wenige Meter vor ihm lag, sah den zweibeinigen Büffel, der in Todesqualen seine Zunge aus dem Hals gewürgt hatte. Tränen und Schreie schossen aus Theos Mund und Augen. Er hielt sich die Arme vor den Bauch, als habe er Magenschmerzen, und wiegte sich vor und zurück und das Grauen schlug auf ihn ein und er heulte und heulte und die Flammen knisterten und das Beben am Horizont endete nicht. Irgendwann stand er auf und taumelte durch die Trümmer, um nach Verwundeten zu suchen. Von den Reisfeldern kamen Menschen, sie weinten und irrten durch das Dorf. Theo fand niemanden, dem er noch hätte helfen können, und rannte den Weg zum Sampan hinunter. Von dem Boot ragte nur noch das zertrümmerte Dach aus dem Wasser, im Bambusstreifen am Ufer hatte jemand mit einer glühenden Sense gewütet. Einige kleine Enten watschelten am Ufer auf und ab. Der Narr war nirgends zu sehen. Theo ließ sich in den Uferschlamm sinken und grub die Hände in die Erde. Sein Herz schlug in seinem ganzen Körper, machte von innen heraus seine Muskeln weich, und Theo konnte sich kaum halten, wäre beinahe umgesunken in den Schlamm. Er presste seinen Hintern zusammen, um nicht in die Hose zu machen, und die Tränen schossen ununterbrochen über seine Wangen und tropften in seinen Schoß.

Es raschelte im niedergefegten Bambus, und der Narr trat auf den zerschossenen Steg. Theo hörte, wie sich in sein Schluchzen ein Lachen mischte, und er zuckte. Der Narr sah auf das Dach des Sampan, dann sah er Theo an und blickte schließlich über die Schulter zum Dorf. Er hockte sich zu Theo und legte ihm einen Arm um die Schulter.

Eine Stunde später kam ein rußgeschwärzter Lkw ins Dorf. Ein chinesischer Offizier mit einem Verband um den Kopf und einem um den rechten Arm stieg aus dem Fahrerhaus und sagte: „Alle rauf auf den Wagen, wir müssen weg." Es war der erste Chinese, den Theo verstand. Theo stellte sich an die Ladefläche, um den Überlebenden zu helfen, aber niemand kam, die Leute standen auf der Kreuzung, hielten sich fest und sahen den Lkw an.

„Du musst jetzt gehen, Theo Mannlicher", sagte der Narr und legte Theo eine Hand an die Wange. Die Kinder kamen zu Theo und reichten ihm die Hand. Eines winkte Theo zu sich herab und deutete auf den Soldaten und flüsterte Theo weinend ins Ohr: „Todesdiener." Theo nahm jedes einzelne Kind in den Arm. Vier fehlten. Er kletterte auf die Ladefläche, und der Lkw fuhr an. Er wendete und fuhr auf die Straße nach Yichang zu, über die Theo gekommen war. Eine kilometerlange Schlange von Lkw, Jeeps und Zugmaschinen mit Flakgeschützen war auf der Straße, und als Theos Lkw nach einer Viertelstunde noch nicht auf die Straße gelassen worden war, hupte der Fahrer und schrie irgendetwas. Theo sah das brennende Dorf und die Menschen auf der Kreuzung, die ihm hinterhersahen. Dann wurde der Lkw auf die Straße gewunken, ruckte an, legte sich schräg, als der Chinese beinahe in den Straßengraben fuhr, und reihte sich schließlich in den Treck ein. Das Dorf verschwand aus Theos Blickfeld. Er war allein auf der Ladefläche, und eine Weile waren die grünen Berge Kwei Lins noch bei ihm, und die Tränen rollten immer weiter, rollten, solange der Lkw fuhr. Der Himmel über China war hellblau.

Als er in New York ankam, jagte ein Sturm durch die Schluchten und trieb Schnee vor sich her und machte die Stadt kristallen und Hausecken rund. Trotzdem ging Theo zu Fuß, statt die Subway zu nehmen. Er kaufte sich einen Schal, schlug die Lederjacke eng um sich und stapfte mit verschränkten Armen gegen den Eiswind an. Der Autoverkehr erlahmte vollends, und es war still in der Stadt. Als Theo an der East Side ankam und durch das Treppenhaus rannte, war er blaugefroren. Charlotte öffnete die Tür. Sie sahen sich an.

„Theo Mannlicher", sagte er.

„Charlotte Verhust. Kommen Sie herein, Herr Mannlicher."

Charlotte trug einen dicken schwarzen Pullover, und aus der Wohnung drängte Theo Hitze entgegen, und sofort trat ihm der Schweiß auf die Stirn. Er stellte den Rucksack ab, sah sich um, sah die Bücher an, Tausende von Büchern, die Setzkästen, sah aus dem Fenster auf die verwehte Stadt und atmete aus.

„Zieh dich aus", sagte er.

„Erst du", sagte Charlotte.

„Nicht, dass du einen Schreck kriegst."

„Keine Sorge, ich kann mich ziemlich gut an das Ding erinnern, das zwischen uns steht."

Theo zog sich aus. Dann endlich stürzte Charlotte in seine Arme und sie hielten sich umschlungen, während der Wind drehte und den Schnee auf das Wohnzimmerfenster trieb und es weißte. Theo küsste Charlottes Augenbrauen, die Lippen und die wunderbare Nase, und er sagte, sie solle bloß nicht sein Ding da berühren, dann explodiere er. „Deine Brüste, deine Brüste, deine Brüste", sagte er und schob die Hände unter den Pullover, und Charlottes Brüste waren nackt und größer als früher und zogen sich unter seinen kalten Händen zusammen.

Sie schliefen auf dem Wohnzimmerboden miteinander und lachten gemeinsam, als es Charlotte ebenso schnell kam wie Theo. Theo küsste Charlottes Brüste, und als er gar nicht mehr aufhörte, sagte Charlotte, er solle sie nicht auffressen, die würde sie noch brauchen, für ihn, für sich selbst und in einigen Monaten für einen neuen Menschen.

Alle Müdigkeit floss von Theo ab. Die Strapazen der langen Rückreise sausten mit seinen Spermien in Charlotte hinein, und Charlotte schlief auf dem Wohnzimmerboden ein, und Theo holte eine Decke, um sie zu wärmen, und stellte sich dann vor die Bücherwände und las die Titel. Er ging in sein Arbeitszimmer, das Charlotte vorsorglich geheizt hatte, und setzte sich an den Schreibtisch. Er legte einen Notizzettel in die Mitte des sonst leeren Tisches und begann Stichworte niederzuschreiben. China würde er nie direkt erwähnen, China würde jetzt, nachdem er dort gewesen war, noch mehr im Hintergrund bleiben als früher. Über China würde er ebenso wenig schreiben wie über Charlotte. Diese beiden Elemente in seinem Leben würden immer bestimmend im Hintergrund stehen, aber er würde sie nicht ausleuchten. Er dachte an Nools, an William, an die Flussfahrt auf dem Yiangzi, den Narren, seine Kinder und den Büffel mit den zwei Beinen. Dutzende von Geschichten trieben aus dem gebrochenen Staudamm in seiner Brust. Wenn man noch nicht das Leben kenne, hatte Konfuzius gesagt, wie solle man dann den Tod kennen? Und Theo fügte hinzu, dass man das Leben noch in der letzten Sekunde immer wieder neu erlebt, dass in der letzten Sekunde nichts so ist wie zuvor, dass es die ewige Wiederkehr des traurigen Nietzsche nicht gebe. An der Wand klebte immer noch die Devise des Herakles-Romans.

In den nächsten Tagen ging Theo Bill im Verlagshaus von Scribner's and Sons besuchen. Bills Haar war schütter geworden. Er hustete viel und massierte sich häufig die Stirn.

Theo erzählte ihm ein wenig über seine Erlebnisse auf Saipan und dem Flughafen von Kwei Lin. Das Dorf erwähnte er nicht. Er schilderte General Stilwell und die Unbequemlichkeit, in einem Bomber zu fliegen, und sagte, dass er seine Artikel bereits eingereicht habe und man die mit anderen zusammen vielleicht bald zu einem Sammelband machen könne.

„Herrgott, Theo", sagte Bill, „seit wann quasselst du so viel? Du bist hier, um mir etwas zu sagen, also tu es, und quatsch hier nicht rum wie auf einem Kaffeekränzchen."

„Du bist und bleibst doch ein liebenswerter Kerl, Bill."

„Danke für die Blumen. Also?"

„Es wird niemand mehr sterben. Ich streiche das Wort ‚Tod' aus meinem Wortschatz. Ich streiche es aus dem Wortschatz der Menschheit."

„Du hast eins auf den Kopf gekriegt. Ist es das, was du mir sagen willst?"

„Ich hab gar nichts abgekriegt. Alle um mich herum wurden getroffen. Ich nicht."

„Das nennt man Zufall."

„Ja."

Bill drehte den Bleistift in der Hand und klopfte damit auf den Schreibtisch. Das Winterlicht strahlte durch das Fenster und umgab Bill mit einer Aureole. Er zündete sich eine Zigarette an. „Willst du jetzt Schnulzen schreiben?"

„Alter Freund, das ist eine ziemlich blödsinnige Schlussfolgerung."

„Ich bin todkrank, Theo."

„Du lebst, Bill."

„Das ist mir jetzt alles ein bisschen zu ernst, um darüber zu scherzen, Mann."

„Das war kein Scherz."

„Na gut, Theo, dann schieb deinen Arsch nach Hause, schreib und schick mir dein Manuskript, wenn es fertig ist. Hast du was Konkretes auf Lager?"

„Immer."

„Du bist eine Nervensäge, Theo. Ich sag es dir noch mal, ich bin …"

„Ich hab es gehört", unterbrach Theo. Sie sahen sich in die Augen.

„Todkranke sterben, Theo. Das ist nun mal so."

„Oder Todkranke werden gerettet. Das ist nun mal so."

„Das ist ein ziemlich flacher Austausch von Argumenten zwischen zwei eigentlich aufgeweckten Typen", sagte Bill.

„Ach, ja?"

„Geh nach Hause, Theo. Schreib! Das ist es, was du wirklich kannst. Ob man ansonsten viel mit dir anfangen kann, weiß ich nicht."

„Willst du etwa böse werden?"

„Jedenfalls trägst du nicht zur Hebung meiner Laune bei."

„Kommt heute Abend zum Essen zu uns, du und deine Frau. Es gibt was Chinesisches."

„Sind um acht Uhr da. Und jetzt schieb ab."

Theo verließ das Büro, winkte Bills Sekretärin, die im Vorzimmer am Schreibtisch saß und ein Foto Hemingways betrachtete, und ging die gebohnerten Stufen hinunter auf die Straße hinaus, auf die neuer Schnee fiel. Das war es dann, dachte er, das war eines der ganz entscheidenden Kapitel in meiner Biografie, ein kurzes, unspektakuläres Gespräch. Er atmete die frische Luft, sah nach rechts in Richtung Central

Park und dachte an den Tag, an dem er glücklicher-
weise mutig genug gewesen war, Charlotte anzuspre-
chen. Was wäre ich ohne diese Frau, dachte er. Er
ging noch einmal hinauf, streckte den Kopf zu Bills
Vorzimmer herein und fragte, was er denn eigentlich
habe? Magenkrebs, sagte die Sekretärin und legte Hemingways Bild verkehrt herum auf den Schreibtisch.
„Er hat sich vor zwei Wochen mit Mr. Hemingway
getroffen. Sie haben sich sehr lange unterhalten."

„Kann ich mir denken", sagte Theo. „Ist Ernest in
der Stadt?"

„Nein, er ist wieder nach Europa."

„Krieg gucken?"

„Wie Sie, Mr. Mannlicher."

„Ja, wie ich."

Theo lief durch die kalte Stadt. Der Winter und
der Schnee machten New York blau, und mehr denn
je sah das Empire State aus, als sei es in den Himmel
gepinselt worden statt aus Stein, Glas und Beton.
Theo fuhr mit dem Aufzug zur Aussichtsplattform
hinauf und sah hinab auf die Dächer und die weißen
Straßen und bis in den Financial District und aufs
Wasser, wo der Hudson und der East River zusam-
menkamen und Eisschollen trieben. Um die Plattform herum waren mannshohe Gitter angebracht,
deren Oberteil zur Plattform hin umgebogen war.
Sicherheitsgründe, dachte Theo, Abwehr von Selbst-
mördern. Theo zog die Handschuhe aus und legte
die Hände um die eisigen Gitterstäbe. Er nahm ei-

nen Notizblock aus der Jackentasche und notierte: „Glückliche Selbstmörder (Kleist) sind Kapitalverbrecher. Im menschlichen Wörterbuch, darf man ihnen keinen Platz gewähren." Der Wind schnitt ihm ins Gesicht und in den Hals. Theo war beinahe allein hier oben, nur wenige andere Leute erschienen kurz, hatten die Arme verschränkt oder hielten sich die Hände vor die Ohren, blickten einmal hinab auf die Stadt und verschwanden wieder. Die Leute hatten Kapuzen und Mützen und Schals tief im Gesicht, einige trugen Schneebrillen, und von manch einem Gesicht war lediglich die Nasenspitze zu erkennen.

Theo verließ das Empire State und lief zu Bobs Eisenwaren-Großhandel. Siri saß im Büro und kaute auf einem Bleistift. Sie war fülliger geworden, sah aus wie eine Frau und nicht mehr wie ein Mädchen. Sie umarmte Theo und drückte ihm einen Kuss auf die Wange.

„Bob ist auf Hawaii", sagte sie, „müsste aber in den nächsten Tagen zurückkommen."

„Ist er über die Sache mit William weg?"

„Nein, Theo. Kann man über so etwas wegkommen?"

„Ja. Ich denke ja, ich weiß nicht genau."

„Er ist auf eine Mine getreten."

„Ja, voll erwischt."

Theo sah hinaus. Wie beim letzten Mal, als er aus dem Fenster von Bobs Büro gesehen hatte, liefen auch heute Kriegsschiffe den Hudson hinab. Ein

Kreuzer und drei Zerstörer. Theo stand auf und trat nah ans Fenster. Er betrachtete den Zerstörer, der das Geschwader führte, und dachte an Paul. Er lächelte. Was konnte man mehr tun, als gut und glücklich zu sein, jeden Tag? Und wie banal und flach und klischeehaft war dieser Satz? Und wie richtig? Glück war ein Stück Wille. *Vielleicht*, dachte Theo, *sollte man das Leben nicht überfrachten und hinterfragen, vielleicht erklärt es sich aus sich selbst heraus, und wenn ich mich so umsehe in der Welt, dann wär es schon was, wenn wir es nur schafften, gut und glücklich zu sein, jeden Tag.* Man musste sich nicht gegen das Leben und die Welt wehren, sondern gegen die Gedanken der anderen. Paul war Theo immer frohgemut und zufrieden erschienen, und das lag sicher auch daran, dass er von seinen Eltern geliebt worden war. *Ein Leben ist ein Leben ist ein Leben*, dachte Theo. *Paul, Junge, dass ich nie wissen werde, was deine letzten Gedanken waren, nie wissen werde, ob ich noch einmal in deinen Gedanken war, Himmel, Junge, ich hab dich so sehr geliebt, ich lieb dich immer noch. Und wie auch immer man es sieht, du hast dein Leben gehabt, und ich weiß, dass es gut war. Du warst so ein prima Kerl. Mehr gibt es eben nicht. Dieses eine Leben, mal länger, mal kürzer, aber immer gut, wenn man es wirklich versucht. Und wenn es nicht gut ist, dann ist es immer noch besser als das Nichts.*

Ich möchte dazu aber auch noch etwas sagen, sagte der zerschossene Mann zu dem langen Mann mit dem

*Block, aber der lange Mann lächelte nur, hielt sich die
Ohren zu, wandte sich um und lief weg.*

*Bill sagt, er sei todkrank, nun: Er lebt. Er kann noch
Jahre leben. Andere sind kerngesund und sterben auf
einem Zerstörer im Leyte Golf, auf einem Zerstörer, der
von den Granaten eines Schlachtschiffs zerfetzt wird.*
Und wenn das Kind, das Theo mit Charlotte haben
würde, krank auf die Welt kommen würde, wenn
die Ärzte sagen würden, es hat keine Chance, älter
als zwei, drei Jahre zu werden, dann wären das Leben dieses Kindes diese zwei, drei Jahre, und es gebe
nicht den geringsten Grund, das Kind heimlich im
Mutterbauch zu töten oder als Totgeburt auszugeben
und nicht ins Atmen zu schlagen. Und da war er, der
neue Roman. Theo stand am Fenster und sah zu, wie
das Geschwader den Fluss hinabdampfte und langsam aus seinem Blickfeld verschwand und es wieder
zu schneien begann, und Siri stand hinter ihm, und
er dachte an Paul und Bill und ein krankes Kind,
und der neue Roman war da, und Theo zündete sich
einen Zigarillo an, damit er blieb, damit sich seine
ersten Konturen festsetzten im Geschmack des Ta-
baks auf der Zunge. Der Roman eines Mannes, dem
gesagt wird, er habe noch zwei, drei Jahre, und der
Mann sagt, gut, was soll das schon heißen, Leben
definiert sich in keinem Fall über Zeiträume, es definiert sich minütlich aus sich selbst heraus. Wir wissen nicht, was Zeit ist. Theo machte sich eine Notiz
ins Tagebuch. Dann lud er Siri für den Abend zum

Essen ein und machte sich auf, Mary zu besuchen, die wieder in New York lebte.

„Es geht ihm gut, Theo, es geht ihm gut. Da bin ich sicher", sagte Mary.

„Es geht ihm gar nicht", sagte Theo. „Es ging ihm gut. Aber jetzt geht es ihm gar nicht. Das lässt sich nicht in Worte bringen."

Theo sah Mary an. Ihr Haar war grau, die Falten von der Nase zum Mund waren tief, und der kleine Körper war rundlicher geworden. Theo ging auf Mary zu, und sie kam ihm entgegen und knöpfte ihre Bluse auf. Minuten später lagen sie im Bett und liebten sich, ohne je wieder darüber zu reden. Anschließend lud Theo Mary für den Abend zum Essen ein.

Theo kaufte in Chinatown ein und kochte ein Curryhuhn mit verschiedenen Gemüsesorten, Bambussprossen und Reis. Bill kam mit seiner Frau, die Theo noch nie gesehen hatte. Sie war einen Kopf größer als Bill, schlank und schlitzte die Augen, wenn sie ihren Gesprächspartner ansah. Siri und Mary trafen gemeinsam bei den Mannlichers ein, und Charlotte begrüßte sie alle mit Martinis auf Eis. Theo koche seit Stunden, sagte sie. Theo sah von der Küche aus ins Wohnzimmer, wo seine Gäste vor dem Hintergrund der Bücherwand standen und am Martini nippten und sich unterhielten. Seine Freunde und Bekannten. William war nicht da, Bob nicht, Paul, Silvia, aber manchmal war ihm, als sehe er sie alle, als sehe er Silvia lachen und sich dabei an die Nase fassen, als sehe er Paul heimlich die schöne Siri betrachten und William lieber ein paar Gläser zu viel trinken, als sich zu einer Diskussion über Gott verführen zu lassen. Sie waren alle da, sie waren sein Leben, und er probierte das Huhn und dachte, sie waren nichts, aber hier. Bill kam zu ihm in die Küche und reichte ihm einen Martini und einen Zigarillo.

„Ein Jahr, sagen die Ärzte."

Theo zuckte die Achseln. „Ein Jahr", sagte er, „ist eine kalendarische Festlegung, eine leere Seite, die zu füllen allein deine Sache ist."

„Was ist mit dir geschehen, Theo? Jetzt mal im Ernst. Was ist los? Du redest so seltsam. Nicht dass das, was du sagst, völlig irrsinnig wäre, aber es ist für einen Theo Mannlicher schon ein wenig", Bill zögerte und sah sich in der Küche um, er reichte Theo die Pfeffermühle und sagte dann: „radikalphilosophisch, ein wenig weit weg von den Füßen auf der Erde unseres Planeten."

„Nicht weiter weg, Bill, noch fester darauf."

„Was ist in China geschehen, Theo?"

„Nichts ist geschehen. Mir ist nichts passiert."

„Das klang heute Mittag etwas anders."

„Vergiss es, Bill. Ich bin hier. Ich koche euch ein ausgezeichnetes Huhn, und wir werden einen netten Abend haben."

„Du hast schon so viel gesehen, Theo. Wie wird es sein?"

„Der freie Mensch denkt an nichts weniger als an den Tod, und seine Weisheit ist nicht ein Nachsinnen über den Tod, sondern ein Nachsinnen über das Leben."

„Epikur?"

„Falsch."

„Seneca?"

„Falsch."

„Irgendeiner deiner Chinesen?"

„Falsch. Spinoza."

„Ich kann mir nicht vorstellen, dass du Freund eines solchen Typen bist."

„Ich bin ein Freund dieses Satzes. Hilf mir, das Essen aufzutragen."

Während des Essens erzählte Theo, dass er in China einen Büffel gesehen habe, der auf zwei Beinen laufen konnte. Das müsse zwar sehr anstrengend gewesen sein, denn dem Büffel habe immerzu die Zunge aus dem Hals gehangen, sagte er, aber der Büffel habe auf zwei Beinen laufen können.

Theo hatte den neuen Roman fertig, bevor Helen zur Welt kam und die Ärzte ihre Chancen gering einschätzten, und er sagte, dass das Leben in solchen Fällen gewinne. Theo begann die Suche nach Buck Henson und erfuhr von seinem Tod und bekam den Schmähbrief der Freundin von Clara Henson.

Er öffnete das Fenster seines Arbeitszimmers, nahm seinen Zettelkasten und fuhr mit dem Zeigefinger über die Blattkanten. Die Sonne schien, der Himmel war wolkenlos blau, und von der Straße hörte Theo Autos hupen und Menschen das Kriegsende besingen. Seine Heimatstadt Hamburg lag in Trümmern, über 3 000 Wracks lagen in der Elbe, in Berlin und Dresden stand den Berichten zufolge kaum noch ein Stein auf dem anderen, und Hiroschima und Nagasaki waren schlicht und einfach weg, und Theo zog die Pappe aus dem Zettelkasten und ließ sie aus dem Fenster segeln. Dann nahm er den Kasten in beide Hände, trat ans Fensterbrett und entleerte den Kasten, schüttelte die Zettel hinaus, und Hunderte Blätter tanzten und segelten durch die warme Luft, wurden vom Wind gefangen und trieben nach Norden und dem Park entgegen, und von der Straße sahen Leute zu ihm hinauf, zwei stießen zusammen und bückten sich dann gleichzeitig nach einem der ersten am Boden landenden Zettel und tippten sich ebenfalls gleichzeitig an die Stirn. Es mussten um die 400 Zettel sein, die über New York flogen, sich auf Dächer senkten, in Bäumen verfingen, sich in die Seen des Parks senkten oder in irgendjemandes Hände gerieten. Einen Moment lang hatte Theo überlegt, ob er es verantworten konnte, die Pro-Zettel in die Welt zu kippen, aber dann hatte er gedacht, dass er das jetzt tun müsse, dass das jetzt sein Leben sei und diese Zettel hinausmussten, nicht in den Müll, nicht ins Feuer, sondern in den Wind. Als der Kasten leer war, stellte Theo ihn aufs Fensterbrett, stützte sich auf und lehnte sich weit aus dem Fenster.

Der warme blaue Himmel umfing ihn, und der Wind war in seinem Gesicht, und er konnte immer noch einige Zettel taumeln sehen und auch Menschen, die sich nach dem Segen, der da von oben kam, bückten, Zettel einsteckten oder den Kopf schüttelten und den Zettel wieder zu Boden fallen ließen oder ihn zerrissen. Ein junger Mann las minutenlang, musste die Notiz zehnmal oder öfter lesen und sah dann zu Theo herauf und nickte. Theo winkte ihm, und der junge Mann winkte zurück.

BEGRENZTE JAHRE

Roman von Theo Mannlicher, erschienen 1947. – William Powers, ein Journalist der New York Times, wird von seinem Arzt erklärt, dass er wegen einer Krebserkrankung nur noch ein bis anderthalb Jahre zu leben hat. Powers ist nicht bereit, sein Leben zu ändern, er will weiter als Journalist „Überstunden machen", seine Frau und seine Kinder lieben und den geplanten Urlaub nicht absagen. Er erzählt freimütig von seiner Krankheit und sagt, dass Leben keine Frage von Zeit sei. „Das letzte, worüber ein Leben bestimmt wird, ist eine Uhr", sagt er. Während er mühelos in die Tage geht, verändert sich die Welt um ihn herum: Seine Frau, seine beiden Töchter, Arbeitskollegen und Freunde verändern ihr Verhältnis zu ihm. Einzig sein Kollege Trent Paul, ein Alkoholiker und mittelmäßiger Schriftsteller, bleibt als

Freund wie er immer war. Powers bittet die ihn umgebenden Menschen, ihm das Leben nicht so schwer zu machen, wenn er es schon schaffe, „einfach weiter zu leben", sollten sie, die nicht krank seien, es doch erst recht schaffen können. Aber die ängstlichen Blicke seiner Töchter bleiben, das Weinen seiner Frau in der Nacht, die Rücksichtnahme seiner Arbeitskollegen. So lässt Powers sich wenige Monate vor seinem Ableben scheiden und kündigt seinen Job bei der Zeitung. Er geht von New York nach Chicago, um dort neu zu beginnen. Noch am Tag vor seinem Exitus verliebt Powers sich in eine junge Sekretärin und macht ihr einen Heiratsantrag.

Aufgrund der stilistischen Leichtigkeit und einzelner Sätze, „die man in Stein meißeln könnte", wie der renommierte Kritiker und Mannlicher-Kenner Kostolany sagte, fand der Roman beim Publikum großen Anklang, während ein Teil der Kritik unsicher war, diesen Text Mannlicher zuzuschreiben. Kostolany schrieb: „Nun war er (Mannlicher) also in China, und alles wird anders. Mannlicher ist neugeboren. China ist sein Land des Nicht-Sterbens." Obwohl der Text den Tod zum Thema hat, kommt das Wort nicht ein einziges Mal darin vor.

Ausgaben: NY 1947. – NY 1950. – Ldn. 1959. – Oxford 1962. – Harmondsworth 1968. – NY 1972. – NY 1978. – NY 1980. – NY 1990.

Kindlers Literaturlexikon

„Ich werde nie wieder nach China reisen, Charlotte. Mein China ist klar."

Er dachte an den Narren und die Kreuzung im Dorf. Er blätterte sein Tagebuch auf. Leere Seiten, zwei, drei Notizen, „Das menschliche Wörterbuch", einige Landschaftsskizzen, aber keine Satzfolgen. Er hatte aufgehört zu schreiben, als er auf die Zheng He gegangen war, und erst wieder angefangen, als er allein auf dem Lkw gesessen hatte und zurückgebracht worden war nach Yichang. Er hatte 100 Seiten weiß gelassen. Das war China. Lieber Onkel Owen, das war China.

„Manchmal glaube ich,
sobald ich den Tod anerkenne,
wird sich die Welt in Nichts auflösen."
Canetti

19

Das Leben, Gegenprogramm

1950 reiste Theo von New York aus nach Hamburg. Er verabschiedete sich an den Piers von Charlotte, Helen, Bob und Siri und suchte am grauen Himmel nach einem Sonnenstrahl. Er bezog seine Zweite-Klasse-Kabine und öffnete das Fenster. Vom Pier aus winkte Helen mit beiden Armen, und Theo warf ihr Küsse zu.

Als das Schiff unter Dampf ging, steckte er sich eine Zigarre an und begann an dem kleinen Wandtisch am neuen Manuskript zu schreiben. Seit China schrieb er ohne Unterlass, es war, als hätten die Tage in dem Dorf zwischen den grünen jähen Bergen, diese Tage, in denen er zum ersten Mal nicht geschrieben hatte, einen Damm in ihm gebrochen. Theo wusste sich nicht zu erklären, woher all die Geschichten kamen, die in Herz und Kopf entstanden, wenn er nur um sich sah. Ein normales Leben würde nicht reichen, das alles noch zu schreiben. Aber vom normalen Leben hatte er nach dem zweibeinigen Büffel ohnehin Abschied genommen.

Gegen Abend holte er sich am Buffet kalten Fisch, Salat und Weißwein. Er ging mit dem Teller an Deck spazieren und aß mit den Fingern. Es war kalt, und das Pfeifen des Windes vereinte sich mit dem Meeresrauschen zu einer das Schiff und ihn umspannenden Sinfonie. Zurück in der Kabine, öffnete er wieder das Fenster, schloss es, öffnete es, und jedes Mal rauschte das Wasser, und es kam klare Luft vom Meer und legte sich auf seine Haut. Welch eine angenehme Beschäftigung das Fensteröffnen doch war. Er schrieb in der Nacht die Geschichte vom glücklichen Fensteröffner. Bill würde ihn erneut als Spinner bezeichnen, die Geschichte aber veröffentlichen. Er wusste, dass die Leserschaft wild war auf den neuen Theo Mannlicher. Bill verstand das nicht, freute sich aber und hatte einmal gar, als Theo sein Büro betrat, mit 1 000-Dollar-Scheinen gewedelt. Es war jetzt fünf Jahre her, dass Bill Theo gesagt hatte, er sei todkrank. Er war jetzt oft mehrere Wochen im Krankenhaus, und Theo besuchte ihn dort nie, stand aber am Entlassungstag immer schweißgebadet vor der Glastür, um Bill, der von Monat zu Monat dünner wurde, willkommen zu heißen und zu umarmen.

Die *Atlantic* machte einen Zwischenstopp in Funchal. Die Stadt war größer geworden, den Hang weiter hinaufgewachsen, ein weißes Mosaik zwischen dem Grün der Bäume und dem Rosa der Bougainvilleen. Links am Hang lag das Reids Hotel in alter Pracht, ein ockergelbes Gemälde vergangener Tage. Theo lieh sich ein Auto und fuhr nach Canico. Aus dem Fenster sah er sich im Dorf um, sah die Tische vor dem kleinen Café, sah sogar den immer noch gleichen Bäcker in der Tür seines Ladens stehen und fuhr dann die Serpentine hinunter.

Das Haus, in dem er mit Mary und Paul gelebt hatte, war verfallen. Im Garten standen Hühnerkäfige, und aus dem Fenster von Theos Arbeitszimmer wuchsen Bougainvilleen, flossen über die Fensterbank und bedeckten den Boden. Theo sah auf die Desertas hinab, die nah und deutlich im Meer waren. „Bleibt ihr mal, wo ihr seid", sagte er, ging durch den verwilderten Garten, roch an ein paar Blumen und stieß mit dem Fuß gegen etwas Hartes. Er riss Gestrüpp weg und fand die Schreibmaschine, die er 1933 hiergelassen hatte. Er nahm sie auf, und Rost rieselte unten aus der Maschine, und er trug sie zum Haus und stellte sie auf eine Fensterbank. Gras wuchs zwischen den Tasten hervor, und das Farbband bestand nur noch aus wenigen braunfleckigen Fäden, die lose von den Rollen hingen. Er rauchte eine Zigarre und suchte dann nach einer Schippe und nahm, da er keine fand, ein Brett und grub ein Loch in den Garten. Er stellte die Schreibmaschine hinein und schüttete das Loch wieder zu.

Er fuhr nach Funchal zurück und guckte auf der Avenida Arriada nach der Buchhandlung. Er betrat den Patio und sah durch das Türglas in den Laden. Die Buchhändlerin war mollig, hatte langes graues Haar und eine Adlernase mit einer Brille darauf. Theo betrat den Laden. Ricarda grüßte, fragte, ob sie ihm behilflich sein könne. Er möge sich melden, wenn er eine Frage habe. Theo trat an die Regale und fand kein einziges seiner Bücher. Er sah Ricarda an, die in einem Kunstband blätterte und sich etwas notierte. Er verabschiedete sich und war eine halbe Stunde später wieder auf dem Schiff.

In Hamburg-Winterhude stand ein Neubau anstelle des Hauses, in dem die Mannlichers gewohnt hatten. Und an der Stelle auf dem Ohlsdorfer Friedhof, wo 1910 Theos Vater beerdigt worden war, lag jetzt ein Mann namens Heiner Toomsen. Theo sprach einen Friedhofsgärtner an, wie lange ein Grab erhalten bleibe. Das wusste der Mann nicht, eigentlich kenne er sich hier sowieso überhaupt nicht aus und werde sich mit der ganzen Sache auch nicht mehr auseinandersetzen, aber wenn es Theo um dieses Grab dort gehe – er schob sich die Mütze in die Stirn –, das sei an der Stelle, an der die einzige Bombe während des großen Luftangriffs vom 9. April 1945 den Friedhof getroffen habe. An dem Tag seien fast 2 000 Tonnen Bomben auf Hamburg abgeworfen worden, und weiß der Himmel, wie es kam, eine traf den Friedhof. Jeder, der an dieser Stelle beerdigt lag, sei ein zweites Mal pulverisiert worden.

„Die Toten verschwinden", sagte Theo.

„Immer", sagte der Friedhofsgärtner.

„Im Meer, im Feuer. Es gibt Tote, die leben noch, denn Tod ist ein Wort."

„Viel schlimmer, dass es Lebende gibt, die wie tot sind."

„Sie sind ein kluger Friedhofsgärtner."

„Philosophie und Geschichte und dann Krieg."

Theo zog das Notizbuch aus der Jackentasche und schrieb, ein Held sei der, der Anubis von der Arbeit abhalte und Sharon, der sie betrunken mache oder sie verführe, damit sie vergaßen, was zu tun ihnen die Menschengeschichte aufgezwungen hatte.

„Sie sollten hier nicht arbeiten. Sie sind zu nah beim Tod."

„Bei den Toten, das ist ein Unterschied."

„Ja", sagte Theo, „da liegt ein Problem. Trotzdem. Schreiben Sie ein Buch."

„Ich werde nie wieder auch nur eine Zeile schreiben. Und jetzt werden hier gleich die Tore geschlossen. Feierabend für die Toten. Meine Damen, meine Herren."

Theo fuhr zurück in die Innenstadt, spazierte und freute sich, dass die Narben des Krieges mehr und mehr weggearbeitet wurden, dass die Häuser geweißt, die Alsterarkaden geputzt und die Hafenpromenade gangbar gemacht wurden.

Theo blieb eine Woche in Hamburg und ging

ziellos durch die Stadt, querte die Kanäle in Winter-
hude, ging durch die Wälder an der Elbe und die
schmalen Stiegen Blankeneses. Einmal fuhr er hinaus
nach Travemünde und sah aufs Meer. Er arbeitete
täglich am neuen Roman.

Er war jetzt 51 Jahre alt und dachte, dass das für
einen Kleingeist die Hälfte war. Schreiben und reisen,
dachte er, und Charlotte und Helen, und sollte das
Geld knapp werden, dann Schreiben und Charlotte
und Helen. Was konnte das übertreffen? Augen haben, Beine. Romane schreiben. Charlotte berühren.
Ein Sonnenstrahl. Ein Gemälde. Ernest besuchen.
Keine Literatur mehr nach Auschwitz? Gerade jetzt.

*Der Zug hielt vor den Augen des langen Mannes, der
mit einem Block in den Händen in der grauen Ödnis
stand. Die Türen der Güterwagen wurden von innen
aufgerissen und schepperten und schliffen, und Tausende
graue, ausgemergelte, knochendünne Menschen stiegen
mühselig aus den Waggons und bewegten sich auf den
langen Mann zu. Sie begannen zu murmeln, alle zusammen, ein riesiger Chor von Gebeugten, und ihr Murmeln
schwoll an, und mit dem Erstarken der Stimmen schienen sich auch die Körper ein wenig zu straffen, und der
lange Mann wollte davonlaufen, blieb aber stehen, als
zöge der Schlamm an seinen Füßen. Es kamen immer
neue Züge, und immer mehr Türen wurden aufgescho-
ben, und immer mehr Menschen kamen aus den schwarzen Waggons auf die graue Erde vor dem grauen Himmel
und gingen auf den Mann zu, der zu schluchzen begann*

*und sagte, dass er doch nichts dafür könne, dass er doch
nicht schuld sei. Mittlerweile mussten es Hunderttausende sein, vielleicht Millionen, und ihr Murmeln klang
wie das Grollen eines herannahenden Erdbebens. Die
Menschen waren jetzt so nah, dass der lange Mann ihre
Augen sehen konnte, weiße Kugeln mit durchdringen-
den Pupillen, und der Mann zerknüllte seinen Block,
ließ ihn aber nicht fallen. „Wir wollten nicht", schrien
die Menschen nun, und ihr Schrei trug einen Wind mit,
der den Mann davonwirbelte in die weite Ödnis. Und
der Mann weinte und sah die Welt sich überschlagen. Er
krampfte die Hände um seinen Block.* Die Atombombe.
Gerade jetzt. Laufen, Liegestütze machen. Kino. Sich
mit Polizisten vor einem Kino anlegen. Eifersüchtig
sein auf den Mann, der eines Tages an Helens Seite
sein würde. Charlottes Nase, Charlottes Brüste, Charlottes Blick. Wind. Venedig. Wuchernde Palmen auf
Saipan. Junge Büffel in Kwei Lin. Ein kleingesichtiger
Narr. Die Beine ausstrecken. Sich in den Nacken greifen. Ein kaltes Bier trinken. Mit offenem Fenster Auto
fahren. Eine gute Verdauung haben. Bücher lesen.
Bücher kaufen. Aus der Winterluft ein warmes Café
betreten. Regen auf der See. Kurz vor dem Orgasmus
sein. Ein Fenster öffnen. Musik hören. Lernen. Schiffen hinterhersehen. Museen besuchen. Schreiben,
schreiben, schreiben.

Friedhöfe meiden. Das Wort streichen. Shakes-
peares Tragödien trotzdem lesen. Sich nicht bei der
geringsten Handlung durch das Wort leiten lassen,

sondern durch das gegenteilige Wort Leben. Anderen so sehr helfen, dass sie den ... nicht kommen spüren. Nicht an einen gerechten Krieg glauben.

Die ...strafe abschaffen. Kein Fleisch essen – *na ja, da wird's ein bisschen schwierig* ... als Lebende in Erinnerung behalten und nicht an sie als ... denken.

„Das menschliche Wörterbuch" schreiben, den größten Roman. Es würde noch Jahre dauern. Eine Welt schaffen, in der es den Tod nicht gab, Menschen, die den Tod nicht kannten – und damit die Möglichkeiten zeigen, die sich ergäben, wenn wir den Tod vernichten würden. Und das alles, dachte er, ohne dabei albern zu werden, ohne dabei zu schnell angreifbar zu sein.

„Du nimmst dir sehr viel vor, Theo", sagte Charlotte. „Ich war nie so gespannt auf ein Buch. Eine ganz neue Gesellschaftsform, hm?"

Er fuhr mit dem Zeigefinger über Charlottes Nasenrücken. Das Flugzeug, mit dem sie am Vortag in Venedig angekommen waren, hatte wegen eines Fluglotsenstreiks viele Stunden Verspätung gehabt. Theo und Charlotte waren erst kurz vor Mitternacht in dem Hotel am Barnaba-Kanal eingetroffen, in dem Theo vor über 30 Jahren gewohnt hatte. Charlotte hatte sich sofort ins Bett gewühlt und war eingeschlafen, während Theo die Koffer auspackte. Er sah die schlafende Charlotte an, küsste ihren Nacken und ging hinab zum Nachtportier. Sie tranken einen stark duftenden Espresso und plauderten über Venedig. Theo lief am Rande des Barnaba-Kanals entlang bis zur Casa Rezzonico, dem Palast, nach dem auch die Anlegestelle des Vaporetto Nr. 1 benannt war, und sah auf den Canal Grande und die beleuchteten Paläste und ihre schwappenden Spiegelbilder. Hier am Canal Grande wehte ein leichter Wind, und während die Wasser des Barnaba still gewesen waren, rauschte der Canal Grande gelb und schwarz von den Lichtern am Stein entlang. *Ein Boot, ein Boot, ein Boot,* dachte er, ein Boot müsste man jetzt haben.

Früh am nächsten Morgen weckte er Charlotte, weil er sofort mit ihr durch die Stadt wollte. Charlotte war nie zuvor in Venedig gewesen. Helen war bei Charlottes Schwester in New York geblieben.

Theo führte Charlotte durch die Stadt. Am Barnaba-Kanal rechts vom Hotel lag noch immer der schwimmende Stand des Obst- und Gemüsehändlers, bei dem Theo vor über 30 Jahren eingekauft hatte. Ein junger Mann betreute den Stand, und manchmal kam ein alter Mann mit Stock vorbei und redete mit dem Jungen, und Theo fragte sich, ob das der Mann sei, bei dem er damals Pfirsiche, Zitronen, Orangen und rote Paprikaschoten erstanden hatte. Theo spazierte mit Charlotte um die weiße Kuppelkirche Santa Maria della Salute herum, fuhr mit ihr zum Lido, zeigte ihr seine Lieblingskirche Santa Maria dei Miracoli und den Campo Zanipolo mit dem Blick auf die Friedhofsinsel und dem Standbild Colleonis.

Sollte er während der Arbeit jemals so gucken wie Colleoni, sagte Theo, dann solle Charlotte ihm in den Hintern treten.

„Ein Schriftsteller, der so guckt, ist ein schlechter Schriftsteller. So verbissen zu sein, schadet der Welt, dem Werk und der Person."

Colleonis Ross war ein muskelwölbendes Kraftpferd, das der Betrachter schnaufen hörte. Theo dachte an den zweibeinigen Büffel in China und daran, dass die Todesschreie eines Tieres denen von Menschen in ihrer Schrecklichkeit in nichts nachstanden.

„Wie oft ich daran denken muss", sagte er. „Jener Tag in China." Sie setzten sich an einen Tisch vor einer Trattoria und bestellten Salat und Rotwein. Theo beobachtete, wie Charlotte durch die Nase einatmete und sich umsah. Solch eine Nase, dachte er, so etwas Schönes.

„Ich kannte dich schon, als ich zum ersten Mal hier war", sagte er.

„Jetzt tu nicht so, als hättest du zu dieser Zeit an mich gedacht."

„Ab und zu schon."

„Theo, manchmal verwechselst du deine Geschichten mit dem Leben. Wir hatten uns in Riverside ab und zu gesehen, wir waren mal bei dir in der Hütte deines komischen Onkels, aber du hast damals nicht an mich gedacht."

„Doch, bestimmt."

Charlotte lächelte und küsste ihn. Sie zog ein Buch aus ihrer Umhängetasche, blätterte, las und legte das Buch auf den Tisch. Theo konnte den auf dem Kopf stehenden Titel nicht lesen, es musste ein Fachbegriff sein. Nach einigen Sekunden des Augenzusammenkneifens aber entzifferte er den Untertitel: „Die Bodenbeschaffenheit der venezianischen Lagune".

„Ich weiß gerne, worauf ich meinen Fuß setze", sagte Charlotte. „Einer der Artikel in diesem Buch ist von mir. Ohne Bodenstrukturen kein Venedig."

„Viele Leute sagen, Venedig sei morbide, der Untergang schwebe über dieser Stadt", sagte Theo. „Venedig wird zum Sinnbild des Todes gemacht. Aber Venedig ist nicht mehr dem Untergang geweiht als San Francisco. Seit Hunderten von Jahren sagt man voraus, dass Venedig die Beine wegbrechen und die Paläste im Schlamm versinken. Alles Unsinn. Ich halte Venedig für eine der schönsten Städte der Welt. Ich werde immer wieder hierherkommen. Mit dir. Schönheit und Kunst und die Menschen, das ist es, nicht Untergang und Tod."

Dunkle Wolken zogen tief über die Lagune hinweg und veränderten die Farben der Steine. Theo und Charlotte gingen zum Hotel zurück. Charlotte zog sich aus, sagte, sie wolle, dass er Schweinefotos von ihr mache, so viel er wolle und wie er wolle. Theo nickte.

Nachher sah er Charlotte an, die mit über dem Kopf verschränkten Armen lang und dünn auf dem

Bett lag in dem grauen Licht, das der Regen durch das Fenster kommen ließ. Die Schatten auf Gesicht, Körper und Bettlaken waren klar gezogen. Charlottes Augenbrauen, Lippen und Brustwarzen waren fast schwarz, und Theo setzte sich, zündete sich eine Zigarre an und betrachtete seine Frau.

„Ich habe Wörter gestrichen", sagte er, „ich schreib ‚Das menschliche Wörterbuch'. Ich hab mein Leben lang Wörter gesucht und gemacht. Aber eine Frau, zum Teufel, eine Frau wie du, Charlotte, hat keine Brustwarzen. Man kann diese wundervollen Gebilde nicht Warzen nennen, um Himmels willen. Warzen sind hässlich, und Menschen, die Warzen haben, gucken immer ganz traurig und werden schnell verlegen. Versteh mich nicht falsch, das ist ein deutsches Problem. Im Englischen haben wir *nipple* für das eine und *wart* für das andere, im Französischen *mamelon* und *verrue,* aber ich hab ja immer auch deutsch geschrieben. Und im Deutschen hab ich kein treffendes Wort gefunden. Ich war bei Brustrund, bei Brustkrone, Brustblüte. Es ist zum Verzweifeln."

Charlotte lächelte. Er solle sich einfach zu ihr legen und ihre nicht mehr jungen Brustblüten berühren, sagte sie und streckte die Arme nach ihm aus.

Am nächsten Tag fuhren sie im Vaporetto zum Lido. Am selben Morgen kam es auf dem Canal Grande zu jenem Vaporettounglück, bei dem mehr als 30 Menschen ertranken. Theo und Charlotte hörten davon, während sie im Salon des Hotel des Bains einen Tee tranken.

Sie bummelten den ganzen Tag am Strand entlang, und Theo machte sich lustig über die Gäste der teuren Hotels. Die ließen sich dort, sagte er, die fetten Hintern vergolden. Charlotte kaufte eine Flasche Sekt, Brot und Käse, und sie setzten sich im Dunkelwerden an den Strand und verpassten so das letzte Vaporetto zurück nach Venedig. Sie fanden eine kleine Pension nahe der Anlegestelle und mieteten sich dort ein. Sie setzten sich mit einer weiteren Flasche Sekt ans Wasser und sahen Venedig an. Als die Besitzerin ihnen am nächsten Morgen das Frühstück aufs Zimmer brachte, las Theo seinen Namen in der Zeitung.

Vermutungen verstärkten sich, dass der Schriftsteller Theo Mannlicher mit seiner Frau an Bord des Unglücksbootes gewesen sei. Von Mannlicher und seiner Frau fehle jede Spur. Die Suche nach den Leichen gehe weiter, sei in dem Schlamm aber schwierig.

Im Feuilleton fand Theo ein Foto, das ihn nach dem Antifaschismus-Kongress mit Bill, Maxwell Perkins und Hemingway vor der Carnegie Hall zeigte. Er lief hinunter zur Rezeption und redete mit der Frau. Sie drohte ihm mit dem Zeigefinger, lachte aber und tätschelte ihm die Wange. Dann rief Theo bei Charlottes Schwester in New York an und sagte ihr, dass sie noch lebten und dass sie Helen sagen solle, alles sei in Ordnung, sie möchte der Presse aber nichts von diesem Anruf sagen. Er sei jetzt brennend gespannt auf die Nachrufe.

„So lebendige Tote hat es selten gegeben", sagte Theo zu Charlotte. „Die Pensionsmama weiß Bescheid und spielt mit. Mensch, Charly, lass uns eine Bank überfallen. Wir haben das beste Alibi. Wo waren Sie zur Zeit des Überfalls? Wir waren tot." Er kicherte.

„Gab es so etwas nicht auch mit deinem Freund Hemingway?"

„Als er in Kenia mit dem Flugzeug abgestürzt ist. Noch gar nicht lange her, ich glaub, es war 1953. Er galt sofort als tot. Es gab jede Menge Beileidstelegramme an seine Familie. Nur von mir nicht. Warum ich gottverdammt nicht telegrafiert habe, fragte er später.

,Nun', sagte ich, ,für mich warst du niemals tot.' Es gab ein verschollenes Flugzeug, aber keine Leichen, es gab einen Absturz, aber das war auch alles, was man in den ersten Tagen wusste. Für mich sei ein Mensch erst tot, wenn ich dessen Leiche gesehen habe. Ernest grummelte irgendwas. Er war mir wirklich böse."

Theo ging jeden Morgen mit einer schwarzen Sonnenbrille vor den Augen zum Hotel des Bains, wo es internationale Presse gab, und las die Nachrufe, während um ihn herum Geschirr klapperte, vornehm murmelnde Gäste ihr Frühstück bestellten und vor den großen Fenstern das Meer flach und blaugrau an den fast schnurgeraden Strand des Lido lief.

‚Theo Mannlicher, der Mann ohne Tod.' – ‚Th. Mannlicher, vom Krieger zum Humanisten.' – ‚Der seltsame Weg des Deutschamerikaners Theo Mannlicher.' – ‚Der Unglaubwürdige.' – ‚Der Zweigeteilte.' – ‚Der Tod eines Träumers.' – ‚Der Phantast, dem wir das Leben wünschen.' *Ha!*

Am wichtigsten war Theo der Nachruf Kostolanys. Seit einiger Zeit war bekannt, dass Kostolany schwer erkrankt war. Sein Nachruf auf Theo Mannlicher war kurz, Kostolany schrieb in der *New York Times*, dass es einige Autoren gebe, die er nie persönlich kennenlernen wollte, andere hingegen erst durch ein Zusammentreffen Aug in Aug ergründbarer geworden wären. Und wenn in den frühen Romanen Mannlichers der Tod allgegenwärtig gewesen sei, sei Mannlicher andererseits in den Romanen, die er nach China geschrieben habe, der Autor, der seine Figuren lebendiger zu schreiben wisse als jeder andere. Das Postulat vom Leben der Romanfiguren habe er voll und ganz erfüllt. Wenn er, Kostolany, sich jetzt, da er schwer krank sei, entscheiden dürfte, wen er kennenlernen möchte, würde er Mannlicher treffen wollen, Mannlicher, sonst keinen. Vielleicht, so mutmaßte Kostolany, würde er dann nicht sterben. Entweder gebe es diesen Mann überhaupt nicht, oder er sei so weit weg vom Tod, dass der ihn bei aller Reichweite tatsächlich nicht erhaschen könne. „Wenn er wirklich tot ist, ist einer der ganz großen Autoren tot. Aber im Sinne

Mannlichers sollten wir alle davon ausgehen, dass er noch lebt, schließlich ist seine Leiche nicht gefunden worden. Oh, könnten wir doch so denken wie er. Oh, hätten wir doch die Kraft zu seiner Freiheit. Oskar Kostolany."

Also wusste die ganze Welt, dass Theo Mannlicher tot war. Zuerst hatte ihn das amüsiert, allmählich aber senkten sich seine Mundwinkel. Wie leichtgläubig die Welt war. Wie leichttotgläubig. Er schüttelte den Kopf. Es war ein Fehler gewesen, ein Überbleibsel aus seinem früheren Leben, auf die Nachrufe warten zu wollen. Schriftstellereitelkeit, die Versessenheit des Menschen, die Tränen oder die versteckte Freude der anderen zu sehen. Er musste sofort Bob anrufen und Ernest und Bill und Mary.

Er erhob sich aus dem Sessel, ließ die Zeitung auf den Tisch fallen und trat ans Fenster. Er nahm die Sonnenbrille ab, sah sich über die Schulter im Saal um und hoffte, dass jemand ihn erkennen würde.

Am Mittag fuhren Theo und Charlotte zurück zur Stadt, stiegen um in ein Vaporetto der Linie 1 und stiegen an der Casa Rezzonico aus, um zum Hotel zu gehen.

In Venedig wüchsen Palmen, sagte Theo. Das sei ihm schon bei seinem ersten Aufenthalt aufgefallen. Wenn man über die Mauer in den Innenhof der Casa Rezzonico schaue, sehe man einen Palmenwipfel.

Im Hotel waren zwei Polizisten im Zimmer der Mannlichers und packten Koffer. Nach einiger Aufregung kam ein Kommissar und drohte Theo mit Strafverfolgung, weil er Ermittlungsbehörden getäuscht habe. Aber Theo sagte, er sei verliebt und mit seiner Frau drei Tage in einer kleinen Pension auf dem Lido gewesen, unter falschem Namen, so zum Spaß, und sie hätten keine Zeitung gelesen und seien nicht ein einziges Mal draußen gewesen, und die Mama dort drüben sei keine Leseratte und kenne Theo Mannlicher nicht.

„Ich sehe Sie an und weiß nicht, ob ich Ihnen glauben kann", sagte der Kommissar. Theo beobachtete, dass der Kommissar ihn ansah, als wolle er sich jedes Detail einprägen, jedes graue Haar an den Schläfen, jeden Knopf auf der Wildlederjacke, jeden Staubfleck auf den Wanderschuhen.

„Ich sehe Sie an, und mir kommt eine gute Idee", sagte Theo. Charlotte reichte ihm einen Block und einen Stift.

DER STADTSEHER

Canaletto-Roman von Theo Mannlicher, erschienen 1962. – Mannlicher beschreibt in „Der Stadtseher" das Leben des Giovanni Antonio Canal, genannt Canaletto. Im Zentrum des Romans steht Canalettos Gemälde „Il Bacio di San Marco", das er zwischen 1738 und 1740 malte. Mannlicher lässt Canaletto an die Hunderte von Kilometern denken, die er zu Fuß und per Gondel in

Venedig zurückgelegt hat. Der Stadtseher zeigt die Abwesenheit von Langeweile in einem glücklichen, ruhigen Leben. Canaletto ist glücklich verheiratet, durch harte Arbeit zu einem begnadeten Maler geworden, der wegen der Nachfragen nach seinen Werken junge Kollegen in einer Werkstatt versammelt und sein Leben hauptsächlich damit verbringt, Venedig zu sehen. Während seiner Stadtwanderungen führt Canaletto manchmal eine Leiter mit sich, um an Säulen und Mauern emporsteigen zu können und Details zu studieren.

Der Roman zeigt die Spannung des Sehens und Malens. Canaletto „dachte nicht daran, diese Stadt jemals wieder zu verlassen. Hier würde er bleiben, sehen und malen. Immer und immer und immer. Warum sollte er etwas anderes tun? Warum sollte er jemals aufhören, das zu tun? Morgen und morgen und morgen."

Entgegen der Angewohnheit, sich für einen Roman mindestens ein Jahr Zeit zu nehmen, schrieb Mannlicher „Der Stadtseher" in nur sechs Wochen in Venedig.

Ausgaben: NY 1962. – NY 1964. – NY 1970. – Ldn. 1975. – Harmondsworth 1978. – Oxford 1982. – NY 1985. – NY 1995.

Kindlers Literaturlexikon

20

Gott meiner Bücher

Von Venedig aus fuhr Theo mit Charlotte nach Florenz. Man komme ja ordentlich rum mit ihm, sagte Charlotte. „Ja", sagte Theo, „die Welt ist mein Feld". Sie wohnten in einem Hotel nahe der Boboli-Gärten auf der ruhigen Seite des Arno. Sie besuchten täglich die Uffizien, schlenderten durch die hohen, fensterhellen Flure, widmeten sich nach und nach den einzelnen Sälen und besuchten zum Abschluss stets die „Venus" des Botticelli. Ähnlichkeit mit ihr habe die aber nun nicht, ulkte Charlotte, und als Theo gerade über die Vielfältigkeit und das Schlängeln der Ästhetik referieren wollte, legte sie ihm die Finger auf die Lippen und zog seinen Kopf an ihre Schulter.

Sie gingen ins Gilli am Platz der Republik und tranken eine Flasche Prosecco. Theo holte die Nachrufe aus der Innentasche der Wildlederjacke und strich sie glatt. Mittlerweile war die Welt benachrichtigt, dass er und Charlotte nicht an Bord des Vaporetto gewesen waren, und Theo fragte, ob es jetzt, da es so viele Todesnachrichten gegeben hatte, denn neue Geburtsurkunden geben würde. Müsste doch eigentlich, wär doch die einzige akzeptable Entschuldigung. Sie waren nicht mehr lange in Venedig geblieben, und Theo hatte dem Hotelportier gesagt, er solle ihm die Glückwunschtelegramme oder was immer da nun kommen mochte weder nach – noch an seine Adresse in New York schicken. Irgendetwas in ihm sträubte sich, das lesen zu wollen.

„Weißt du, was Bill mir am Telefon gesagt hat, als ich mich lebend meldete? Er sagte, ich solle mir darüber klar sein, dass jeder namhafte Kulturredakteur längst einen Nachruf auf mich in der Schreibtischschublade hat. Ich gehe schwer auf die 60 zu, außerdem reise ich viel, da könne immer was passieren. Ist doch eine Riesensauerei, so was."

„Und was willst du damit machen?", fragte Charlotte und tippte auf die Nachrufe.

„Den von Kostolany behalte ich, den Rest ..." Theo sah sich in dem Café um, sah die Männer an der Theke stehen, sah die Kellner in den weißen Hemden Tabletts auf drei Fingern balancieren und durchs Fenster hinaus auf den Platz mit den Korbmöbeln und Sonnenschirmen und sah ein Kind, das sich von seiner Mama Münzen in die Hand geben ließ, um sie einem Straßenmusikanten in den Hut zu werfen.

„Versenken", sagte er.

Vom Gilli aus gingen sie zum Dom und von dort auf die Via Ricasoli, auf der Theo eines der besten Antiquariate der Stadt kannte. Er nahm Charlotte bei der Hand und führte sie in die drei Räume, die bis unter die Decke vollgestopft waren mit Büchern und auf einen Hinterhof gingen, in dem Pflanzen in Terrakottatöpfen grünten. Hinter einem Schreibtisch saß ein Mann in Strickjacke, sah die beiden an, kam auf Theo zu und drückte ihm die Hand.

„Mannlicher", sagte er ruhig und ernst und hielt Theos Hand lange.

„Gozzini", sagte Theo, den Namen auf dem Antiquariatsschild benutzend.

Der Mann lächelte und machte ein Doppelkinn. „Ich bin nicht Gozzini, ich bin Salamena."

„Hab ich's doch geahnt", ulkte Theo.

Der Antiquar wies auf die linke Wand im nächsten Zimmer, und Theo fand seine frühen Romane dort neben einigen Werken von Montaigne. Es waren alles Erstausgaben.

„Wenn die neuen Romane dann irgendwann alle danebenstehen, ist das Gleichgewicht wiederhergestellt, oder nein, die Waage fällt auf die Seite des Neuen. Reißt das Alte weg, zieht die Leser aus dem Sumpf, zerschlägt den Namenlosen, bewirkt …"

„The-o", sagte Charlotte.

Zum Sonnenuntergang gingen sie auf die Ponte Vecchio, gingen an den Juwelierläden auf der Brücke vorbei zum freien Mittelteil und setzten sich auf die Mauer zum Arno. Theo zerriss die Nachrufe in daumennagelgroße Stücke, die Charlotte aus dem Handgelenk ins Wasser warf.

„Ha", sagte Theo.

Am nächsten Tag spazierten sie zu San Miniato al Monte hinauf, breiteten ein Tuch auf dem

Mäuerchen vor der Kirche aus, aßen Tomaten und Käse und tranken eine Flasche Wein und sahen auf die Stadt hinab, die als Muster von Terrakotta und Ocker und Türmen in der Ebene lag, den Arno als grün-goldenen Reißverschluss zwischen den Stadthälften. Auf dem Friedhof hinter der Kirche suchte Theo nach dem Grabmal von Capitano da Ponte, dem Mann mit den buschigen Brauen und der Hakennase. Theo war sich nach einigen Minuten auf den knirschenden Wegen des Friedhofs ganz sicher, das richtige Grabmal gefunden zu haben, doch da Ponte war nicht mehr da, die Plakette war fort, ein Schneider namens Leopardi lag hier beerdigt. Theo ging die Wege zwischen den Gräbern, Totenhäusern und Gruften ab, ging durch Sonne und Schatten und sah nach den Skulpturen, den Engeln und kopfsenkenden Frauen, aber da Ponte blieb verschwunden.

„Eine Menge Aufwand für die Toten", sagte Charlotte. Sie sah sich um, blickte nach einem Engel mit hängenden Flügeln, der ein Kind in den Himmel hob. „Aber hübsch", sagte sie, „und sehr theatralisch."

„Es ist eine Schweinerei, dass Männer nicht bei der Geburt ihrer Kinder dabei sein dürfen", schimpfte Theo und trat dem Engel vors Schienbein. Charlotte lachte. Da gebe es gar nichts zu lachen, sagte Theo, aber Charlotte schüttelte es immer heftiger, und sie beugte sich weit nach vorne, dass ihr das Haar ins Gesicht fiel und sogar Speichel tropfte, und als dann eine alte Frau mit Gießkanne vorbeikam und sie ausdruckslos anstarrte, prustete Charlotte los, dass Theo meinte, ihr Lachen würde über die ganze Stadt getragen, senke sich auf die Dächer, husche durch die Straßen und umschlänge sogar den großen Dom. Er sah seine Frau lachen, und es war gut.

Von Florenz aus fuhren sie nach Mailand. Theo blieb drei Tage im Hotel und schrieb, wollte die Stadt der Lüge nur durchs Fenster beobachten, während Charlotte sich die Stadt ansah und abends in die Oper ging.

Dann reisten sie an den Luganer See, von wo Theo säckeweise Luft mitnehmen wollte, und von dort zum Herbst nach Madrid. Theo wollte sofort in die Bibliothek, ließ Charlotte mit den halbausgepackten Koffern im Hotel auf der Gran Via allein und marschierte dorthin. Er hatte keinen Ausweis und ließ sich an der Buchausgabe beim Chef melden, er sei Theo Mannlicher. Der Bibliotheksleiter, ein unauffälliger, ruhiger Mann, begleitete Theo sogleich schweigend durch die Hallen. Theo schlug das Herz, als er all die Bücher sauber und wohlsortiert in den mächtigen Regalen sah und die Sonne durch die Fenster schien. Er fragte nach „Gracians" Handorakel, und der Leiter führte ihn die Treppe hinauf, die damals übersät mit Büchern aus der Trümmerhalle hinaufgeführt hatte. Als Theo das Buch in der Hand hielt, fragte er sich, ob es dasselbe war, das er während des Krieges gehalten und ins Regal zurückgestellt hatte. Theo klopfte auf den Einband. Wie es jetzt sei mit Franco, fragte er. Der Bibliotheksleiter sah ihm in die Augen, dann zu Boden, dann durch den langen Flur zwischen die Regale.

„Ich bin Theo Mannlicher."

„Ja", flüsterte der Mann und sah Theo wieder an. „Wir arbeiten still und kontinuierlich weiter. Es ist nicht einfach, wissen Sie. Es gibt die Todesstrafe, und die Guardia Civil ist … Wir arbeiten, Señor Mannlicher, wir arbeiten so, wie Sie arbeiten. Unsere Waffen sind die Wörter und die Bücher. Immerhin kehren mehr und mehr Künstler nach Spanien zurück, man sollte das nicht vergessen. Auch Ihr Freund Hemingway kann sich nicht von unserem Land trennen."

„Den Faschismus im Leben ertränken", flüsterte Theo.

„Ja, das wär was, Señor Mannlicher, das wär was."

„Gehen Sie mit mir einen trinken?"

„Auch mehrere, wenn's recht ist."

Theo zog sich eine Strickjacke über, weil der Wind vom Meer jetzt kalt war. Charlotte hatte immer gesagt, in dieser Strickjacke sehe er wie ein Opa aus, aber Theo mochte die sandfarbene musterlose Jacke, die sei doch cool, wie Helen sagen würde, und außerdem sei Alter für ihn kein Thema. Er sah zum Strand. Ein Mann mit breiten Schultern und vernarbtem Gesicht ging durch den Sand. Theo war, als sehe er Bob oder William, der mit zerzaustem Haar kräftig ausschritt. Er rieb sich die Augen, und als er wieder nach dem Mann sehen wollte, war der verschwunden.

Der alte Chinese kam zu Theo und stellte eine Kanne Tee und zwei Schalen hin.

„Kannst du dir vorstellen", fragte Theo, „dass ich mal jemanden niedergeschlagen habe? Ein Kollege wollte eine Biografie über mich schreiben. Ich war sehr lebendig, aber es gibt ja auch Biografien über lebende Menschen, und womöglich, dachte ich, sind die viel besser als die über die Toten. Da sagt dieser Kerl zu mir, ich solle schnell sterben, damit er zu arbeiten beginnen könne."

„Und du hast ihn geschlagen?"

„Glatt vom Stuhl gehauen."

„Gut", sagte der junge Kollege am Tisch eines italienischen Restaurants in der Milchstraße an Hamburgs Außenalster. Er schlug die Kladde zu, in die er während des Gesprächs stenographiert hatte. Er trank einen Schluck Wein und lehnte sich zurück. „Sehr gut." Er lächelte, sah aus dem Fenster und beugte sich dann vor und sah Theo in die Augen.

„Dann sterben Sie mal fix, Mannlicher. Sobald Sie hin sind, fang ich an zu arbeiten."

Eine Drahtschlinge zog sich um Theos rasendes Herz. Wie eine Palme im Sturm hin- und hergeschlagen wurde, schlug Wut auf Theo ein. Theo hörte sich atmen, wollte die Wut niederkämpfen, aber sie brei-

428

tete sich in ihm aus, verzog seine Lippen, verengte seine Augen und quetschte ihm das alte Herz. Irgendwer in ihm sagte, dass er noch immer sehr kräftig sei, stramm und gesund. Theo schlug zu. Über den Tisch mit den Gläsern und Tellern hinweg. Es war eine Gerade auf die Kinnspitze. Für eine Sekunde sah Theo nur noch die Augen des Schriftstellers über der Faust. Dann kippte der Mann rücklings vom Stuhl, Theo beugte sich über den Tisch und sah ihn an. Die Unterlippe des Mannes war aufgeplatzt. „Ha“, sagte Theo, und die Wut plumpste aus ihm heraus auf den Mann am Boden. Minuten später wurde der kichernde Theo, der sich Lachtränen aus den Augen tupfte, in einen Polizeiwagen gesetzt und zur nächsten Wache gefahren.

Das sei Körperverletzung, warum er das getan habe?

„Er hat mir geraten, etwas zu tun, was ich nie tun werde.“

Der Wachtmeister sah seinen Kollegen an und tippte sich an die Schläfe.

Wie alt er sei?

„Ich bin 1899 geboren.“

„Für einen Mann von über 70 muss das ein toller Schlag gewesen sein“, sagte der Kollege des Wachtmeisters.

„Vorbestraft?“, fragte der Wachtmeister.

„Für die ersten etwa 46 Jahre meines Lebens, ja.“

„Zurechnungsfähig?“

„Volle Kanne."

„Hören Sie mal zu, Sie Heini, wenn Sie mich hier verarschen wollen, sind Sie an der völlig falschen Adresse."

„Unzurechnungsfähig ist der Kerl, dem ich auf die Fresse gehauen habe. Der hat mich aufgefordert …"

„Ist gut!"

Der Kollege des Wachtmeisters sah Theo mit geschlitzten Augen an. Er blickte auf das Protokoll, das sich aus der Schreibmaschine bog, lächelte und nickte.

„Theo Mannlicher, der Schriftsteller?", fragte er. „Es ist mir eine Ehre."

„Ein Schriftsteller. Oh Gott", sagte der Wachtmeister.

„Gott meiner Bücher, ja."

„Tja, seitdem bin ich vorbestraft."

Sie tranken Tee und verschränkten die Arme wegen des Windes. Theo sah nach der Palme, aber der alte Chinese saß ihm im Blick, und so sah der sich an Theos statt nach der Palme um und sagte, dass alles in Ordnung sei.

„Kubrick 1987."

„›Full Metal Jacket‹."

„Ja", sagte Theo, „der Krieg ist schon da, bevor die Soldaten nach Vietnam gehen. Ein sehr guter Film. Keine Demonstration meinerseits."

„Vietnam war der erste große Krieg, in den du nicht gegangen bist."

„Es gibt keine großen und kleinen Kriege. Eine Million Tote in Nigeria. Zehn Jahre Krieg in Guinea-Bissau, einem Land, von dem die wenigsten Menschen wissen, wo es liegt. Tschad, Mosambik, Namibia, Israel, Chile, El Salvador, Falkland, Tibet, Laos, Sri Lanka. Die Toten bei uns in Amerika, die Toten in Deutschland.

Graf von Baudissin, damals Leiter des Instituts für Friedensforschung an der Universität Hamburg, hatte mich gefragt, ob ich mit ihm zusammen das Vorwort zu dem Buch ‚Kriege im Frieden' schreiben wolle. Aber ich saß damals – das muss in den 80ern gewesen sein – bis über beide Ohren im zweiten Teil des ‚menschlichen Wörterbuchs' und musste ablehnen.

Wir leben im Zeichen des Kreuzes, und am höchsten Ort des Dorfes steht immer noch die Kirche. Ich habe mal einen Roman geschrieben über einen Mann, der in einer ländlichen Gegend in Amerika gelyncht werden sollte, weil er die Holzkirchen angezündet hat. Dafür hab ich sogar Morddrohungen gekriegt. Ich werd ja selten sauer, aber an diese Typen hab ich einen offenen Brief geschrieben, dass sie mal kommen sollen, diese blöden ...“ Theo winkte ab.

„Das ist sehr unchinesisch.“

„Aber Spaß hat es gemacht. Ich wollte nie Chinese sein. Mein Onkel Owen hat mir einen kleinen Chinesen in den Kopf gesetzt. Den hab ich mein Leben lang mit mir rumgetragen. Der hat mir gutgetan.“

Theo blieb einige Stunden ruhig sitzen. Der Wind

wurde härter, das Meer schwarz, und ganz weit entfernt zuckte ein Blitz, aber hier regnete es noch nicht. Theo sah nach der Sonne, zog sich die Strickjacke enger um die Schultern und ging zum Strand, wo sich die Einheimischen versammelten, um wie jeden Abend den Sonnenuntergang zu beobachten. Das junge Paar aus dem Nachbarbungalow war auch da. Helen kam und setzte sich neben Theo, ihre Schultern berührten sich. Die fliegenden Händler hatten ihre Habe wieder zu dicken Bündeln geschnürt, auf denen sie saßen, sich unterhielten und auf das Meer und die sinkende Sonne sahen. Die Einheimischen aus dem Hüttendorf im nahen Palmenwald waren auch wieder am Strand, knochige Alte und kleine Kinder, Großfamilien. Jeden Abend sahen sich die Menschen hier den Sonnenuntergang an. Das war deren Fernsehprogramm, dachte Theo, und das war besser als alles, was in Amerika und Deutschland über die Bildschirme flackerte. Er saß im Sand, hatte die Arme um die angewinkelten Knie geschlungen und sah die Sonne an, die hier, in diesen Breiten, schnell auf den Horizont sackte, das Meer berührte, verwischte, dann über ihrem roten Spiegelbild hing, eintauchte und verschwand. Kaum war sie fort, standen die Leute wieder auf und gingen zu ihren Hütten zurück, einige winkten Theo.

Theo ging mit Helen zum Bungalow zurück. Er setzte sich einen Moment aufs Bett, und Helen sah ihn an. Er zuckte die Achseln. „Bald 100“, sagte er. *Gutes Alter.* Helen war mittlerweile selbst Mutter, Mitte 50, und sah aus wie Charlotte. *Charlotte.* Wenn es eines Tages so weit sei, hatte er gesagt, würde er sie so festhalten und so auf sie einreden, dass sie den Tod nicht spüren würde. Er hatte sie gestreichelt, war mit dem Finger über ihre Nase und ihr Schlüsselbein gefahren, hatte sich zu ihr gelegt und aus ihrem gemeinsamen Leben erzählt, von Venedig und Bali und New York und Hamburg. Charlotte, eine alte Frau, die für ihn das Schönste war und die ihn fragte, ob er denn bald zu ihr komme. Er hatte den Kopf geschüttelt, und sie hatte geflüstert, er sei unverbesserlich.

„Ich hoffe es von Herzen für dich", sagte sie. „Mit dir ist die Welt besser. Ich wünsch es dir so sehr. Aber ich, Theo, ich sterbe jetzt, und du hast mir versprochen, so nah bei mir zu sein, dass ich es gar nicht merke." Theo umschlang sie mit Armen und Beinen und küsste sie, und Charlotte starb. Er blieb lange neben der Leiche liegen und hielt ihre kälter werdende Hand.

Er sorgte dafür, dass auf ihrem Grabstein ihr Geburtsdatum stand, nicht aber der Tag ihres Todes: Charlotte Verhust-Mannlicher. Meine Frau/Bei mir/ Solange ich bin.

„Ach Daddy", sagte Helen, „manchmal bist du so romantisch."

„Helen, bitte, nein. Romantik ist todesverliebt. Warum diese Worte romantisch auffassen? Es ist so, wie es dort steht."

Das war jetzt über zehn Jahre her. Seitdem war er allein, lebte mal in New York, mal in Hamburg, mal auf La Palma, reiste viel, sah Helen und seine Enkel so oft wie möglich und schrieb mit ungebrochener Kraft am dritten Teil des „menschlichen Wörterbuchs".

Er sah in den Taschenspiegel. So viele Falten, dachte er, eine Gesichtskarte mit so vielen Flüssen und Grenzen und Straßen. Und noch so volles Haar, grau zwar, aber voll.

Theo ließ sich nach hinten aufs Bett sinken. Der Gecko huschte grün und schlängelnd an der Decke entlang und züngelte nach Insekten. Helen sagte etwas, aber Theo verstand sie nicht. Er spürte, dass sich die Matratze bewegte und Helen sich zu ihm gesetzt hatte.

Es gab zwei Biografien über Theo. In beiden nahm die erste Hälfte seines Lebens, die Kriege in Italien, in Spanien und China, mehr als zwei Drittel der Bücher ein. Ein Biograf war so detailversessen, dass er sogar die PS-Zahl des Fiat Lkws ermittelt hatte, den Theo am Monte Pasubio gefahren hatte, und die Stärke der Motoren einer Superfortress, mit der Theo von Saipan aus nach Burma zu General Stilwell geflogen war. Aber Theos Leben nach China verblasste zu einer Theorie, er war ein still Schreibender, der zwar immer noch zu den größten Literaten zählte, über den aber keine spektakulären Zeitungsberichte mehr erschienen. Dabei war die zweite Hälfte doch viel schöner und aufregender gewesen als die erste. Man musste ein exzellenter Biograf sein, um über einen Schriftsteller schreiben zu können, der Schriftsteller war, der Familie hatte, der nach außen ruhig lebte und nicht sterben würde. Mit dieser Aufgabe waren Biografen überfordert.

Jemand sagte etwas, und Theo schreckte hoch. Ihm war, als hätte er Silvia gehört. Helen sah ihn an und streichelte seine Hand. Er trat ans Fenster und sah hinaus auf das windgepeitschte Meer.

1972 hatte Theo den ersten Teil des „menschlichen Wörterbuchs" fertiggestellt. Es war einer der größten literarischen Erfolge der zweiten Jahrhunderthälfte. Die Startauflage war nach einem halben Jahr vergriffen.

Nach dem Tod Francos kaufte Theo, jetzt Mitte 70 und dünner als je zuvor, ein Haus an der Westküste von La Palma nahe Los Llanos. New York war jetzt manchmal zu viel für ihn. Ruhe konnte man dort nur haben, wenn man reich war, wenn man sich eine Wohnung mit Dachgarten an den Upper Sides leisten konnte. Theo war reich, aber gekaufte Ruhe war Betrug. Auf La Palma war immerzu gutes Wetter, und in weniger als fünf Stunden war man in Hamburg. Bob Riverside kam zu ihnen und richtete sich ein Zimmer ein und bepflanzte den Garten. Nach Siris Tod war er zusammengebrochen. Theo war wochenlang nicht von seiner Seite gewichen.

Zu Theos 80. Geburtstag kamen Journalisten in

das Haus in den Bergen unterhalb der Kaldera. Theo kochte für die Journalisten und gab Interviews. Wo das Spektakuläre in seinem Leben geblieben sei?

„Spektakulär ist es, mit 80 noch Sex zu haben. Spektakulär ist es, diese Luft hier zu atmen. Spektakulär ist es, auf der Höhe zu sein. Ich kann Ihnen auch etwas Spektakuläres kochen, wie Sie gleich schmecken werden. Spektakulär ist es, ein guter Kfz-Mechaniker zu sein oder ein gewissenhafter Postbote. Völlig unspektakulär hingegen sind Ihre Fragen. Punkt."

„Es war so schön, Helen. Das, was ich die zweite Hälfte nenne, das Leben mit Charlotte und dir in New York und Hamburg und auf La Palma. Das Schreiben, die Erfolge, ‚Das menschliche Wörterbuch'. Es war so schön."

„Ja, Daddy. Ich glaube, nicht viele Kinder haben so glückliche Eltern wie ich", sagte Helen.

„Lass uns wieder rausgehen", sagte Theo. Sie gingen ins Dunkel und zündeten die Kerzen auf der Terrasse an, und die Flammen kämpften gegen den Wind.

Helen fragte, ob sie ihn einen Moment allein lassen könne, sie wolle sich eine dicke Jacke holen. Theo nickte. Kalter Wind kam vom Nachtmeer, drückte gegen den Bungalow und zerrte an den Palmen. Theo zündete sich eine Zigarre an und winkte dem Alten mit einer Kerze, er solle ihnen bitte Bintang bringen, viel und kalt, und er solle sich zu ihnen setzen und das Wiedersehen mit Helen feiern. Der Alte ließ mehrere Eimer mit kaltem Wasser bringen, in denen Bierflaschen kollerten, und sagte, er würde später gerne, noch vor zwölf, zu ihnen kommen, im Moment habe er noch zu tun.

Innerhalb von Minuten zog sich der Nachthimmel zu, verlor jeden hellgrauen Flecken, wurde dunkelgrau mit einem schwarzen Rand über dem Horizont, und der Wind wurde stärker, und erste daumengroße Regentropfen klatschten auf das Meer, den Strand und die Bungalows. Helen kam im Laufschritt zwischen den Pfaden auf Theo zugelaufen, und wieder war es ihm, als sei es Charlotte, die dort lachend und die Hände überm Kopf auf ihn zu rannte. Theo rückte Tisch und Stühle an die Bungalowwand, sodass der schräg treibende Regen sie nicht erreichte. Er streckte die Beine aus und öffnete Bierflaschen. Helen trat unter das Terrassendach und schüttelte ihr Haar aus. Ob sie nicht wenigstens all die Papiere in Sicherheit bringen sollten, fragte sie. Theo sah auf die Tagebücher, die Fotoalben, die beschwerten Papierstöße, an denen der Wind zupfte, und schüttelte den Kopf. „Lass sie liegen, Helen." Aus dem Restaurant wurden ihnen dampfende Schalen mit Nudelsuppe gebracht, und dann zuckte ein erster Blitz horizontal über dem Ozean, ein greller Riss im schwarzen Himmel, und der Wind pfiff, und die Brandung wurde lauter, rauschte auf den Strand und lief wieder ab. Theo rutschte tief in den Stuhl und trank sein Bier.

Es war jetzt 21 Uhr, und in drei Stunden würde er 100 Jahre alt sein.

„Vielleicht sollte ich anfangen zu malen, Helen. Geschrieben hab ich nun wirklich genug, was meinst du? Eine neue Karriere als Maler, wär das was?"

Helen lachte ihn an, beugte sich zu ihm herüber und küsste ihn auf die Wange. Regen und Dunkelheit waren mittlerweile so dicht, dass die Landzunge nicht mehr zu sehen war, nur wenn ein Blitz hackte, sah Theo ganz kurz den Stamm der Palme weiß in der Dunkelheit. Theo prostete seiner Tochter zu, die ebenso schnell und viel trank wie er. Als hätte der Alte das gesehen, brachte ein Kellner zwei neue Eimer mit Bintangflaschen und als Nachspeise zu der Nudelsuppe Obstsalat, der in Kokosnusshälften angerichtet war.

Dann sah Theo die ersten Gäste. Seine Mutter hielt sich eine Jacke vor die Brust und hatte den Kopf gegen den Regen gesenkt, Onkel Owen trug einen weißen Anzug und breitete die Arme aus, Paul kam groß und schlank auf den Bungalow zu und ließ sich von Regen und Wind nicht beeinflussen, er trug eine Marineuniform und lachte, Silvia hatte sich bei Tante Agnes untergehakt und trug einen großen Geschenkkarton unter dem Arm, Buck Henson zog die Schläuche aus seinem Un-Gesicht und ließ den Regen in die Öffnungen rauschen. Sogar Ernest Hemingway war da, dickbäuchig und über das Wetter schimpfend, und grinste, als er Theo auf der Terras-

438

se sah. Mary redete mit Bob und Siri und wedelte mit dem Zeigefinger durch die Luft, als wolle sie den beiden scherzhaft drohen. Der Narr verbeugte sich. Charlotte blieb im Garten stehen, als sie Theo erblickte, und sah ihm in die Augen.

Die Bierflasche rutschte Theo aus der Hand. Irgendwer sagte etwas, und der Wind war jetzt sehr laut, und die Brandung toste. Die Landzunge war nicht mehr zu sehen. Theo stand auf, sein Rücken schmerzte, und sein linkes Knie wollte sich erst nicht beugen lassen. Theo lief hinaus in den Garten, sagte den Gästen, sie sollten in den Bungalow gehen, er komme sofort, und dann würden sie herrlich feiern, und er freue sich sehr, sie alle zu sehen und bei sich zu haben. Barfuß lief er auf den nassen Sand hinaus und auf die Landzunge zu, die im Blitzlicht zuckte. Er konnte die Palme nicht sehen. Er rannte, rannte so schnell er noch konnte, er schrie gegen Regen und Wind und Brandung an und rannte auf die Landzunge zu, bis er nah genug war, um nach der Palme sehen zu können. Er wischte sich den Regen aus den Augen, atmete schwer, die Lunge wie ein Klumpen im Körper, und er stützte sich in den Knien ab und lachte, weil es Wind gab. Dann richtete er sich auf und sah nach der Palme.

Bali, September 1991
New York, Hamburg, Winter 1998 bis Herbst 2000

Auszüge aus Texten über Theo Mannlicher

G. Scherer, „Das Problem des Todes in der Philosophie", Darmstadt 1979, 1988.

Siehe dazu auch die Attacken gegen den Schriftsteller Mannlicher, der für sich persönlich den Tod leugnet,
daraus aber keine Ideologie macht.

E. Frenzel, „Stoffe der Weltliteratur", Stuttgart 1983.

[…] interessant auch das Spätwerk Mannlichers, der
den Tod in 13 Romanen und Erzählungen nicht einmal
erwähnt.

G. Schischkoff (Hrsg.), „Philosophisches Wörterbuch",
Stuttgart 1978.

In seinen späten Romanen leugnet Mannlicher den
Tod und entzieht ihm jede sprachliche Existenz, indem
er „das Wort aus seinem Vokabular streicht". Epi-
kureische und Senecaneische Positionen, die sich auf
traumatische Erlebnisse gründen. Spinozas Formulierung, dass der freie Mensch an nichts weniger denke
als an den Tod, steht im Mittelpunkt des Spätwerkes
von Mannlicher. Den Tod zu verachten sei ein Lebens-
entwurf; das Leben sei das einzige Movens, der Tod
dürfe weder Denken noch Handeln beeinflussen.

Peter von Matt, Nachruf auf Elias Canetti, „Die Zeit",
26.8.1994.

[…] auch jenes ominöse Treffen zwischen Canetti

und Theo Mannlicher in London, wo die beiden Autoren über den Tod reden wollten und zwei Stunden schweigend beieinandersaßen. Canetti hat dieses Zusammensein später als ein sehr gutes Gespräch bezeichnet.

Oskar Kostolany (nach der Nachricht vom Tode Theo Mannlichers in Venedig), New York Times, 4.7.1958.

Aber im Sinne Mannlichers sollten wir alle davon ausgehen, dass er noch lebt, schließlich ist seine Leiche nicht gefunden worden. Oh, könnten wir doch so denken wie er. Oh, hätten wir doch die Kraft zu seiner Freiheit.

Nachwort

Während ich die Korrekturfahnen zu der vorliegenden Roman-Biografie durcharbeitete, ging die Nachricht um die Welt, dass der deutschamerikanische Autor Theo Mannlicher nach seinem 100. Geburtstag auf Bali spurlos verschwunden sei. Seine Tochter, Helen Mannlicher-Fischer, eine Malerin aus New York, sei die letzte, die Mannlicher gesehen habe.

Während ich „Das endlose Leben" schrieb, besuchte ich Helen Mannlicher-Fischer in New York. Ich erklärte ihr mein Vorhaben, und sie telefonierte mit ihrem Vater, der sich zu dieser Zeit in Tanger aufhielt. Mannlicher ließ mir Grüße ausrichten und wünschte mir Glück. Er finde es gut, dass ich eine Roman-Biografie schreiben wolle, eine Vermischung von Fakten und Fiktion. Er begrüße es sehr, dass ich keiner dieser Chronisten sei, wolle sich aber trotzdem nicht mit mir treffen. Ich solle mein Buch machen, und dafür, so sagte Mannlicher, müsse Abstand zwischen uns gewahrt bleiben.

Helen Mannlicher-Fischer fuhr mit mir zu Mannlichers New Yorker Appartement und zeigte mir die Koffer voller Tagebücher, Alben und Skizzen, und ich blieb eine Woche und blätterte Tausende von Seiten durch. Mit diesem Fundus trat ich die Rückreise an, nachdem Mannlicher mir noch ausrichten ließ, dass er seinen 100. Geburtstag auf Bali feiern würde und danach vielleicht eine Karriere als Maler starten wolle.

Helen Mannlicher-Fischer und Theo Mannlicher hätten, so berichtete Mannlicher-Fischer, nach ihrem Besuch auf Bali, in der Nacht vor seinem 100. Geburtstag ihres Vaters gemeinsam gefeiert, und als Helen am nächsten Vormittag den Bungalow ihres Vaters betrat, war Mannlicher verschwunden. Die Koffer mit seinen Tagebüchern, Fotoalben und Skizzenblöcken habe er zurückgelassen. Von Mannlicher fehlt seitdem jede Spur.

Andreas Kollender

Mein besonderer Dank gilt Ingolf Seßler und – wie immer – Heidi.

Ich bedanke mich des Weiteren bei Matthias Fieber, allen Behörden, Firmen, Museen und Instituten für die freundliche Unterstützung bei der Recherche zu diesem Roman.

Und natürlich danke ich Helen Mannlicher-Fischer für die langen Gespräche, die wir in New York führten.

Pendragon Verlag
gegründet 1981
www.pendragon.de

Überarbeitete Neuausgabe
Veröffentlicht im Pendragon Verlag
Günther Butkus, Bielefeld 2019
© by Pendragon Verlag Bielefeld 2019
Alle Rechte vorbehalten
Lektorat: Florian Polkowski, Mareike Fietz
Umschlag und Herstellung: Uta Zeißler, Bielefeld
Foto: mauritius images
Satz: Pendragon Verlag auf Macintosh
Gesetzt aus der Adobe Garamond
ISBN 978-3-86532-643-0
Gedruckt in Deutschland

Andreas Kollender
KOLBE

Andreas Kollenders Sprache entwickelt eine un-
glaubliche Sogwirkung, augenblicklich ist man gefangen in seiner Geschichte von Widerstand und
Liebe, von Mut und Zivilcourage.

*»Warum es ›Kolbe‹, der Roman von Andreas Kol-
lender, auf die Krimi-Bestenliste gebracht hat, ist
leicht zu verstehen. Er ist nicht nur spannend, gut
recherchiert und gut geschrieben; sein Titelheld ist
eine historische Person, die es erlaubt, in einer Geschichte aus Krieg und Nationalsozialismus einen
deutschen Helden zu finden.«*

FAZ I Peter Körte

Roman I 5. Auflage I ISBN: 978-3-86532-489-4
448 Seiten I KB I Euro 16,99 I Auch als eBook erhältlich.

www.pendragon.de